Sparen und Geldanlage

Verbraucher-Zentrale

Impressum

Herausgeber:

Verbraucher-Zentrale Nordrhein-Westfalen e. V.
Mintropstraße 27, 40215 Düsseldorf
Tel. (0211) 38 09-0, Fax (0211) 3 80 91 72

Verbraucher-Zentrale Hamburg e. V.
Große Bleichen 23, 20354 Hamburg
Tel. (040) 35 00 14 85, Fax (040) 34 11 16

Verbraucher-Zentrale Niedersachsen e. V.
Herrenstraße 14, 30159 Hannover
Tel. (0511) 9 11 96-01, Fax (0511) 9 11 96-10

Arbeitsgemeinschaft der Verbraucherverbände e. V. (AgV)
Heilsbachstraße 20, 53123 Bonn
Tel. (0228) 64 09-0, Fax (0228) 64 42 58

Text:	Thomas Bieler
Lektorat:	Ferdi Keuser
Gesamt-produktion:	HPPR Werbeagentur, Neuss
Titelfoto:	HPPR: Uwe Starke, Neuss
Cartoons:	Erik Liebermann, Riegsee
Druck:	Greven & Bechtold, Hürth
Auflage:	1. Auflage 1993

ISBN 3-923214-56-1

Inhalt

Einleitung

Über 3,6 Billionen DM hatten die Bundesbürger Ende des Jahres 1992 als Geldvermögen auf die hohe Kante gelegt. Rund 500 Milliarden davon lagen allerdings zu einem Niedrigzins von durchschnittlich 2,83 % auf Sparkonten mit dreimonatiger Kündigungsfrist. Bei einer Teuerungsrate von rund 4 % verringerte sich somit die Kaufkraft dieser Guthaben, anstatt sich zugunsten der Sparer kontinuierlich zu verbessern. Für die kontoführenden Kreditinstitute hingegen ergab sich ein sehr gutes Geschäft, da sie die billigen Spargelder wieder zu wesentlich höheren Zinssätzen an ihre Kreditnehmer verleihen konnten. Trotz des mittlerweile gesunkenen Zinsniveaus machen die Geldhäuser weiterhin einen guten Schnitt, denn sie tun sich mit der Senkung der von ihnen zu zahlenden Anlagezinsen wesentlich leichter als mit der Reduzierung der Kreditzinsen.

Dieser grundsätzlich bestehende Gegensatz zwischen den Interessen der Kunden und der Kreditinstitute beeinflußt auch in starkem Maße die Beratungspraxis der Bankangestellten in Geldanlagegeschäften. So werden in der Regel hauseigene Produkte angeboten, selbst wenn deren Verzinsung im Vergleich zu konkurrierenden Marktangeboten aus Kundensicht keinesfalls optimal ist. Beleg dafür ist beispielsweise ein von der Zeitschrift „Finanztest" der Stiftung Warentest durchgeführter Beratungstest. Die Finanztester machten in über 200 Fällen die Probe aufs Exempel und ließen sich in diversen Zweigstellen von Banken und Sparkassen zu einem vorgegebenen Anlageproblem beraten. Das Ergebnis war für die geprüften Institute niederschmetternd: Über 40 % der Anlageberatungen wurden von den Testern auf einer von 1 bis 6 reichenden Notenskala mit den Noten 4 bis 6 bewertet.

Diese Erfahrungen sollten auch für Sie Anlaß sein, Anlageberatern und -beraterinnen sehr kritisch auf die Finger zu schauen oder Ihre Geldanlagegeschäfte gleich in die eigene Hand zu nehmen. Hierzu ist es jedoch unerläßlich, sich intensiv mit dem Thema „Geldanlage" zu beschäftigen. Sie sollten wissen, welche verschiedenen Anlagemöglichkeiten auf dem Markt existieren, welche Vor- und Nachteile diese aufweisen und für welche Bedarfslage sie sich grundsätzlich eignen.

Solches Wissen vermittelt Ihnen dieses Buch. Es erläutert ausführlich alle gängigen Spar- und Geldanlageformen und sagt Ihnen, welche Anlagestrategie sich zur Erreichung Ihrer persönlichen Zielsetzungen anbietet. Sie finden außerdem wichtige Informationen zu Steuer- und Haftungsfragen, zur Durchführung von Angebotsvergleichen sowie Tips zur Erkennung unseriöser Angebote.

Wie Sie am besten an das Buch herangehen, hängt in erster Linie von Ihren Vorkenntnissen ab. Verfügen Sie über keine oder nur geringe Erfahrungen mit Geldanlagegeschäften, sollten Sie sich unbedingt anhand der Kapitel A bis C zuerst umfassend über mögliche Anlageziele, die verschiedenen Anlageformen sowie über die steuerlichen Aspekte informieren, bevor Sie in die weiteren Kapitel einsteigen. Angebote, die für Sie von vornherein aus bestimmten Gründen nicht in Frage kommen, können Sie dabei natürlich auslassen.

Kennen Sie bereits die Konzeption sowie die Vor- und Nachteile der erläuterten Anlageformen, bietet es sich an, direkt in die „Beratungskapitel" D bis G einzusteigen. Noch fehlende Informationen können Sie dann jeweils in den vorderen Kapiteln kurz nachlesen. Leider ist es auch uns nicht möglich, im Text ganz auf das im Bankgeschäft übliche Fachchinesisch zu verzichten. Die Erläuterung vieler auftauchender Fachbegriffe finden Sie jedoch im „ABC der Geldanlage".

Ein zeitnaher Vergleich konkreter Marktkonditionen kann im Rahmen dieses Buches nicht erfolgen. Hierzu müssen wir Sie auf die Veröffentlichungen der Stiftung Warentest oder diverser Wirtschaftsmagazine verweisen, die solche Erhebungen von Zeit zu Zeit durchführen. Ebensowenig werden Sie „heiße Tips" für spekulierfreudige „Anlagefüchse" finden. Denn das Buch wendet sich vor allem an Anleger, die beabsichtigen, mittels günstiger und risikoarmer Anlageformen kontinuierlich ein Geldvermögen aufzubauen oder ihre Ersparnisse günstig anzulegen.

A Geldanlageziele

Bevor Sie sich konkret mit den einzelnen Geldanlageformen beschäftigen, sollten Sie sich zunächst klarmachen, mit welchen Ansprüchen und Erwartungen Sie an die Anlage Ihres Geldes oder den Abschluß eines Sparvertrages herangehen. Von diesen Zielvorstellungen hängt es maßgeblich ab, für welches Angebot Sie sich letztlich entscheiden sollten. Ihre Ansprüche sind somit auch gleichzeitig die Kriterien, nach denen die verschiedenen Anlagemöglichkeiten zu beurteilen sind.

Für viele Sparer und Geldanleger beginnen in dieser Phase der Entscheidung bereits die Probleme, denn es stellt sich die Frage, mit welchen Erwartungen man neben dem Ziel einer guten Verzinsung noch an die verschiedenen Angebote herangehen kann. Zu Ihrer Orientierung sollen deshalb im folgenden die typischsten Anlageziele gezeigt und erläutert werden. Auch wenn die im Einzelfall angestrebten Ziele bei vielen Anlegern unterschiedlich sind, lassen sie sich doch in der Regel unter einige wenige Zielbegriffe zusammenfassen. Traditionell werden im Bankgeschäft drei Geldanlageziele berücksichtigt: die Sicherheit, die Rentabilität und die Liquidität der Anlage.

1 Sicherheit der Anlage

Oberstes Gebot bei der Beurteilung einer Geldanlage muß immer die Prüfung der Sicherheit der in Frage kommenden Angebote sein. Ansonsten laufen Sie Gefahr, Ihr Erspartes komplett oder zumindest teilweise abschreiben zu müssen. Um beurteilen zu können, wie risikoreich bestimmte Anlagemöglichkeiten sind und welche Gefahren sie beinhalten, sollten Sie sich intensiv mit den im Kapitel B beschriebenen Grundmerkmalen und Besonderheiten der Angebote auseinandersetzen.

oberstes Gebot: Sicherheit

Aber auch die im folgenden aufgezeigten grundlegenden Risiken von Geldanlageangeboten sollten Sie unbedingt berücksichtigen. Nur so können Sie sich bewußt für die Vermeidung oder aber die Inkaufnahme bestimmter Unsicherheitsfaktoren entscheiden und sich vor unliebsamen Überraschungen schützen.

Verlustrisiko

Eine große Gefahr, sein Geld komplett loszuwerden, besteht darin, daß man es dem falschen Verwalter zur Verfügung stellt. Immer wieder tauchen Fälle auf, in denen Geldanleger den schönen Versprechungen unseriöser Anlagevermittler oder -verkäufer vertraut haben und ihr mühsam Erspartes nie mehr wiedersehen. Entweder hat sich die Anlagegesellschaft verspekuliert, oder die Verantwortlichen haben sich mit den Kundengeldern in die Südsee abgesetzt. Vorsicht ist deshalb vor allem geboten, wenn die Geldanlage bei irgendwelchen Ihnen bisher nicht bekannten Unternehmen erfolgen soll. Solche Firmen bewegen sich oft auf dem sogenannten „Freien Kapitalmarkt" oder „Grauen Kapitalmarkt" und unterliegen keinerlei Kontrolle durch die Bundesaufsichtsämter für das Versicherungs- oder Kreditwesen. Außerdem erfolgt bei diesen Anbietern keine Absicherung Ihrer Einlagen durch die Mitgliedschaft an einem Einlagensicherungsfonds. Diese – im Bankgeschäft auch als „Feuerwehrfonds" bezeichneten – Rücklagentöpfe, an denen fast alle Kreditinstitute beteiligt sind, sollen im Falle eines Falles auch bei einer in Schwierigkeiten geratenen Bank die Rückzahlung der Kundenersparnisse sichern. Anlaß für die Gründung der Fonds war die Mitte der siebziger Jahre eingetretene Pleite der Kölner Herstatt-Bank, bei der Anleger große Teile ihrer Einlagen verloren.

Vorsicht bei unbekannten Anbietern!

Während Sie also heutzutage bei den meisten Banken und allen Sparkassen keine Angst mehr haben müssen, daß Ihre Kontoguthaben irgendwann weg sind, müssen Sie sich bei freien Kapitalanlagen außerhalb des Bankenbereichs nach wie vor sehr intensiv mit der Seriosität der Anlagefirma auseinandersetzen. Eine Checkliste, mit deren Hilfe Sie solche Anbieter auf Herz und Nieren prüfen und bestimmte typische Praktiken unseriöser Firmen erkennen können, finden Sie im Abschnitt 3.3 des Kapitels B.

Kurs- und Zinsänderungsrisiko

Neben den Gefahren, die sich aus einer mangelnden Zuverlässigkeit des Anlageschuldners ergeben können, gibt es auch Risiken, die fest mit bestimmten Anlageformen verbunden sind. Dazu zählen zum Beispiel das Kursrisiko und das Zinsänderungsrisiko bei einer variablen Verzinsung der Anlage.

Das Kursrisiko beinhaltet die Gefahr, daß in schlechten Zeiten bei einem Verkauf der Anlagepapiere größere Einbußen gegenüber dem ursprünglichen Ankaufskurs anfallen können (die Opfer der Börsencrashs von 1987 und 1989 können davon ein Lied singen). Sie müssen dann den Verlust eines Teils Ihres Anlagebetrages hinnehmen.

Das Zinsänderungsrisiko umfaßt dagegen nur die Höhe des Ertrages aus der Geldanlage. Die Substanz Ihres Ersparten ist dabei nicht gefährdet.

Währungsrisiko

Nicht zu unterschätzen sind auch Währungsrisiken, die immer dann ins Spiel kommen, wenn Sie eine Geldanlage in einer anderen Währung tätigen. Fällt nach dem Abschluß einer solchen Anlage der Kurs der Fremdwährung gegenüber der DM, bekommen Sie zwar unter Umständen den vollen Anlagebetrag in Fremdwährung zurück, beim Umtausch in DM müssen Sie dann aber Einbußen hinnehmen.

Inflationsrisiko

Ein allgemeines wirtschaftliches Risiko, dem hauptsächlich Anlagen ausgesetzt sind, die nicht in Sachwerte wie Immobilien, Aktienbeteiligungen oder Gold erfolgen, ist die Verringerung des Geldwertes, die Inflation. Durch diese – in der Bundesrepublik derzeit glücklicherweise nur „schleichende" – Geldentwertung nimmt die mit Ihrem ursprünglichen Anlagebetrag verbundene Kaufkraft kontinuierlich ab. Das bedeutet: Sie können mit einem einmal festgelegten Geldbetrag bei dessen Rückzahlung weniger an Sachwerten erwerben als zum Festlegungszeitpunkt. Deutlich wird dieser Effekt durch ständig steigende Preise in allen Lebensbereichen. Aufgefangen werden kann das Inflationsrisiko durch eine möglichst gute Anlageverzinsung, die den Kaufkraftverlust zumindest aufwiegen, möglichst aber natürlich übersteigen sollte. Eine andere Gegenstrategie kann

Inflation verringert Kaufkraft

die Flucht in die Sachwerte sein. Allerdings besteht auch hier die Gefahr, daß aufgrund einer ungünstigen Marktentwicklung der Wert zum Beispiel eines Hauses oder von Unternehmensanteilen in Form von Aktien sinkt und somit ebenfalls Verluste eintreten. Ein Allheilmittel gegen das Inflationsrisiko existiert leider nicht. Welche Gegenstrategie letztlich die beste gewesen wäre, läßt sich meist erst im Rückblick feststellen.

2 Rentabilität der Anlage

Der Ertrag kann sich je nach Art der Anlage aus mehreren Bestandteilen zusammensetzen. In der Hauptsache besteht er meist aus einer laufenden Verzinsung des Anlagebetrages, deren Höhe sich aus dem Nominalzinssatz – dem vereinbarten Vertragszins – ergibt. Bei Wahl einer variablen Verzinsung kann sich der Nominalzins im Laufe der Zeit gegenüber dem anfänglichen Wert verändern.

Vor allem bei an der Börse gehandelten Papieren spielen neben den Zins- und Dividendenerträgen Kursgewinne – natürlich aber auch Kursverluste – eine wichtige Rolle. So liegt das Interesse von Aktieninhabern üblicherweise eher in der Erzielung von Kursgewinnen. Auf Erträge aus der laufenden Gewinnausschüttung der Aktiengesellschaften bauen Aktionäre dagegen allenfalls in zweiter Linie.

Maßstab für Rentabilität: Rendite

Neben Zinserträgen und Kursveränderungen sind bei der Berechnung der Rentabilität ebenfalls eventuell anfallende Kosten und Gebühren zu beachten, da sie zu Lasten des Gesamtertrages einer Anlageform gehen.

Der Maßstab für die Beurteilung der Rentabilität einer Geldanlage ist die „Rendite". Sie zeigt Ihnen, welchen Ertrag eine bestimmte Anlageform, bezogen auf das eingesetzte Kapital, pro Jahr erbringt. Man kann die Rendite auch als „Effektivzins" einer Geldanlage bezeichnen. Sie wird in Form eines Jahreszinssatzes ausgewiesen. Allerdings hat der Rendite-Maßstab einen entscheidenden Haken: Die Kreditinstitute und sonstigen Anbieter von Geld- und Kapitalanlagen sind nicht gesetzlich dazu verpflichtet, im Zusammenhang mit ihren Produkten die Rendite auszuweisen. Hier besteht ein entscheidender Nachteil gegenüber dem Kreditgeschäft, in dem die Kreditgeber aufgrund der Preisangabenverordnung einen Vergleichsmaßstab (den „effektiven Jahreszins") bei jedem Angebot angeben müssen.

In Kapitel E werden wir Ihnen zeigen, wie Sie trotz dieser Gesetzeslücke entweder die Rendite selbst ermitteln oder verschiedene Angebote auf andere Weise miteinander vergleichen können.

3 Liquidität der Anlage

Neben der Verzinsung und der Sicherheit einer Geldanlage sollte auch deren Liquidität bei der Entscheidung für ein bestimmtes Angebot eine Rolle spielen. Wie sich bereits aus dem Begriff ableiten läßt, geht es um die Frage, wie „flüssig" einzelne Anlageformen sind, wann Sie also frühestens wieder über die festgelegten Gelder verfügen können. Wichtig ist dieser Gesichtspunkt vor allem, wenn von vornherein feststeht, daß der Anlagebetrag zu einem bestimmten Termin benötigt wird oder sogar jederzeit kurzfristig verfügbar sein muß. Haben Sie dann eine langfristige Anlageform gewählt, die eine vorzeitige Kündigung oder einen Verkauf nicht vorsieht, kann es im ungünstigsten Fall dazu kommen, daß Sie Ihr eigenes Geld beleihen müssen. Das heißt, anstatt Ihr Erspartes einzusetzen, müssen Sie einen Kredit in gleicher Höhe aufnehmen, der später bei Fälligkeit des Anlagebetrages auf einen Schlag getilgt wird. An den Kredit heranzukommen ist hierbei in der Regel kein Problem, denn Ihr Kreditinstitut hat Ihren Anlagebetrag als Sicherheit und geht so keinerlei Verlustrisiko ein. Der gravierende Nachteil einer solchen Beleihung liegt in den damit verbundenen Kosten. Banken und Sparkassen leben vor allem davon, Gelder ihrer Anlagekunden hereinzunehmen und diese zu höheren Zinssätzen an Kreditsuchende wieder auszuleihen. Sind Sie nun gezwungen, Ihr Guthaben zu beleihen, so zahlen Sie in aller Regel höhere Kreditzinsen, als Sie auf der anderen Seite als Guthabenzinsen bekommen – die Differenz geht voll zu Ihren Lasten.

genaue Planung der Anlagedauer erforderlich

Um solche Situationen zu vermeiden, sollten Sie sich unbedingt mit der Verfügbarkeit von Geldanlageangeboten befassen und diese auf Ihre persönliche finanzielle Planung abstimmen. Selbst wenn Sie sich für eine Anlageform entscheiden, die jederzeit schnell verfügbar ist – Fachleute sprechen dann von einer „hohen Liquidität" der Anlage – sollten Sie vorab ebenfalls prüfen, welche Kosten oder sonstigen Konsequenzen eine Kündigung oder vorzeitige Rückforderung Ihrer Gelder nach sich ziehen könnten. Je wahrscheinlicher es ist, daß Sie kurzfristig über den Anlagebetrag verfügen müssen, desto stärker ist Ihr Augenmerk auf diesen Gesichtspunkt zu richten.

4 Weitere Anlageziele

Außer den klassischen Geldanlagezielen Rentabilität, Sicherheit und Liquidität spielen für viele Anleger noch weitere Eigenschaften bei der Entscheidung für ein bestimmtes Angebot eine Rolle. Im Mittelpunkt stehen dabei häufig steuerliche oder „ethische" Überlegungen.

Steuerliche Aspekte

Sie sollten sich vor dem Abschluß einer Geldanlage immer über deren Auswirkungen auf Ihre Steuerbelastung informieren. Je nach Ihren persönlichen Voraussetzungen – wobei insbesondere die Höhe Ihres Einkommens eine Rolle spielt – kann die Steuerersparnis ein wichtiges Anlageziel sein. Oftmals läßt sich durch zusätzliche Steuervorteile die Rendite einer Anlage wesentlich verbessern. Deshalb ist es sinnvoll, auch spezielle steuerbegünstigte Anlageformen mit in Ihre Entscheidungsfindung einzubeziehen.

Allerdings sollten Sie vor lauter Eifer, dem Fiskus möglichst viel Geld aus der Tasche zu ziehen, nicht andere wichtige Beurteilungskriterien außer acht lassen. Die Bauherrenmodelle, die in den achtziger Jahren vor allem unter der Flagge der Steuerersparnis an Besserverdienende verkauft wurden, sind ein warnendes Beispiel für die Gefahr einer solchen „Steuerblindheit". Geködert durch die winkenden Steuervorteile, vernachlässigten die meisten Erwerber dieser Modelle, die Rentabilität und Sicherheit der gekauften Immobilien zu prüfen. Für viele Anleger endete die Transaktion in einem finanziellen Fiasko. Statt Steuerersparnis waren Verluste und Schuldenberge das Ende vom Lied.

Vorsicht bei Steuerspar-modellen!

Im Zusammenhang mit steuerlichen Aspekten der Geldanlage sollten Sie immer bedenken, daß sich die Frage, ob eine Anlageform unter steuerlichen Aspekten sinnvoll ist, nur für jeden Einzelfall exakt beantworten läßt. Was für ledige Spitzenverdiener empfehlenswert ist, muß nicht automatisch auch für Angestellte mit durchschnittlichem Einkommen und Familie die beste Wahl sein. Bevor Sie sich entscheiden, empfiehlt es sich daher, zunächst einen Steuerfachmann zu Ihrer Angelegenheit zu befragen. Die grundlegenden steuerlichen Fragen behandelt auch das Kapitel C. Sie können sich damit zumindest einen Überblick über die Grundzüge der Besteuerung von Geldanlagen verschaffen.

Ethische Aspekte

Immer wichtiger ist in den letzten Jahren für viele Anleger auch die Frage geworden, wem sie ihr Erspartes zur Verfügung stellen und was letztlich damit passiert. Sie wollen ihre Gelder nicht mehr nur unter Renditegesichtspunkten verleihen, sondern auch wissen, welche Projekte damit konkret finanziert werden bzw. in welchen Bereichen sich das Kreditinstitut oder die Anlagegesellschaft insgesamt engagieren. Im Mittelpunkt solcher Überlegungen steht eine „Ethik der Geldanlage", weshalb die Diskussion um dieses Thema meist auch unter dem Stichwort „Ethische Geldanlage" oder „Ethisches Investment" geführt wird. Ist dieser Trend hin zu einem bewußteren Umgang mit dem Geld durchaus zu begrüßen, so bestehen die Schwierigkeiten der Umsetzung vor allem darin, vernünftige Kriterien für die Einordnung bestimmter Angebote oder Anbieter unter ethischen Gesichtspunkten zu finden. Prompt werden auf dem Markt auch bereits Mogelpackungen gehandelt, mit denen dubiose Vermittler unter dem Mäntelchen der Ethik eine gar nicht so ethische Geschäftemacherei betreiben.

Trotz einer gesunden Portion Skepsis vor allem gegenüber Alternativanlagen, die mit großspurigen Öko-Sprüchen beworben werden, ist es sinnvoll, sich im Rahmen einer Geldanlageentscheidung mit diesem Thema einmal grundsätzlich auseinanderzusetzen. Mehr dazu und einige Tips für tatsächlich verantwortliche Anlagemöglichkeiten finden Sie im Abschnitt 2.6.3 des Kapitels B unter dem Stichwort „Ethisches Investment".

5 Zielkonflikte – Sie können nicht alles haben!

Vermutlich werden Ihnen alle beschriebenen Anlageziele als durchaus erstrebenswert erscheinen. Wohl oder übel müssen Sie sich jedoch einen Punkt klarmachen: Die Suche nach einem völlig risikolosen Angebot, das eine höchstmögliche Verzinsung bietet, die jederzeitige Verfügbarkeit des Anlagebetrages gewährleistet und gleichzeitig Ihre steuerlichen Wünsche und ethischen Überzeugungen berücksichtigt, ist von vornherein zum Scheitern verurteilt. Diese in allen Anforderungen optimale Anlageform existiert leider nicht.

Wollen Sie zum Beispiel eine überdurchschnittliche Rendite erzielen, müssen Sie oftmals Abstriche bei der Sicherheit der Anlage machen. Umgekehrt muß die absolute Sicherheit mit Ertragseinbußen erkauft werden. Ebenso geht die jederzeitige Verfügbarkeit eines Angebotes in der Regel zu Lasten des Ertrages. Hier gilt die Faustformel „Je länger Sie Ihr Geld festlegen, desto höher ist die Verzinsung". Ebenfalls mit längeren Laufzeiten oder Bindungsfristen müssen Sie häufig die Inanspruchnahme von Steuervorteilen bezahlen, zum Beispiel bei Kapitallebensversicherungen und Bausparverträgen. Sollten Sie dagegen ethische Gesichtspunkte in den Vordergrund Ihrer Entscheidung stellen, müssen Sie sich wohl damit abfinden, daß der Ertrag etwas magerer ausfällt.

Wie Sie sehen, besteht ein Spannungsverhältnis zwischen den verschiedenen Anlagezielen. Bänker sprechen daher im Zusammenhang mit den sich gegenüberstehenden Zielen Rentabilität, Sicherheit und Liquidität von einem „magischen Dreieck". Magisch wohl deshalb, weil Sie schon zaubern können müssen, um diese Zielvorgaben gleichzeitig in gleichem Maße unter einen Hut zu bringen. Durch die weiteren Kriterien „Steuerersparnis" und „Ethik" erweitert sich das Ganze in unserer Betrachtung sogar zu einem magischen Fünfeck, wodurch natürlich die Wechselbeziehungen zwischen den einzelnen Zielen nochmals zunehmen.

Hauptziel festlegen!

Deshalb ist es notwendig, daß Sie sich zunächst für ein Hauptziel – wie etwa die Sicherheit der Anlage – entscheiden. Erfüllt eine Reihe von Angeboten diese Voraussetzung, können Sie im nächsten Schritt weitere Ziele – zum Beispiel eine möglichst gute Verzinsung der sicheren Anlageformen – in Ihre Auswahl einbeziehen. Unter Berücksichtigung der bestehenden Konkurrenz zwischen den verschiedenen Zielsetzungen läßt sich so die beste Kompromißlösung finden.

B Spar- und Geldanlageformen

Im Anschluß an die Darstellung der Ziele, die Sie mit einer Geldanlage verfolgen können, geht es nun darum, Ihnen einen Überblick über den Markt für Spar- und Anlageformen zu verschaffen. Auch wenn auf den ersten Blick die Vielzahl der Angebote von Banken, Sparkassen und anderen Anbietern erschlagend ist, zeigt sich bei näherem Hinsehen, daß das Kind zwar oftmals viele Namen hat, sich im Grunde genommen aber das gleiche dahinter verbirgt. Der Markt läßt sich deshalb in eine Reihe typischer Spar- und Anlageformen einteilen. Innerhalb dieser Gruppen können zwar in Einzelheiten Unterschiede bestehen, von ihrem Grundaufbau her sind die verschiedenen Angebote jedoch gleich oder zumindest sehr ähnlich.

Im folgenden werden wir Ihnen die gängigsten Spar- und Anlagemöglichkeiten erläutern und diese vor allem unter den Gesichtspunkten Sicherheit, Rentabilität und Verfügbarkeit kritisch betrachten. Berücksichtigt werden hierbei allerdings nur Angebote, die Sie bei institutio-

nellen Anbietern wie Banken, Sparkassen und Lebensversicherungsgesellschaften bekommen können. Mit den Angeboten der auf dem freien Kapitalmarkt tätigen Gesellschaften und Vermittler wird sich Abschnitt 3 in diesem Kapitel gesondert beschäftigen.

Um Ihnen den Überblick zu erleichtern, soll die Einteilung der Angebote danach erfolgen, ob sie sich eher dazu eignen,

- längerfristig regelmäßig Kapital anzusparen oder
- das bereits Ersparte einmalig für einen bestimmten Zeitraum anzulegen.

Die Grenzen zwischen „Ansparangebot" und „Einmalangebot" sind allerdings oft fließend. So können Sie beispielsweise Bundesschatzbriefe bei einem erforderlichen Mindestanlagebetrag von 100 DM natürlich auch als Ansparinstrument nutzen, indem Sie regelmäßig für einen bestimmten Betrag solche Papiere kaufen. Dennoch werden Sie im Text die Bundesschatzbriefe unter der Rubrik „Einmalanlage" finden, da deren grundlegende Konzeption nicht auf einen ratenweisen regelmäßigen Erwerb ausgerichtet ist. Im Teil „Ansparangebote" sollen dagegen nur Sparformen behandelt werden, die entweder eine automatische Ratenzahlung aufgrund eines Vertrages oder die Einrichtung eines Anlagekontos vorsehen, auf das jederzeit Einzahlungen ohne besondere Absprachen mit einem Kreditinstitut möglich sind.

1 Ansparangebote

Wenn Ihr Ziel darin besteht, Eigenkapital aufzubauen, bieten Ihnen vor allem Kreditinstitute, aber auch Versicherungs- und Investmentgesellschaften eine Reihe von Ansparmöglichkeiten. Die Qual der Wahl haben Sie dabei zwischen dem Abschluß von Sparverträgen, die eine längerfristige Ansparung in Höhe einer bestimmten Monatsrate vorsehen, oder der Eröffnung eines Ansparkontos, auf das Sie je nach „Sparfleiß" Einzahlungen leisten können.

1.1 Guthaben auf Girokonten

Wahrscheinlich werden Sie sich jetzt fragen, was das Girokonto mit dem Thema „Sparen" zu tun hat, denn Sie nutzen es doch nur als Lohn- und Gehaltskonto und zur Abwicklung Ihres sonstigen Zahlungsverkehrs.

Dann sollten Sie sich einmal Ihre Kontoauszüge vornehmen und prüfen, welches Guthaben Ihr Konto im Durchschnitt aufweist. Nach einer Untersuchung der Postbank hatte in den alten Bundesländern im Jahre 1990 jeder Haushalt immerhin 8.500 DM auf dem Girokonto oder als Bargeld unter dem Kopfkissen. In den neuen Bundesländern waren es 7.610 DM.

Tatsächlich bildet das Girokonto also den Ausgangspunkt für viele Spar- oder Geldanlagegeschäfte. Häufig wird hier erst einmal ein gewisser Betrag angesammelt, bevor der Einstieg in andere Anlageformen erfolgt. So ist das Girokonto wahrscheinlich für die Mehrzahl der Sparer ein wichtiges Ansparinstrument, ohne daß dies bewußt wahrgenommen wird. Größere Guthaben auf dem Girokonto sind allerdings ein reines Verlustgeschäft, denn Zinsen gibt es dafür in der Regel keine oder wenn, dann lediglich in Höhe von 0,5 % pro Jahr. Zum Teil wird eine geringe Verzinsung auch erst gezahlt, wenn ein bestimmtes Mindestguthaben von 5.000 oder 10.000 DM auf Ihrem Konto steht.

Für die Kreditinstitute ist die Unaufmerksamkeit der Kontoinhaber dagegen ein Grund zur Freude, denn billigere Gelder, die zu höheren Zinssätzen wieder als Kredite ausgeliehen werden können, bekommen sie nirgends. Deshalb wird es auch nicht allzu häufig vorkommen, daß Ihr Bankberater Sie auf die Nachteile hoher Girokontoguthaben hinweist und Ihnen zu einer besserverzinslichen Ansparform rät. Leider haben sich die enormen Zinsgewinne, die Banken und Sparkassen auf diese Weise erzielen, bisher auf die ständig steigenden Kontoführungsgebühren nicht ausgewirkt, denn diese Einnahmen lassen die Kostenrechner bei der Kalkulation der Kontopreise außen vor.

Ein Vorteil des Girokontos besteht darin, daß Sie schnell über Ihr Geld verfügen können. Das Guthaben ist jederzeit ohne vorherige Kündigung „bei Sicht" fällig. Deshalb werden die Gelder auf Girokonten im Fachjargon auch als „Sichteinlagen" bezeichnet. Über die Sicherheit Ihres Guthabens müssen Sie sich ebenfalls keine Gedanken machen, denn dessen Rückzahlung ist über die Feuerwehrfonds der Kreditinstitute abgesichert.

Diese Vorteile wiegen die fehlende oder minimale Verzinsung des Guthabens jedoch nicht auf. Sie sollten deshalb das Girokonto nicht als Ansparinstrument für größere Beträge nutzen. Das gilt insbesondere dann, wenn

Girokonto
kein Anlagekonto

Sie jeweils einige Zeit brauchen, um größere Anlagebeträge anzusparen. Außerdem müssen Sie – wie Sie in den weiteren Kapiteln noch sehen werden – nicht immer gleich einige tausend Mark haben, um an eine attraktive Anlageform heranzukommen – Bundesschatzbriefe gibt es zum Beispiel bereits ab 100 DM. Nutzen Sie deshalb Ihr Girokonto tatsächlich nur als Gehalts- und Zahlungsverkehrskonto. Größere Guthaben sollten Sie möglichst schnell auf lukrativere Angebote umschichten.

1.2 Sparbuch

Den Inbegriff des risikolosen Sparens stellt für die Deutschen wohl das „gute alte" Sparbuch dar. Alt ist es zweifelsohne, denn bereits im Jahre 1934 hatten unsere Großväter die Möglichkeit, ihren Notgroschen – sollte er nicht im Sparstrumpf landen – auf einem Sparbuch anzusammeln. Ob diese traditionelle Form des Sparens aus heutiger Sicht auch noch als „gut" bezeichnet werden kann, ist allerdings eine andere Frage, die im folgenden geklärt werden soll.

In der Bankensprache laufen die Guthaben auf Sparkonten unter dem Fachbegriff „Spareinlagen". Bis zum 30. Juni 1993 war im „Kreditwesengesetz" (KWG) genau geregelt, unter welchen Voraussetzungen es sich bei Kundengeldern um Spareinlagen handelt. Mit Wirkung vom 1. Juli 1993 wurden die Sparverkehrsvorschriften jedoch im Rahmen einer Gesetzesnovelle komplett aus dem KWG gestrichen. Sehr viel hat sich hierdurch allerdings nicht geändert, denn gleichzeitig hat der Gesetzgeber den Spareinlagenbegriff in der „Rechnungslegungsverordnung für Kreditinstitute" neu definiert. Danach handelt es sich bei Spareinlagen um unbefristete Gelder, die

- durch die Ausfertigung einer Urkunde als Spareinlage gekennzeichnet sein müssen,
- nicht zur Abwicklung des Zahlungsverkehrs bestimmt sein dürfen und
- eine Kündigungsfrist von mindestens drei Monaten aufweisen müssen.

Die Urkunde, die Ihnen bei Eröffnung eines Spareinlagenkontos ausgehändigt wird, ist in der Regel ein Sparbuch, in dem später alle Ein- und Auszahlungen sowie der jeweilige Guthabenstand festgehalten werden. Bei einigen Sondersparformen, die rechtlich ebenfalls als Spareinlage gelten, händigen die Kreditinstitute anstatt eines „echten" Sparbuches häufig aber auch eine Urkunde in Loseblattform aus, die den Einlagebetrag ausweist. Daß es sich bei einem Sparbuch um eine Urkunde handelt, die natürlich nicht blanko herausgegeben werden darf, erfahren Sie in der Praxis immer dann, wenn der Bankangestellte Sie bei der Kontoeröffnung um die sofortige Einzahlung von mindestens einer oder zum Teil auch von fünf DM bittet. Lösen Sie Ihr Konto auf, wird Ihr Sparbuch vom ausgebenden Kreditinstitut üblicherweise durch Lochung entwertet. Durch diese Handhabung der Sparurkunde sollen die Mißbrauchsmöglichkeiten von Fälschern eingeschränkt werden.

Sparbuch = Urkunde

Da Spareinlagen zur Ansammlung oder Anlage von Vermögen dienen sollen, können Sie über ein Sparkonto nicht Ihren laufenden Zahlungsverkehr abwickeln. Allenfalls in Sonderfällen drücken die Kreditinstitute schon einmal ein Auge zu und führen beispielsweise eine Überweisung von einem Sparkonto aus. Ansonsten müssen Sie Ihr Geld immer erst vom Sparkonto auf das Girokonto übertragen, um einen Zahlungsverkehrsvorgang abzuwickeln.

Eröffnen können Sie ein Sparkonto bei fast jeder Bank oder Sparkasse. Lediglich einige Spezialkreditinstitute, zum Beispiel Hypothekenbanken, nehmen keine Spareinlagen entgegen, denn sie beschaffen sich die für das Kreditgeschäft notwendigen Gelder auf anderem Wege. Eine Sonderstellung nehmen auch die Bausparkassen ein. Sie sammeln zwar die Einlagen der Häuslebauer auf Bausparkonten; diese sind aber keine Spareinlagen im Sinne der Rechnungslegungsverordnung. Neben den Kreditinstituten bietet auch die Postbank die Möglichkeit, Spareinlagen zu unterhalten. Das Sparbuch der Banktochter des „Gelben Riesen" hat sogar den Vorteil, daß es nicht nur als reines Ansparkonto, sondern bei Reisen in vielen europäischen Ländern auch zur Abhebung von Beträgen in Landeswährung genutzt werden kann.

Unterschiede bestehen bei Spareinlagen vor allem in bezug auf die Verfügbarkeit der Kontoguthaben. Bestand vor dem 1. Juli 1993 noch eine gesetzliche Grundeinteilung in „Spareinlagen mit gesetzlicher Kündigungsfrist" und „Spareinlagen mit vereinbarter Kündigungsfrist", kann man heute nur noch von „Spareinlagen mit dreimonatiger Kündigungsfrist" und „Spareinlagen mit vereinbarter längerer Kündigungsfrist" sprechen. Die grundlegenden Anlagebedingungen für Spareinlagen ergeben sich nach der

Gesetzesänderung seit 1.7.93

Änderung ebenfalls nicht mehr aus dem Gesetz, sondern als Rechtsgrundlage dient ein zwischen Bank und Kunde vereinbarter Vertrag, der sich in der Regel auf die Allgemeinen Geschäftsbedingungen (AGB) des jeweiligen Institutes bezieht.

Spareinlagen mit dreimonatiger Kündigungsfrist

In der Vergangenheit wurden Sparbücher, für die Sie keine besondere Kündigungsfrist vereinbarten, automatisch als „normales" Sparbuch mit „gesetzlicher" Kündigungsfrist angelegt. Die gesetzliche Frist betrug drei Monate, wobei Sie aber innerhalb von 30 Zinstagen ohne Kündigung über einen Freibetrag von 2.000 DM verfügen konnten. Nach der KWG-Novelle ist zwar immer noch das Sparbuch mit dreimonatiger Kündigungsfrist der Standard, die Freibetragsregelung hat sich jedoch etwas verbessert. So können Sie seit dem 1. Juli 1993 pro Kalendermonat 3.000 DM ohne Kündigung abheben. Wichtig ist nicht nur der erhöhte Freibetrag, sondern auch die Formulierung „pro Kalendermonat". Im Unterschied zur alten Regelung müssen Sie nun nicht mehr volle 30 Tage bis zum nächsten Freibetrag warten, sondern Sie können beispielsweise an einem Monatsletzten und sofort am darauffolgenden Ersten des neuen Monats ohne Nachteile über jeweils 3.000 DM verfügen. Wird der Freibetrag nicht in Anspruch genommen, verfällt er allerdings. Es funktioniert also zum Beispiel nicht, daß Sie drei Monate lang keine Abhebung vornehmen und dann auf einen Schlag ohne Kündigung über 9.000 DM verfügen. Eine volle Ausnutzung der Freibeträge ist nur dann möglich, wenn Sie jeden Monat 3.000 DM abheben.

Spareinlagen mit vereinbarter längerer Kündigungsfrist

Durch eine entsprechende Vereinbarung mit Ihrer Bank können Sie für Ihre Spareinlagen eine längere Kündigungsfrist als drei Monate vereinbaren. Die gängigsten Fristen bewegen sich dabei in einem Bereich von sechs Monaten bis zu vier Jahren. Als Lohn für die längerfristige Überlassung Ihres Geldes erhalten Sie im Gegenzug von den Kreditinstituten einen etwas höheren Sparzins.

Auch diese Form der Spareinlagen wurde in der Vergangenheit in ihren Grundbedingungen im KWG geregelt. So mußte die vereinbarte Kündigungsfrist mindestens sechs Monate betragen. Dazu kam generell eine

„Kündigungssperrfrist" von weiteren sechs Monaten, innerhalb derer eine Kündigung des Guthabens nicht möglich war. Im Zuge der Gesetzesnovelle wurden diese Regelungen komplett abgeschafft und auch nicht anderweitig neu geregelt. Seit dem 1. Juli 1993 gelten für Spareinlagen mit vereinbarter längerer Kündigungsfrist somit nur noch die in einem Anlagevertrag zwischen Ihnen und dem Kreditinstitut geregelten Bedingungen. Sie sollten sich darüber vor der Wahrnehmung eines solchen Angebotes eingehend informieren.

Bei geplanten Abhebungen von Sparbüchern mit vereinbarter längerer Kündigungsfrist dürfen Sie vor allem eins nie vergessen: die Kündigung. Anders als bei Wertpapieranlagen wird Ihr Guthaben nicht nach Ablauf der Kündigungsfrist automatisch frei; eine schadlose Auszahlung kann nur nach einer rechtzeitigen Kündigung erfolgen. Dabei ist auch zu beachten, daß für jeden nachträglich eingezahlten Anlagebetrag die Kündigungsfrist wieder neu beginnt. Eine Kündigung erfaßt nur den jeweils am Tag der Kündigung vorhandenen Guthabensaldo, Sie können also nicht bereits im voraus zukünftige Einzahlungen kündigen. Einen Freibetrag wie bei Spareinlagen mit dreimonatiger Kündigungsfrist gibt es nicht. Jeder gewünschte Auszahlungsbetrag muß vorher ausdrücklich gekündigt werden.

Vorzeitige Rückzahlung von Sparguthaben

Haben Sie sich in Ihrer Anlageplanung verkalkuliert und benötigen Sie einen Teil Ihrer Spareinlagen, obwohl Sie nicht rechtzeitig gekündigt haben, so ist dies in der Regel trotz bestehender Kündigungsfristen möglich. Allerdings müssen Sie damit rechnen, daß Ihnen die Bank dafür einen Strafzins aufbrummt. Vor der Neuregelung der Sparverkehrsvorschriften bestand für die Kreditwirtschaft sogar eine gesetzliche Verpflichtung dazu, in solchen Fällen einen „Vorschußzins" zu berechnen, der mindestens ein Viertel des auf die Einlage gezahlten Habenzinssatzes ausmachen mußte. Diese Regelungen sind jedoch komplett weggefallen. Heutzutage kann also jede Bank oder Sparkasse eigenständig entscheiden, ob und in welcher Weise sie ihre Sparkunden bei einer Abhebung ohne vorherige Kündigung zur Kasse bittet. Für den Kunden eröffnen sich hierdurch gewisse Verhandlungsspielräume, denn die Institute können in diesem Zusammenhang nicht mehr lapidar auf das Gesetz verweisen. Sie entscheiden nun ganz alleine, wie kundenfreundlich sie ihre Bedingungen für solche Fälle regeln. Insbesondere wenn die ungeplante Abhebung durch irgendwelche Notfälle wie Krankheit oder Arbeitslosigkeit notwendig wird, sollten Sie eine kundenfreundliche Abwicklung der Angelegenheit fordern. Gleichzeitig bedeutet die Neuregelung aber auch, daß fortan Sparbuch nicht mehr gleich Sparbuch ist. Sie sollten deshalb vor der Eröffnung eines Sparkontos immer prüfen, welche Vertragsbedingungen das Kreditinstitut für den Fall vorzeitiger Verfügungen vorsieht.

Bei Spareinlagen mit dreimonatiger Kündigungsfrist gibt es allerdings auch einen ganz simplen Trick, den Ärger mit etwaigen Vorschußzinsen von vornherein auszuschließen: Verteilen Sie Ihr Guthaben einfach in Beträgen von maximal 3.000 DM auf mehrere Sparkonten. Dann können Sie jederzeit ohne Nachteile im Rahmen des Freibetrages über Ihr Erspartes verfügen. Bei Spareinlagen mit vereinbarter längerer Kündigungsfrist funktioniert diese Taktik mangels Freibetrag leider nicht.

Verzinsung von Spareinlagen

Die Zinssätze für Spareinlagen mit dreimonatiger und vereinbarter längerer Kündigungsfrist sind variabel. Veränderungen der Sparguthabenverzinsung muß Ihnen Ihre Bank nicht ausdrücklich mitteilen. Nach der Preisangabenverordnung reicht es aus, wenn der Preisaushang, der in jeder Zweigstelle entweder in den Schalterräumen oder im Schaufenster hängen muß, entsprechend berichtigt wird. Sie sollten deshalb immer ein Auge darauf haben, wie sich die Verzinsung mit der Zeit entwickelt.

Inwieweit die Zinsen an die jeweilige Marktlage angepaßt werden, bleibt letztlich der Geschäftspolitik der Geldhäuser überlassen. Daß dabei leider die tatsächlichen Kapitalmarktverhältnisse zunehmend eine untergeordnete Rolle spielen und das Streben nach höheren Geschäftsgewinnen immer größeren Einfluß gewinnt, zeigt die Entwicklung der Sparzinsen in den letzten Jahren. Zwar zählten Spareinlagen noch nie zu den ausgesprochenen Renditerennern, mittlerweile hat sich deren Verzinsung aber zu einem besonders traurigen Kapitel des Bankgeschäftes entwickelt. Insbesondere auf Sparkonten mit dreimonatiger Kündigungsfrist zahlen die allermeisten Kreditinstitute kaum mehr als ein Almosen. So betrug der Habenzins für solche Guthaben (der Spareckzins) 1991 im Durchschnitt äußerst magere 2,83 % p. a. – und dies in einer Zinsphase mit Hypothekenzinsen von über 9 % p. a. und Sollzinsen für Girokontoüberziehungen von mehr als 14 % p. a. Anfang der achtziger Jahre erhielten die Sparer bei ähnlichen Marktverhältnissen immerhin noch zwischen 4 und 5 % für ihr Geld.

Daß der kräftige Anstieg der Marktzinsen Ende der achtziger Jahre an den gesetzlichen Spareinlagen fast völlig vorbeigegangen ist, begründen die Kreditinstitute häufig damit, daß diese Sparform ohnehin immer mehr an Bedeutung verlieren würde. Zwar nahmen die Guthaben auf solchen Konten in den vergangenen Jahren tatsächlich beständig ab, Anfang 1992 lagen aber nach der Statistik der Deutschen Bundesbank immerhin noch rund 440 Milliarden DM zu Magerzinsen auf der hohen Kante. Jedes Zehntelprozent, um das die Banken und Sparkassen die Spanne zwischen Spar- und Kreditzins vergrößern konnten, bescherte der Branche somit jährliche Zusatzerträge von rund 440 Millionen DM.

Als Sparer können Sie aus dieser unerfreulichen Entwicklung nur die Konsequenz ziehen, Ihre Guthaben auf Sparkonten so gering wie möglich zu halten. Auch der gängige Tip, einen Notgroschen von zwei bis drei Monatsgehältern für unvorhersehbare Ausgaben als Spareinlage mit gesetzlicher Kündigungsfrist zu halten, sollte unter den derzeitigen Bedingungen nochmals überdacht werden. Einen Umstieg wegen der etwas höheren Verzinsung von der dreimonatigen zu einer vereinbarten längeren Kündigungsfrist macht in der Regel keinen Sinn. Bei gleicher Laufzeit und besserer Verfügbarkeit bieten Ihnen andere Anlageformen, die nachfolgend noch besprochen werden, bessere Konditionen.

Guthaben auf Sparkonten gering halten!

1.3 Telefon-Sonderkonten von Banken und Guthabenkonten bei Kreditkartengesellschaften

Eine echte Alternative zum Sparbuch sind spezielle Sonderkonten, die in den letzten Jahren von einigen meist kleineren Kreditinstituten, die sich teilweise auf bestimmte Geschäfte spezialisiert haben, auf dem Markt eingeführt worden sind. Häufig handelt es sich bei diesen Angeboten um Abrufkonten, auf die Sie lediglich Geldbeträge überweisen und von denen Sie diese wieder abrufen können. Die gesamte Geschäftsbeziehung findet allein auf telefonischem und schriftlichem Wege statt. Benötigen Sie einen bestimmten Geldbetrag vom Konto, können Sie diesen – zum Teil unter Verwendung eines vereinbarten Stichwortes – einfach per Telefon anfordern. Die Summe wird Ihnen dann unverzüglich auf ein festgelegtes Korrespondenzkonto – meist Ihr Girokonto – überwiesen.

Der entscheidende Vorteil solcher Konten liegt neben der uneingeschränkten Verfügbarkeit der Guthabenbeträge in der gegenüber Spar- und Girokonten wesentlich besseren Verzinsung, die sich je nach Zinssituation meist zwischen 4 und 5 % p. a. bewegt und damit fast doppelt so hoch ist wie die von der Mehrzahl der Banken und Sparkassen gewährte Verzinsung für Sparbücher mit dreimonatiger Kündigungsfrist. Von den Mager- oder Nullzinsen, die auf Girokontoguthaben gezahlt werden, ganz zu schweigen. Als Voraussetzung für die günstige Verzinsung müssen Sie teilweise allerdings ein Mindestguthaben von 1.000 DM auf dem Konto halten.

jederzeitige Verfügbarkeit bei Telefon-Sonderkonten

Während solche Sonderkonten eine attraktive Alternative zu kurzfristigen Spareinlagen sind, können sie kein vollständiger Ersatz für ein Girokonto sein, über das der gesamte Zahlungsverkehr abgewickelt wird. Sie stellen vielmehr eine sinnvolle Ergänzung dar, um überschüssige Girokontoguthaben bis zu einer längerfristigen Anlage zu parken.

Das gleiche gilt für die von einigen Kreditkartengesellschaften angebotenen Guthabenkonten. Sie können als Kreditkarteninhaber auf Ihrem Kreditkartenkonto nicht nur Kredit in Anspruch nehmen, sondern auch ein Guthaben unterhalten. Als Anreiz dafür bieten die Gesellschaften eine Verzinsung an, die sich ebenfalls im Rahmen der obengenannten Konditionen für die Sonderkonten bewegt. Teilweise sind die Zinssätze auch nach der Höhe des Guthabens gestaffelt. Um bessere Konditionen zu bekommen, müssen Sie aber mindestens 10.000 DM mitbringen.

Außerdem gibt es den besseren Zins meist nur für den über diese Grenze hinausgehenden Guthabenteil. Die Unterhaltung solcher größerer Guthaben ist jedoch normalerweise nicht empfehlenswert, da Sie hiermit bei anderen Anlageformen, beispielsweise bei Festgeldern, bessere Renditen erzielen dürften. Ein Nachteil der Kreditkartenkonten besteht außerdem darin, daß Sie zum Teil nur über die Karte selbst an Ihr Geld kommen, was insbesondere bei Barabhebungen in der Regel mit recht hohen Gebühren verbunden ist. Ebenso lohnt es sich kaum, wenn Sie bisher keine Kreditkarte benötigt haben, extra eine zu beantragen, um das Anlageangebot der Kreditkartengesellschaft wahrnehmen zu können. Die dann zusätzlich fälligen Kartengebühren von mindestens 30 bis 50 DM pro Jahr würden einen Teil der Verzinsung wieder aufzehren. Bei einem mit 5 % verzinsten Guthaben von 5.000 DM würde beispielsweise eine Kartengebühr von jährlich 50 DM den Ertrag auf 4 % drücken. Sie sollten dann besser auf eines der Sonderkonten mit vergleichbarer Verzinsung ausweichen.

hohe Gebühren für Barabhebungen vom Kartenkonto

1.4 Sondersparverträge mit regelmäßiger Ratenzahlung

Da die deutschen Sparer in den letzten Jahren immer zinsbewußter geworden sind, haben sie ihre Ersparnisse zunehmend von herkömmlichen Sparbüchern in höherverzinsliche Anlageformen umgeschichtet. Auch bei der regelmäßigen Ansammlung von Kapital lassen sich viele Kunden von den Kreditinstituten heute nicht mehr mit einem mageren Sparzins abspeisen. Um das verstärkte Abwandern von für das Kreditgeschäft benötigten Spargeldern in institutsfremde Angebote zumindest einzuschränken, mußten sich Banken und Sparkassen etwas einfallen lassen. Als Alternative zur normalen Spareinlage wurden deshalb Sondersparformen entwickelt, die häufig bei ähnlichen Verfügungsmöglichkeiten eine bessere Rendite als normale Sparbuchguthaben bieten.

Ganz unkompliziert sind diese Angebote allerdings nicht. Wenn Sie sich bei verschiedenen Instituten auf die Suche danach begeben, werden Sie schnell merken, daß es einen Wust an Sparverträgen mit unterschiedlichen Bezeichnungen gibt. Die Grundkonzeptionen der Verträge beschränken sich jedoch auf wenige Varianten. Unterschiede bestehen von Anbieter zu Anbieter dagegen vor allem bei der Verzinsung und der Verfügbarkeit der angesparten Gelder. Eine Reihe von Sondersparformen sieht zu gleichen Konditionen ebenfalls die Anlage von größeren Einmalbeträgen vor; andere Angebote sind sogar ganz darauf abgestimmt. Dieses Kapitel soll sich aber zunächst nur mit solchen Verträgen befassen, die eine Ansparung per Raten vorsehen. Zur Anlage von bereits vorhandenen Geldbeträgen in Sondersparformen finden Sie mehr im Abschnitt 2.4 dieses Kapitels. Gesondert werden auch Prämiensparverträge betrachtet, die sich vor allem an Kunden wenden, die eine Anlagemöglichkeit für ihre vermögenswirksamen Leistungen suchen.

1.4.1 Grundmerkmale von Sondersparverträgen

Ratenhöhe und Laufzeiten

Alle Ratensparverträge sehen grundsätzlich die Zahlung einer festen monatlichen Rate in vereinbarter Höhe über eine bestimmte Laufzeit vor. In der Regel fordern die Kreditinstitute dabei die Einhaltung einer gewissen Mindestrate, die je nach Angebot bei 20, 50 oder 100 DM liegt. Nach oben sind Ihrem Sparfleiß meist keine Grenzen gesetzt. Als Zusatzangebot können Sie bei vielen Verträgen auch eine „Dynamisierung" der Rate vereinbaren. Die monatlichen Zahlungen werden dann von Jahr zu Jahr automatisch um einen bestimmten Prozentsatz erhöht. Die Laufzeiten bewegen sich je nach Angebot zwischen einem Jahr und 25 Jahren, bei einigen Verträgen müssen Sie sich allerdings mindestens acht Jahre binden. Häufig haben Sie aber trotz vereinbarter Sparzeit die Möglichkeit, vorzeitig auszusteigen. Mehr dazu aber unter dem Punkt „Verfügbarkeit".

Verzinsung

Der Ertrag aus den Sondersparverträgen setzt sich meistens aus zwei Bestandteilen zusammen:

- einer laufenden Grundverzinsung und
- einer einmaligen Bonuszahlung.

Beim laufenden Zins sind die Geldinstitute in der Regel sehr knauserig. Der Zinssatz entspricht bei vielen Angeboten dem Zinssatz für Spareinlagen mit dreimonatiger Kündigungsfrist – dem Spareckzins. Selbst in der Hochzinsphase der letzten Jahre betrug er bei den meisten Verträgen lediglich 2,5 bis 3 % p. a. Nur in Einzelfällen wird ein um 2 bis 3 %

über dem Spareckzins liegender Zinssatz gezahlt. Außerdem ist die Grundverzinsung oftmals variabel, so daß Sie mit dem Anfangszins nicht fest über die gesamte Laufzeit kalkulieren können und bei allgemein fallenden Zinsen mit noch schlechteren Konditionen rechnen müssen.

Da sich allein aufgrund solcher Konditionen wohl nur die wenigsten Kunden für diese Sparform erwärmen könnten, zahlen viele Kreditinstitute neben der Grundverzinsung als „Bonbon" meist am Ende der Laufzeit einen einmaligen Bonus. Wie hoch dieser ausfällt, richtet sich nach der Dauer der Laufzeit. Grundsätzlich gilt: Je länger die Spardauer ist, desto höher fällt der Bonus aus. Die Spannbreite reicht dabei zum Beispiel von einem zweiprozentigen Bonus für eine zweijährige Laufzeit bis zu 110 % bei einer Einzahlungsdauer von 25 Jahren. Einfluß auf die Bonuszahlung hat auch die Höhe der Grundverzinsung. Bei relativ niedriger laufender Verzinsung erhalten Sie später in der Regel eine höhere Einmalzahlung, bei besserem Grundzins fällt der Bonus geringer aus.

Je länger die Laufzeit, desto höher der Bonus

Anstelle solcher Bonusangebote finden Sie aber auch Sparpläne, bei denen mit zunehmender Spardauer der laufende Zinssatz um bestimmte Aufschläge erhöht wird. Während die Höhe der Zinsaufschläge von vornherein feststeht, kann bei diesen Verträgen der Grundzins ebenfalls variabel sein. Unter steuerlichen Gesichtspunkten sind Angebote mit einem steigenden Zins sinnvoller als Bonusvarianten. Die Erträge fließen Ihnen jährlich zu, während bei Verträgen mit größerer Bonuszahlung ein Großteil der Verzinsung erst zum Laufzeitende ausgezahlt wird – und dann auch versteuert werden muß. Dadurch besteht die Gefahr, daß Ihr Sparerfreibetrag überschritten wird und Sie für die darüber hinausgehenden Erträge Einkommensteuer zahlen müssen.

Wie gut die Verzinsung eines Sondersparvertrages ist, können Sie nur beurteilen, wenn Sie die Renditen verschiedener Angebote vergleichen. Von der verlockenden Höhe der Bonuszahlungen sollten Sie sich auf keinen Fall blenden lassen. Setzt man diese zusammen mit der geringen Grundverzinsung in ein Verhältnis zu der jeweiligen Laufzeit, zeigt sich schnell, daß Sie auch von diesen Verträgen keine Renditewunder erwarten können. Die Ursache für eine falsche Einschätzung der Rendite solcher Verträge liegt häufig in der raffinierten Bonusgestaltung der Geldinstitute. Entscheidend ist dabei, wann und worauf der Anbieter Ihnen den Bonus gewährt (siehe Beispiel).

trotz hohem Bonus durchschnittliche Rendite

Beispiel

Schließen Sie einen Bonussparvertrag mit einer Monatsrate von 100 DM auf eine Laufzeit von 25 Jahren ab, werden bei einer Grundverzinsung von 3 % p. a. und einem einmaligen Bonus zum Vertragsablauf von 110 % der Sparleistung aus Ihren gezahlten Raten von 30.000 DM (300 Monate x 100 DM) immerhin 77.462 DM.

Diese Zahlen sind auf den ersten Blick natürlich beeindruckend und bieten dem Anbieter sehr gute Verkaufsargumente. Betrachtet man das Angebot dagegen etwas genauer, zeigt sich, daß die jährliche Effektivverzinsung oder Rendite des Sparvertrages nur 6,89 % beträgt – ein bei dieser Laufzeit allenfalls durchschnittlicher Ertrag.

Sie bekommen die Sonderzahlung von 110 % in diesem Fall nur auf die „Sparleistung" und nicht auf das zum Vertragsablauf bestehende Guthaben. Unter „Sparleistung" versteht der Anbieter dabei lediglich die Summe aller gezahlten Raten – also 30.000 DM. Der Bonus von 110 % macht dann 33.000 DM aus.

Würde der Bonus von 110 % dagegen – wie von vielen Sparern erwartet – auf das Endguthaben von 44.462 DM gezahlt, bekämen Sie nach 25 Jahren zusätzliche 48.908 DM. Insgesamt würde Ihr Auszahlungsbetrag dann 93.370 DM betragen, was einer Rendite von 8,13 % entspräche.

Bei den meisten Bonusverträgen erhalten Sie die einmalige Zusatzverzinsung wie im Beispiel nur auf die Sparleistung. Zum Teil wird der hohe Endbonus sogar nur auf die Einzahlungen des letzten Jahres gezahlt, für die Vorjahresleistungen bekommen Sie lediglich die abgestuften Prozentsätze für kürzere Laufzeiten. Das heißt, Ihr Bonus setzt sich insgesamt zum Beispiel aus einem gestaffelten Aufschlag von 3 % auf die Sparleistung des dritten Jahres, aus 5 % für die Einzahlungen des vierten Jahres bis hin zum höchsten Bonus für die im letzten Laufzeitjahr eingezahlten Raten zusammen. Die Werbung der Kreditinstitute zeigt dagegen häufig nur den höchstmöglichen Bonussatz. Der tatsächliche Aufbau des Angebotes wird Ihnen erst deutlich, wenn Sie die Werbeprospekte intensiv unter die Lupe nehmen.

Verfügbarkeit

Mit dem Abschluß eines Sondersparvertrages binden Sie sich grundsätzlich für eine vereinbarte Vertragsdauer oder zumindest für eine in den Vertragsbedingungen vorgesehene Mindestlaufzeit. Dies kann bedeuten, daß Sie im Einzelfall insbesondere bei langfristigen Sparverträgen erst nach sieben bis acht Jahren an Ihr Erspartes kommen. Viele Angebote sehen allerdings die Möglichkeit eines vorzeitigen Ausstieges vor. Unterschiedlich sind dabei die Konsequenzen, die Sie durch eine vorzeitige Verfügung hinnehmen müssen. Im günstigsten Fall können Sie jederzeit oder unter Beachtung einer Kündigungsfrist von drei Monaten aussteigen und bekommen Ihre eingezahlten Raten plus die bis zu diesem Zeitpunkt aufgelaufenen Zinsen und den auf die zurückliegende Spardauer entfallenden Bonus gutgeschrieben. Es kann Ihnen allerdings auch passieren, daß Sie in bezug auf den Bonus leer ausgehen oder die Zinsaufschläge verlorengehen und man Ihnen rückwirkend nur den normalen Sparbuchzins zahlt. Andere Angebote sehen eine Kündigung frühestens nach einem Jahr vor. Die Konsequenzen für die Verzinsung können dabei ähnlich sein.

Da eine vorzeitige Beendigung des Sparvertrages also unter Umständen mit empfindlichen Ertragseinbußen verbunden ist, sollten Sie sich über diese Bedingungen unbedingt vor Vertragsabschluß informieren. So lassen sich böse Überraschungen vermeiden. Müssen Sie bei einem Angebot eine wenig kundenfreundliche Abwicklung fürchten, empfiehlt es sich, lieber einen Sparvertrag mit günstigen Ausstiegsbedingungen zu wählen. Dies gilt insbesondere, wenn Sie nicht absolut sicher sind, daß Sie die vereinbarte Laufzeit bis zum Ende einhalten können. Aber selbst bei Einhaltung der vertraglich festgelegten Spardauer müssen Sie aufpassen. Teilweise wird Ihr Geld zum Laufzeitende nicht automatisch frei, sondern Sie müssen unter Beachtung einer bestimmten Frist ausdrücklich kündigen.

Kündigungsbedingungen vor Vertragsabschluß klären!

Sicherheit

Da die Guthaben auf Sondersparverträgen in aller Regel als Spareinlagen verbucht werden, bieten diese Gelder die gleiche Sicherheit wie die Bestände auf normalen Sparkonten. Eine gewisse Unsicherheit müssen Sie jedoch oftmals in bezug auf die variable Grundverzinsung in Kauf nehmen. Vor allem bei langen Laufzeiten können bereits relativ geringe Zinssenkungen dazu führen, daß sich die Endauszahlung wesentlich verringert. Im Beispiel von Seite 30 mit 25jähriger Laufzeit würde ein nur um 0,5 % niedrigerer Grundzins von 2,5 % bereits zu einem um 2.918 DM geringeren Endguthaben führen. Sie sollten deshalb insbesondere in Zeiten hoher Zinsen auf Verträge mit fester Grundverzinsung setzen.

1.4.2 Was Sie vor Abschluß eines Sondersparvertrages wissen sollten

Um sich einen Überblick über die verschiedenen Marktangebote und deren Besonderheiten zu verschaffen, können Sie den einzelnen Kreditinstituten zunächst die Fragen der folgenden Checkliste stellen:

Checkliste

- *Wie hoch ist die Grundverzinsung?*
- *Ist die Grundverzinsung des Vertrages für die gesamte Laufzeit fest, oder kann sie jederzeit verändert werden?*
- *Welchen Bonus gibt es für welche Laufzeiten?*
- *Worauf wird der Bonus gezahlt?*
- *Besteht die Möglichkeit, den Sparvertrag vorzeitig zu beenden, und welche Kündigungsfrist bzw. Kündigungssperrfrist muß dabei berücksichtigt werden?*
- *Wie wirkt sich eine vorzeitige Vertragsbeendigung auf die Grundverzinsung und den Bonus aus?*
- *Werden bei einer vorzeitigen Verfügung Vorschußzinsen berechnet?*
- *Muß das Guthaben auch bei Ablauf der regulären Sparzeit gekündigt werden, oder tritt die Fälligkeit automatisch ein?*

Erst wenn Sie auf alle Fragen eine Antwort haben, können Sie die Angebote bewerten und deren Renditen miteinander vergleichen. Die Gegenüberstellung von Verträgen, die beispielsweise abweichende Kündigungsfristen aufweisen oder bei denen die Grundverzinsung unterschiedlich (fest oder variabel) geregelt ist, würde ansonsten ein schiefes Bild ergeben. Die Bewertungskriterien – wie etwa eine möglichst schnelle Verfügbarkeit, eine hohe Grundverzinsung oder ein hoher Bonus – müssen Sie hierbei selbst nach Ihren persönlichen Zielvorstellungen festsetzen. Grundsätzlich sollten Sie vor einem direkten Angebotsvergleich jedoch erst einmal überdenken, ob der Abschluß eines Sondersparvertrages für Sie überhaupt die richtige Wahl darstellt. Lesen Sie deshalb unbedingt auch Abschnitt 1 des Kapitels D.

1.5 Verträge zur Anlage vermögenswirksamer Leistungen

In den folgenden Kapiteln erfahren Sie einiges über die für alle Arbeitnehmer mögliche Anlage von vermögenswirksamen Leistungen. Hierbei ist zu beachten, daß die Bundesregierung für das Jahr 1994 in diesem Bereich grundlegende Änderungen plant. So soll die bisher je nach Anlageform 10 oder 20 % betragende Arbeitnehmersparzulage in Zukunft einheitlich auf 10 % festgesetzt werden. Dadurch würden sich natürlich die Renditen der bisher mit dem höheren Satz geförderten Anlagen für Arbeitnehmer, die einen Anspruch auf Arbeitnehmersparzulage haben, wesentlich verändern. Außerdem sollen sämtliche außerbetrieblichen Beteiligungsverträge mit dritten Unternehmen, die keine Kreditinstitute oder bestimmte Wohnungsbaugenossenschaften sind, wegen der bestehenden Mißbrauchsgefahr der Anlegergelder aus dem Katalog der geförderten Anlageformen gestrichen werden. Dies betrifft in erster Linie die im Abschnitt 1.5.4 angesprochenen Beteiligungsverträge, die in der Vergangenheit oftmals von dubiosen Anbietern des „Grauen Kapitalmarktes" verkauft wurden. Für Sparer, die solche Verträge bereits abgeschlossen haben, soll es ein Sonderkündigungsrecht geben, über das das Anlageunternehmen die Kunden ausführlich schriftlich informieren muß.

Da uns zum Zeitpunkt der Drucklegung dieses Buches zwar die angestrebten Gesetzesänderungen im Entwurf vorlagen, deren Einführung aber noch nicht durch den Bundestag bzw. Bundesrat abgesegnet war, werden Sie in den folgenden Ausführungen sowohl eine Darstellung der bisher geltenden Regelungen als auch der geplanten Änderungen finden. Um sicherzugehen, welche Bedingungen gelten, wenn Sie das vorliegende Buch lesen, können Sie sich bei Ihrem zuständigen Finanzamt über den Stand der Dinge informieren.

Bevor Sie etwas über die verschiedenen Möglichkeiten der Anlage von vermögenswirksamen Leistungen erfahren, finden Sie im folgenden einige Anmerkungen dazu, was es mit dieser Sparform und deren Förderung grundsätzlich auf sich hat.

Vermögenswirksame Leistungen und staatliche Sparförderung

Nach dem Fünften Vermögensbildungsgesetz – eher unter der Bezeichnung „936-DM-Gesetz" bekannt – sind „vermögenswirksame Leistungen" Geldleistungen, die der Arbeitgeber für den Arbeitnehmer in bestimmte im Gesetz aufgelistete Anlageformen anlegt. Die Überweisung der Geldbeträge muß direkt vom Arbeitgeber auf einen Anlagevertrag erfolgen. Nur dann gelten die Zahlungen nach dem Gesetz als vermögenswirksame Leistungen und sind förderungswürdig.

Für Sie als Arbeitnehmer liegt der Vorteil dieser Regelung darin, daß Ihr Arbeitgeber häufig nicht nur die Überweisung der Beträge durchführt, sondern gleichzeitig entweder einen Teil davon oder sogar die gesamten Raten aus eigener Tasche zusätzlich zum Lohn oder Gehalt zahlt. Wie hoch dabei der Anteil des Arbeitgebers ist, hängt in der Regel von tarifvertraglichen Regelungen oder internen Betriebsvereinbarungen ab. Im günstigsten Fall erhalten Sie zusätzlich jeden Monat 78 DM zu Ihrem normalen Einkommen. Im Öffentlichen Dienst gibt es dagegen nur 13 DM pro Monat, und wenn Sie Pech haben, können Sie sogar komplett leer ausgehen, denn eine Verpflichtung zur Zahlung vermögenswirksamer Leistungen gibt es nicht. Auf jeden Fall sollten Sie sich bei Ihrem Arbeitgeber informieren, wieviel er Ihnen zur Kapitalbildung beisteuert. Wie hoch Ihr Einkommen ist, spielt keine Rolle, denn wenn vermögenswirksame Leistungen gezahlt werden, stehen sie allen Arbeitnehmern zu. Nehmen Sie diese Möglichkeit trotzdem nicht in Anspruch, verschenken Sie bares Geld.

Neben Ihrem Arbeitgeber können Sie unter bestimmten Umständen auch Vater Staat an Ihrem Sparvorhaben beteiligen. Das Schlüsselwort lautet „Arbeitnehmersparzulage". Sie können bei Ihrem

Finanzamt unter bestimmten Voraussetzungen im Rahmen des Lohnsteuerjahresausgleichs oder der Einkommensteuererklärung für das vergangene Sparjahr eine Arbeitnehmersparzulage von je nach Anlageform 10 oder 20 % (ab 1994 wahrscheinlich einheitlich 10 %) Ihrer vermögenswirksamen Sparleistungen beantragen. Pro Arbeitnehmer und Jahr wird die Arbeitnehmersparzulage maximal auf einen Betrag von 936 DM gewährt, was einer Monatsrate von 78 DM entspricht. Zahlt Ihr Arbeitgeber nicht den vollen Betrag von 78 DM monatlich, gibt es einen legalen Trick, dennoch die Höchstförderung zu bekommen. Sie müssen Ihren Brötchengeber nur anweisen, die vermögenswirksamen Leistungen zu Lasten Ihres Nettoeinkommens auf den geförderten Höchstbetrag aufzustocken und die Gesamtrate direkt auf Ihr Anlagekonto zu überweisen. Unter dem Strich können Sie den Fiskus so je nach Anlageform entweder mit 93,60 DM (10 %) oder 187,20 DM (20 %) jährlich zur Kasse bitten. Ehepaare haben dabei die Möglichkeit, diese Beträge zu verdoppeln – vorausgesetzt, beide sind Arbeitnehmer.

Häufig scheitert ein Antrag auf Zahlung der Arbeitnehmersparzulage jedoch an einer anderen Hürde: der Einkommensgrenze. Anspruch auf die Sonderzahlung haben nämlich nur Sparer, die als Ledige bzw. Verheiratete nicht mehr als 27.000 DM bzw. 54.000 DM pro Jahr verdienen. Als maßgeblich wird dabei allerdings nicht das Bruttoeinkommen, sondern das steuerpflichtige oder „zu versteuernde Einkommen" berücksichtigt. Da zur Ermittlung des zu versteuernden Einkommens vom Bruttoeinkommen zum Beispiel Werbungskosten, Sonderausgaben und Kinderfreibeträge abgezogen werden, kann Ihr Bruttoeinkommen unter Umständen auch um einige tausend DM über dem Wert der Einkommensgrenze liegen, ohne daß Sie den Anspruch auf die Arbeitnehmersparzulage verlieren. Wenn Sie es ganz genau wissen wollen, sollten Sie Ihr steuerpflichtiges Einkommen von einem Steuerfachmann errechnen lassen. Hat sich an Ihren Einkommensverhältnissen nichts Grundlegendes geändert, können Sie jedoch auch einfach den Steuerbescheid des Vorjahres zu Rate ziehen. Das dort unter dem Strich ausgewiesene Einkommen entspricht dem zu versteuernden Einkommen des Vorjahres und zeigt Ihnen, ob Ihre Einkünfte die Einkommensgrenzen überschreiten.

Nicht alle Anlageformen, die laut Gesetz zur Einzahlung vermögenswirksamer Leistungen geeignet sind, werden auch automatisch mit einer Arbeitnehmersparzulage gefördert. Den Aufschlag gibt es nur für bestimmte Spar- und Beteiligungsverträge, die dem Finanzminister besonders förderungswürdig erscheinen. Unterschiedlich fällt dabei – wie bereits angesprochen – auch die prozentuale Höhe der Förderung aus. Außerdem müssen Sie, je nachdem, welche Anlageform Sie wählen, verschieden lange Sperrfristen beachten. Sollten Sie diese nicht einhalten und vorzeitig die Rückzahlung Ihres Guthabens verlangen, müssen Sie grundsätzlich die erhaltenen Arbeitnehmersparzulagen komplett an das Finanzamt zurückzahlen.

Eine Ausnahme von dieser Regelung macht der Fiskus allerdings, wenn einer der folgenden im Gesetz genannten Gründe für die vorzeitige Vertragskündigung vorliegt:

- Der Arbeitnehmer oder sein Ehepartner sterben nach Vertragsabschluß, oder einer von beiden wird völlig erwerbsunfähig.
- Der Arbeitnehmer heiratet nach Vertragsabschluß. Zusätzlich müssen aber mindestens zwei Jahre der Sperrfrist bereits abgelaufen sein.
- Der Arbeitnehmer ist nach Vertragsabschluß mindestens ein Jahr ununterbrochen arbeitslos.
- Der Arbeitnehmer macht sich nach Vertragsabschluß selbständig.

1.5.1 Prämiensparverträge

Fast alle Banken und Sparkassen bieten unter Bezeichnungen wie „Prämiensparen“ oder „Sparen mit Zuschlag“ spezielle Ratensparverträge zur Anlage vermögenswirksamer Leistungen an. Zum Teil finden Sie auch im Rahmen der Sondersparverträge eine Variante, die auf eine Ansparung dieser Gelder zugeschnitten ist. Typisch für solche Verträge ist, daß Sie über eine Laufzeit von sechs Jahren monatlich eine bestimmte Rate – meist 78 DM – zahlen. Danach „ruht“ das bis zu diesem Zeitpunkt angesparte Guthaben noch ein weiteres Jahr auf dem Anlagekonto und wird normal weiterverzinst. Am Ende des siebten Jahres erhalten Sie zusätzlich zur Grundverzinsung eine einmalige Prämie oder Bonuszahlung, allerdings nur auf die Summe der eingezahlten Raten und nicht auf die Zinserträge. Eine Arbeitnehmersparzulage können Sie bei diesen Verträgen schon seit einigen Jahren nicht mehr einstreichen, da sie im Zuge einer früheren Änderung des Vermögensbildungsgesetzes aus dem Förderungskatalog herausgenommen wurde.

keine Arbeitnehmersparzulage für Prämiensparverträge

Bestimmt wird der Grundverlauf dieser Sparverträge vor allem von den Bedingungen, die das Fünfte Vermögensbildungsgesetz an Sparverträge stellt, die der Anlage vermögenswirksamer Leistungen dienen sollen. Danach müssen für eine Dauer von sechs Jahren laufend Sparbeiträge auf den Vertrag fließen. Außerdem ist eine Sperrfrist von sieben Jahren zu beachten, innerhalb derer Sie an Ihr Geld nur in den bereits genannten Ausnahmefällen herankommen. Diese Bedingungen stammen allerdings noch aus der Zeit, in der auch vermögenswirksame Banksparverträge staatlich gefördert wurden. Mangels Förderung hat eine Nichteinhaltung der Sperrfrist bei neuen Verträgen heute dagegen keine direkten Auswirkungen mehr. Negativ kann sich dies allenfalls auswirken, wenn Ihr Kreditinstitut in den Bedingungen des Sparvertrages für den Fall eines vorzeitigen Ausstiegs bestimmte Sanktionen vorsieht. So gehen unter Umständen ein Teil der Verzinsung oder der Abschlußbonus verloren. Die Konsequenzen einer vorzeitigen Kündigung können also ähnlich wie bei anderen Sondersparverträgen aussehen.

Die Rendite der Prämiensparverträge wird durch die Höhe der Grundverzinsung und des Bonus bestimmt. Viele Banken und Sparkassen zahlen als laufenden Zins lediglich den jeweils geltenden Spareckzins; die Prämie beträgt häufig 14 %. Bei einem Grundzins von 3 % p. a. und einer Monatsrate von 78 DM ergibt sich so nach sieben Jahren ein Guthaben von rund 7.123 DM. Die Rendite liegt bei bescheidenen 5,92 % p. a. Allerdings finden Sie vereinzelt auch Anbieter, die entweder einen besseren Bonus oder eine großzügigere Grundverzinsung zahlen. Allein durch einen um 1 % höheren Zinssatz von 4 % p. a. lassen sich dabei der Auszahlungsbetrag auf 7.382 DM und die Rendite auf 6,82 % p. a. verbessern. Die meisten Sparverträge sehen wiederum eine variable Grundverzinsung vor, weshalb Sie unter Umständen mit Einbußen durch eine spätere Zinssenkung rechnen müssen.

Renditen durchschnittlich

1.5.2 Bausparvertrag

Eine weitere Möglichkeit, Ihre vermögenswirksamen Leistungen anzusparen, bildet der Abschluß eines Bausparvertrages. Traditionell besteht der Hauptgrund, sich für einen solchen Vertrag zu entscheiden, eigentlich darin, daß der Sparer in Zukunft den Bau oder Erwerb eines Hauses oder einer Eigentumswohnung plant und frühzeitig mit der finanziellen Vorbereitung des Vorhabens beginnen will.

Beim typischen Ablauf einer Bausparfinanzierung durchläuft der Vertrag zwei Phasen: eine Ansparphase und eine Darlehensphase.

In der sich bei sogenannten Standardbausparverträgen über meist sieben bis zehn Jahre hinziehenden Ansparphase zahlt der Bausparer monatliche Raten, deren Höhe sich an der vereinbarten Bausparsumme orientiert. Hat er dann einen bestimmten Anteil von 40 oder 50 % der Vertragssumme eingezahlt und erfüllt der Vertrag noch einige weitere Voraussetzungen, kommt er in die sogenannte Zuteilung. Der Bausparer bekommt von der Bausparkasse die gesamte Vertragssumme ausgezahlt. Der über das eingezahlte Guthaben hinausgehende Auszahlungsbetrag wird als Darlehen gewährt. Damit beginnt die Darlehensphase.

Der Vorteil dieser Finanzierungsform besteht für den Bauherren vor allem darin, daß er das Darlehen zu zinsgünstigen Festkonditionen bekommt, die von der jeweiligen Marktlage unabhängig sind und bereits bei Unterzeichnung des Vertrages feststehen. Der Haken bei der Sache liegt allerdings in der Frage, wann er das Darlehen bekommt – wie lange also der Zeitraum der Ansparphase ausfällt. Während dieser „Wartezeit" erhält der Bausparer auf sein Guthaben nämlich nur sehr geringe Zinsen von 2,5 bis 4,5 %, die in der Regel wesentlich unter den Sätzen liegen, die sich durch andere Geldanlagen erzielen lassen. Durch diesen Zinsverzicht wird praktisch der günstige Darlehenszins erkauft. Wählt der Bausparer innerhalb der verschiedenen Vertragsvarianten – der „Tarife" – einen höheren Ansparzins, muß er gleichzeitig auch einen höheren Darlehenszins in Kauf nehmen. Die Spanne zwischen den Sätzen beträgt meist 2 % p. a. – einem Guthabenzins von beispielsweise 2,5 % p. a. steht also ein Kreditzins von 4,5 % p. a. gegenüber, bei 4 % p. a. Zinsertrag müssen später 6 % p. a. für den Kredit gezahlt werden.

günstige Darlehens-zinsen durch niedrige Ansparzinsen

Da die Zinseinbußen der Ansparphase den wirklichen Preis des Bauspardarlehens entscheidend mitbestimmen, wird der Kredit im Endeffekt um so teurer, je länger sich dieser Zeitraum hinzieht. Wie lange die Wartezeit voraussichtlich ausfällt, läßt sich zudem bei Vertragsabschluß nicht verläßlich kalkulieren. Deshalb sind den Bausparkassen irgendwelche als zuverlässig dargestellten Zuteilungsprognosen gegenüber ihren Kunden sogar gesetzlich untersagt. Die Dauer des Zeitraums bis zur Zuteilung hängt außer vom Sparfleiß des Kunden wesentlich von der Geschäftsentwicklung der jeweiligen Kasse ab. Laufen die Geschäfte gut, kommt der Bausparer relativ schnell an sein Geld, herrscht eine

Flaute, muß er sich oft länger gedulden, als ihm lieb ist, oder sich die Vertragssumme vorzeitig durch eine teure Zwischenfinanzierung besorgen.

Obwohl es im Zusammenhang mit einer Bausparfinanzierung noch eine ganze Reihe weiterer wichtiger Punkte zu beachten gibt, soll die kurze Erläuterung des Ablaufs eines Bausparvertrages an dieser Stelle genügen. Falls Sie sich intensiver mit dem Bereich der Immobilienfinanzierung beschäftigen wollen, möchten wir Sie auf unser Buch „Baufinanzierung" verweisen, das sich neben dem Bausparen auch mit anderen Finanzierungsmöglichkeiten auseinandersetzt und Ihnen außerdem konkrete Hilfen zur finanziellen Planung eines Bau- oder Kaufvorhabens gibt.

In den meisten Fällen der Anlage vermögenswirksamer Leistungen interessiert den Nur-Sparer allein die Frage, welche Verzinsung sich in der Ansparphase eines Bausparvertrages erzielen läßt. Das zinsgünstige Bauspardarlehen spielt bei der Anlageentscheidung deshalb häufig keine Rolle, da dessen Verwendung für einen Immobilienkauf oder eine Baumaßnahme nicht geplant ist. Zur Anschaffung eines Autos oder zur Finanzierung einer Reise können die Kreditgelder zudem nicht verwenden werden, denn die Auszahlung eines Bauspardarlehens ist immer an die Durchführung einer sogenannten wohnungswirtschaftlichen Maßnahme gebunden. Bausparverträge, die lediglich zur vermögenswirksamen Geldanlage dienen, enden deshalb meist nach Abschluß der Sparphase. Der Bausparer läßt sich sein Guthaben auszahlen und verzichtet gleichzeitig auf die Inanspruchnahme des Bauspardarlehens. Für die Bausparkassen kein schlechtes Geschäft, denn sie können jahrelang über die niedrigverzinslichen Spargelder verfügen – ohne später im Gegenzug ein billiges Darlehen auszahlen zu müssen. Besonders günstige Ansparkonditionen bekommen Nur-Sparer deshalb allerdings nicht. Die meisten Bausparkassen bieten zwar „Hochzinstarife" an, bei einer laufenden Verzinsung von maximal 4 bis 4,75 % p. a. ist diese Bezeichnung aber wohl mehr werbewirksam als zutreffend. Interessant ist Bausparen als reine Ansparform deshalb nur, wenn Sie die bereits genannten Einkommensgrenzen des Vermögensbildungsgesetzes nicht überschreiten und somit Anspruch auf die zehnprozentige Arbeitnehmersparzulage haben.

Bereits erhaltene Sparzulagen können Sie wiederum nur dann behalten, wenn Sie Ihren Bausparvertrag nicht vor Ablauf von sieben Jahren ab Vertragsabschluß auflösen. Bei Nichtbeachten der Sperrfrist fordert das Finanzamt sämtliche Zulagen zurück. Ausnahmen von dieser Regel macht der Gesetzgeber aber auch hier, wenn eine soziale Notlage wie zum Beispiel längere Arbeitslosigkeit, volle Erwerbsunfähigkeit oder Tod des Bausparers oder seines Ehepartners vorliegt.

Neben der zehnprozentigen Arbeitnehmersparzulage gibt es eine weitere Möglichkeit, im Rahmen des Bausparvertrages staatliche Vergünstigungen einzuheimsen: die Wohnungsbauprämie. Gemäß den Bestimmungen des Wohnungsbauprämiengesetzes werden Bausparverträge mit einer Wohnungsbauprämie von 10 % jährlich auf einen maximalen Einzahlungsbetrag von 800 DM bei Alleinstehenden und 1.600 DM bei Ehepaaren gefördert, wenn die Antragsteller die Grenzen von 27.000 DM bzw. 54.000 DM steuerpflichtigen Einkommens nicht überschreiten.

bei zusätzlichen Einzahlungen Wohnungsbauprämien möglich

Nun könnten Sie vielleicht meinen, durch die Beantragung einer zusätzlichen Wohnungsbauprämie ließe sich der Zuschuß zu den vermögenswirksamen Leistungen verdoppeln. Dem hat der Gesetzgeber aber einen Riegel in Form eines „Kumulierungsverbotes" vorgeschoben. Danach werden Beträge, für die bereits eine Arbeitnehmersparzulage gezahlt wird, nicht zusätzlich mit einer Wohnungsbauprämie gefördert. Umgekehrt gibt es keine Wohnungsbauprämie auf vermögenswirksame Leistungen. Die Prämie bekommen Sie also nur, wenn Sie neben den vermögenswirksamen Leistungen freiwillig weitere 800 DM bzw. 1.600 DM im Jahr ansparen. Alternativ zur Prämie können die zusätzlichen Bausparbeiträge auch – allerdings nur zur Hälfte – beim Lohnsteuerjahresausgleich oder der Einkommensteuererklärung als Vorsorgeaufwand im Rahmen des Sonderausgabenabzuges zur Minderung Ihrer Steuerlast geltend gemacht werden. Welcher Weg sich für Sie letztlich mehr lohnt, kann Ihnen ein Steuerfachmann ausrechnen. Auch bei der Förderung nach dem Wohnungsbauprämiengesetz müssen Sie Bindungsfristen beachten. Bei Beantragung der Wohnungsbauprämie beträgt sie wiederum sieben Jahre, bei Beanspruchung der steuerlichen Abzugsmöglichkeiten sogar zehn Jahre ab Vertragsabschluß. Die Ausnahmen hiervon entsprechen denen des Vermögensbildungsgesetzes.

Nehmen Sie den Verlust von erhaltenen staatlichen Fördergeldern in Kauf, können Sie den Bausparvertrag jederzeit kündigen. Oftmals müssen Sie sich nach der Kündigung aber zunächst noch ein paar Monate gedulden, bevor Ihnen das Sparguthaben ausgezahlt wird. Wie lange dieser Zeitraum dauert, können Sie in § 9 der Allgemeinen Bausparbedingungen – dem Kleingedruckten – nachlesen. Diese Bedingungen sollten Sie sich bei Vertragsabschluß unbedingt aushändigen lassen. Trotz der vertraglich bestehenden Fristen zahlen viele Bausparkassen das Ersparte auf Wunsch auch kurzfristig aus. Allerdings kann es dann passieren, daß man von Ihnen eine Vorfälligkeitsentschädigung fordert. Ein weiterer Nachteil ist, daß Sie bei einer Vertragskündigung immer die gezahlte Abschlußgebühr abschreiben können. Diese beträgt je nach Bausparkasse 1 % oder 1,6 % der Bausparsumme.

Lassen Sie den Vertrag bis zur Zuteilung durchlaufen und verzichten Sie auf das Bauspardarlehen, erstatten dagegen einige Anbieter die Abschlußgebühr. Um diese auf alle Fälle zurückzubekommen, sollten Sie als Nur-Sparer deshalb nur einen Tarif wählen, der eine solche Regelung vorsieht. Außerdem sollten Sie keine überhöhten Vertragssummen abschließen. Dies ist sehr wichtig, damit der Bausparvertrag nach Ablauf der Bindungsfrist auch zuteilungsreif ist und Sie den Vertrag nicht kündigen müssen. Hier gilt es aufzupassen, denn Bausparvertreter verkaufen gerne hohe Bausparsummen, weil sich ihre Provision nach der Höhe der Summe bemißt. Als Faustformel können Sie sich merken, daß die Bausparsumme eines reinen Ansparvertrages, auf den Sie monatlich nur vermögenswirksame Leistungen von 78 DM einzahlen wollen, nicht wesentlich über 10.000 DM liegen sollte. Möchten Sie neben der Arbeitnehmersparzulage durch zusätzliche monatliche Einzahlungen von 67 DM auch die Wohnungsbauprämie ausnutzen, sollte die Bausparsumme höchstens 20.000 DM betragen – sie darf aber auch niedriger sein. Durch Einhaltung dieser Grenzen stellen Sie weitgehend sicher, daß Ihr Sparguthaben nach Ablauf der Bindungsfristen ohne Probleme abrufbar ist.

keine überhöhten Vertragssummen abschließen!

1.5.3 Wertpapier-Sparverträge

Außer in normale Sparverträge können Sie die vermögenswirksamen Leistungen auch in Wertpapier-Sparverträge fließen lassen. Hierbei müssen Sie immer mit einem Kreditinstitut einen Vertrag abschließen, auf den in der Regel monatliche Raten eingezahlt werden. Mit diesen Geldern kauft das Institut für Sie bestimmte Wertpapiere, die auf einem Depotkonto verbucht werden. Bei den Wertpapieren kann es sich zum Beispiel um einzelne Aktien oder bestimmte Arten von Schuldverschreibungen handeln. In der Praxis sehen die meisten Angebote aber den Erwerb von Anteilen an Investmentfonds (siehe Kasten) vor, die einen Anteil an einem Wertpapiersondervermögen verbriefen.

Anlage nur in Aktienfonds möglich

Staatlich gefördert werden Wertpapier-Sparverträge in Investmentfonds nur, wenn die Einzahlungen zur Anschaffung von Anteilen an Aktienfonds dienen. Mindestens 70 % des Fondsvermögens muß in Aktien angelegt sein. Diese Bestimmung erklärt sich aus der Zielsetzung der Bundesregierung, durch die gezielte Förderung der Vermögensbildung breitere Schichten der Bevölkerung zu einer Beteiligung am sogenannten Produktivkapital – zum Beispiel Aktien oder Unternehmensbeteiligungen – zu bewegen.

Die weiteren Eckdaten von Wertpapier-Sparverträgen werden vor allem durch die Vorgaben des Fünften Vermögensbildungsgesetzes bestimmt. Danach sind die Verträge nur förderungswürdig, wenn mindestens für eine Dauer von sechs Jahren vermögenswirksame Leistungen eingezahlt werden. Außerdem ist wiederum die siebenjährige Sperrfrist zu beachten. Werden diese Bedingungen erfüllt und überschreitet Ihr zu versteuerndes Einkommen die bekannten Grenzen nicht, steuert der Staat jedes Jahr pro Arbeitnehmer 20 % des Sparbetrages (ab 1994 wahrscheinlich nur noch 10 %) von maximal 936 DM als Arbeitnehmersparzulage bei bzw. schreibt Ihnen den entsprechenden Betrag bei der Steuererklärung gut.

Die Gesamtlaufzeit von geförderten Wertpapier-Sparverträgen läßt sich trotz der siebenjährigen Sperrfrist auf fast sechs Jahre verkürzen. Anders als bei Bausparverträgen beginnt der Fristablauf hier nämlich nicht mit dem Vertragsdatum, sondern rückwirkend zum 1. Januar des Jahres, in dem der Vertrag abgeschlossen wurde. Als Abschlußdatum gilt dabei der Tag, an dem die ersten vermögenswirksamen Leistungen beim Kreditinstitut eingehen. Erfolgen Vertragsabschluß und erste Überweisung also Ende Dezember, wird das gesamte Jahr bei der Sperrfrist angerechnet. Auch ohne Einhaltung der Frist ist eine Verfügung ohne Verlust der erhaltenen Arbeitnehmersparzulagen wieder in den bereits genannten Fällen möglich (siehe Seite 36). Zusätzlich kommt ungeschoren davon, wer den Vertrag zwar in der Sperrfrist auflöst, den Erlös daraus aber wieder in staatlich geförderten Wertpapierarten anlegt.

Werden in einem Jahr während der Laufzeit eines Wertpapier-Sparvertrages keine vermögenswirksamen Leistungen eingezahlt und auch keine Zinsen gutgeschrieben, gilt der Vertrag als unterbrochen. Die gleiche Konsequenz hat eine Abtretung oder Beleihung der Rückzahlungsansprüche, zum Beispiel als Kreditsicherheit. Eine Fortführung des

Investmentfonds

Bei dieser Anlagemöglichkeit handelt es sich – bildlich gesprochen – um einen großen Topf oder „Fonds" von verschiedenen Wertpapieren, an dem eine große Zahl von Anlegern beteiligt ist. Um Miteigentümer zu werden, müssen Sie Investmentzertifikate kaufen. Den Gegenwert dafür inklusive eines Ausgabeaufschlages von meist 3 bis 5 % des Anteilwertes zahlen Sie entweder an Ihr Kreditinstitut, das den Betrag an die Verwaltung des Fonds – die Kapitalanlage- oder Investmentgesellschaft – weiterleitet, oder direkt an die Fondsgesellschaft. Den direkten Kontakt zur Kapitalanlagegesellschaft sollten Sie dabei vorziehen, denn so bleiben Ihnen in der Regel zusätzliche Gebühren erspart, die Banken und Sparkassen für die Verwaltung eines Depotkontos kassieren.

Die von den Anlegern erhaltenen Gelder verwendet die Investmentgesellschaft wiederum zum Ankauf von Wertpapieren. Mit jedem Anteilschein kaufen Sie somit ein Stück des Gesamtvermögens des Investmentfonds. Die Investmentgesellschaft verwaltet diesen Bestand an Wertpapieren, kauft neue Werte hinzu oder verkauft Papiere des Vermögens.

Die Anlage der Kundengelder durch die Investmentgesellschaften wird durch das Prinzip der „Risikostreuung" bestimmt. Das heißt, die Gesellschaft kann nicht alles auf eine Karte bzw. ein bestimmtes Wertpapier setzen, sondern sie ist gesetzlich verpflichtet, Papiere verschiedener Ausgeber („Emittenten") zu erwerben. Der auf ein Papier entfallende Anteil darf dabei bestimmte Grenzen nicht überschreiten.

Gegenüber dem eigenständigen Kauf von einzelnen Papieren hat diese Anlageform den Vorteil, daß Sie Miteigentümer an vielen verschiedenen Wertpapieren werden. Der Wert Ihres Anteils ist somit nicht allein von der Kursentwicklung eines einzigen Papieres abhängig, wie etwa beim Kauf einer bestimmten Aktie. Geht der Kurs einer bestimmten Aktie in den Keller, wirkt sich dies nicht automatisch gravierend auf das gesamte Fondsvermögen aus. Nur wenn es auf dem gesamten Markt zu einem Kursrutsch kommt, schlägt dies auch voll auf den Wert des Fondsvermögens durch.

Wie sich der Wert des Fonds auf Dauer entwickelt, hängt wesentlich vom Geschick der Fondsmanager ab, die bestimmen, welche Wertpapiere wann ge- und verkauft werden. Haben diese Anlageprofis „ein goldenes Händchen", kann das für Sie beträchtliche Wertsteigerungen Ihres Anteils bedeuten. Umgekehrt kann eine wenig glücklich agierende Fondsverwaltung aber auch Verluste für die einzelnen Anleger bringen, die immer dann realisiert werden, wenn Sie Ihre Anteilscheine an die Gesellschaft zurückgeben und dafür weniger erhalten, als ursprünglich gezahlt. Der jeweilige Kurswert eines Investmentzertifikates errechnet sich dabei ganz einfach, indem der aktuelle Wert des Gesamtvermögens durch die Anzahl der ausgegebenen Anteile geteilt wird.

Diese kurze Erläuterung des Investmentgeschäftes soll als Einstieg an dieser Stelle genügen. Ausführlichere Informationen zur Investmentanlage finden Sie in den Abschnitten 1.6 und 2.6.3.

Vertrages ist dann nicht mehr möglich. Die bis zu diesem Zeitpunkt erhaltene staatliche Förderung geht Ihnen durch die Unterbrechung allerdings nicht automatisch verloren. Dieser Verlust tritt nur ein, wenn Sie den Vertrag nach Unterbrechung innerhalb der Sperrfrist auflösen.

Egal, ob der Vertrag unterbrochen oder regulär zu Ende geführt wurde, können Sie nach Ablauf der Sperrfrist die während der Laufzeit erworbenen Fondsanteile zum jeweiligen Rücknahmepreis an die Investmentgesellschaft zurückgeben. Welche Rendite Ihnen Ihr Sparfleiß unter dem Strich eingebracht hat, hängt dann von den während der Laufzeit unter Umständen bereits erhaltenen Zinsausschüttungen sowie in starkem Maße vom aktuellen Rücknahmekurs der Anteile ab. Gegenüber normalen Kontosparverträgen und Bausparverträgen müssen Sie bei dieser Sparform also ein beträchtliches Kursrisiko in Kauf nehmen. Außerdem schmälern immer der in den Ausgabepreis eingerechnete Ausgabeaufschlag sowie zum Teil auch anfallende Depotgebühren den Ertrag. Für diejenigen Sparer, die bei ungünstigen Rücknahmepreisen zum Ablauf des Sparvertrages auf bessere Zeiten hoffen, bieten die Fondsgesellschaften auch die Möglichkeit, die erworbenen Anteile weiter als ganz normale Investmentanlage zu halten.

1.5.4 Wertpapier-Kaufverträge und Beteiligungsverträge

Die Anlage vermögenswirksamer Leistungen muß nicht immer auf der Grundlage eines Sparvertrages mit einem Kreditinstitut erfolgen. Sie können ebenfalls Verträge direkt mit Ihrem Arbeitgeber sowie in Ausnahmefällen auch mit einem dritten Unternehmen abschließen. Das Fünfte Vermögensbildungsgesetz unterscheidet in diesem Zusammenhang zwischen zwei grundlegenden Vertragsformen: dem Wertpapier-Kaufvertrag und dem Beteiligungsvertrag.

Wertpapier-Kaufvertrag

Im Rahmen eines Wertpapier-Kaufvertrages erwerben Sie direkt von Ihrem Arbeitgeber Wertpapiere, die entweder von diesem Unternehmen selbst oder von einer zum gleichen Konzern gehörenden übergeordneten Gesellschaft ausgegeben werden. Ein Kauf fremder Papiere ist dabei nicht möglich.

Als Wertpapieranlageformen kommen vor allem Aktien, Gewinn- und Wandelschuldverschreibungen sowie Genußscheine in Frage. Die am weitesten verbreitete Form des Wertpapier-Kaufvertrages dürfte wohl der Erwerb von Belegschaftsaktien zu Vorzugspreisen sein, wie er von einer Reihe von Aktiengesellschaften für die eigenen Mitarbeiter angeboten wird. Der Kaufpreis der jeweiligen Wertpapiere wird bei einem solchen Aktienerwerb direkt vom Arbeitgeber mit den vermögenswirksamen Leistungen des Arbeitnehmers verrechnet. Im Gegensatz zu Wertpapier-Sparverträgen mit Kreditinstituten erfolgt bei dieser Vertragskonstruktion also keine laufende Ansparung monatlicher Beträge über einen bestimmten Zeitraum. Vielmehr müssen Sie Ihren Arbeitgeber immer wieder neu beauftragen, Ihnen zum Beispiel Belegschaftsaktien zu übertragen und den Kaufpreis mit den vermögenswirksamen Leistungen zu verrechnen. Mit den Leistungen des laufenden Kalenderjahres ist ein solcher Wertpapierkauf noch bis zum Ende des folgenden Kalenderjahres möglich, so daß Sie bei einer Verzögerung keinen Verlust des Anspruches fürchten müssen.

Die hier zu beachtende Sperrfrist – die nur sechs Jahre beträgt – wird getrennt für die zu unterschiedlichen Zeitpunkten erworbenen Wertpapiere angesetzt. Ihr Ablauf beginnt jeweils zum 1. Januar des Jahres, in dem der Kauf erfolgte. Vorzeitige Verfügungen sind wiederum in den bekannten Fällen möglich, ein Austausch der Papiere gegen andere dagegen ist nicht zulässig. Auch eine Beleihung oder Abtretung der Wertpapiere führt bei diesen Verträgen bereits zum Verlust erhaltener Fördergelder. Nach den bisherigen Bedingungen konnten Sie eine Arbeitnehmersparzulage von 20 % auf maximal 936 DM pro Jahr erhalten. Aufgrund der geplanten Gesetzesänderung wird sich die Zulage wahrscheinlich ab 1994 auf 10 % verringern.

Was Ihnen die Anlage in einen Wertpapier-Kaufvertrag unter dem Strich als Gesamtertrag einbringt, hängt vor allem von der zukünftigen wirtschaftlichen Entwicklung Ihres Arbeitgebers ab, denn daran orientieren sich sowohl die Höhe der Gewinnausschüttungen als auch die Kursentwicklung der Papiere. Gegenüber externen Anlegern besitzen Sie als Belegschaftsmitglied allerdings einen wesentlichen Startvorteil, denn die Wertpapiere werden an die Arbeitgeber in der Regel zu Preisen ausgegeben, die deutlich unter dem Marktpreis liegen – bei Belegschaftsaktien zum Beispiel unter dem aktuellen Börsenkurs. Zudem ist der Ihnen so gewährte Preisnachlaß gemäß § 19 a Einkommensteuergesetz bis zu einem Höchstbetrag von 500 DM pro Kalenderjahr völlig steuerfrei.

Beteiligungsverträge

Neben dem Abschluß von Wertpapier-Kaufverträgen besteht die Möglichkeit, sich über einen Beteiligungsvertrag am Unternehmen Ihres Arbeitgebers und in diesem Fall auch an dritten Unternehmen zu beteiligen. Der Unterschied zu einem Wertpapier-Sparvertrag oder Wertpapier-Kaufvertrag liegt vor allem darin, daß die erworbenen Rechte nicht durch Wertpapiere wie etwa Aktien verbrieft werden. Ihre Rechte und Pflichten ergeben sich hierbei vielmehr aus einem speziellen Beteiligungs- oder Mitgliedsvertrag, durch den Sie einen als DM-Betrag bezifferten Geschäftsanteil an einem Unternehmen erwerben. Den Gegenwert dafür zahlen Sie mit Ihren vermögenswirksamen Leistungen. Bei Einhaltung der Einkommensgrenzen und einer sechsjährigen Sperrfrist erhalten Sie auch bei einer nichtverbrieften Unternehmensbeteiligung bisher eine Arbeitnehmersparzulage von 20 %, ab 1994 vermutlich aber nur noch 10 %.

Welche Arten von Unternehmensbeteiligungen möglich sind, regelt das Fünfte Vermögensbildungsgesetz. Dabei ist zu unterscheiden zwischen Beteiligungen am Arbeitgeberunternehmen und Beteiligungen an dritten Unternehmen. Mit Ihrem eigenen Brötchengeber können Sie in erster Linie Beteiligungsverträge über den Erwerb eines Geschäftsguthabens einer Genossenschaft oder eines Geschäftsanteiles einer GmbH abschließen. Diese Form der Beteiligung ist also dann möglich, wenn Ihr Arbeitgeber die Rechtsform einer Genossenschaft oder einer GmbH hat. Darüber hinaus können Sie sich auch als „stiller Gesellschafter" am Arbeitgeberunternehmen beteiligen.

Bei einer Beteiligung an einem nicht mit dem Arbeitgeber verbundenen dritten Unternehmen besteht die Möglichkeit einer stillen Teilhaberschaft bereits seit 1989 nicht mehr. Sie wurde vom Gesetzgeber abgeschafft, weil zweifelhafte Anbieter diesen Weg in der Vergangenheit nutzten, um sich von Kleinsparern Geld für undurchsichtige Geschäfte zu beschaffen. Mit einem fremden Unternehmen konnten Sie deshalb in den letzten Jahren nur noch einen Beteiligungsvertrag abschließen, wenn es die Rechtsform der Genossenschaft oder der GmbH besaß. Da trotz dieser Einschränkung nunmehr in den erlaubten Rechtsformen auftretende dubiose Anbieter weiterhin gefährliche Angebote an den Arbeitnehmer gebracht haben, plant die Bundesregierung jetzt, dieser Gefährdung der ersparten vermögenswirksamen Beträge einen Riegel vorzuschieben. Nach der bevorstehenden Gesetzesänderung wird eine Beteiligung an dritten Unternehmen nur noch möglich sein, wenn es sich dabei um bestimmte Wohnungsbaugenossenschaften, Genossenschaften, die Kreditinstitute sind, oder um GmbHs und Genossenschaften handelt, die mit dem Arbeitgeber-Unternehmen verbunden oder an diesem beteiligt sind.

Beteiligung an Drittunternehmen nur eingeschränkt möglich

1.5.5 Vermögenswirksame Kapitallebensversicherung

Außer den bereits erläuterten Spar- und Beteiligungsverträgen existiert eine weitere Möglichkeit, Ihre vermögenswirksamen Leistungen anzulegen: die Kapitallebensversicherung. Genauer gesagt muß es sich dabei um einen reinen „Kapitallebensversicherungsvertrag auf den Erlebens- und Todesfall" handeln. Von Versicherern häufig bei solchen Verträgen angebotene Zusatzversicherungen für Unfall, Invalidität oder Krankheit darf ein vermögenswirksam eingezahlter Vertrag nicht einschließen. Darüber hinaus fordert das Fünfte Vermögensbildungsgesetz, daß der Vertrag für mindestens zwölf Jahre abgeschlossen wird und die Versicherungsprämien laufend – in der Praxis meist monatlich – geleistet werden. Dabei muß die Einzahlungsdauer nicht bindend mit der Vertragslaufzeit übereinstimmen. Die angebotenen Verträge sehen dies jedoch üblicherweise vor.

Laufzeit: mindestens 12 Jahre

Eine weitere Bedingung besteht darin, daß bei einer bereits nach einem Jahr erfolgenden Vertragsauflösung der Vertragsinhaber (Versicherungsnehmer) mindestens 50 % seiner Einzahlungen als sogenannten Rückkaufswert zurückbekommt. Dies ist bei einer vorzeitigen Auflösung von Kapitallebensversicherungsverträgen leider nicht immer der Fall. Der Grund dafür liegt in der Tatsache, daß die Versicherungsgesellschaften neue Verträge sofort mit den darauf entfallenden Abschlußkosten sowie der Provision für den Vermittler belasten. Ihr Versicherungskonto beginnt also mit einem Minusstand und wird erst allmählich durch Ihre Prämienzahlungen ausgeglichen. Häufig dauert das länger als ein Jahr. Kündigen Sie den Vertrag in dieser Phase, zahlt Ihnen die Versicherung oftmals entweder gar nichts oder nur einen Bruchteil Ihrer Einzahlungen zurück. Um sich das Geschäft mit den Versicherungsverträgen zur Anlage vermögenswirksamer Leistungen nicht entgehen zu lassen, bieten viele Gesellschaften spezielle Versicherungstarife an, die bei einer Kündigung im ersten Versicherungsjahr eine Auszahlung von mindestens der Hälfte des gezahlten Beitrages garantieren und somit der gesetzlichen Forderung entsprechen.

Werden alle genannten Bedingungen von einem Lebensversicherungsvertrag erfüllt, können Sie Ihren Arbeitgeber anweisen, die vermögenswirksamen Leistungen darauf zu überweisen. In bezug auf eine Arbeitnehmersparzulage gehen Sie bei dieser Wahl allerdings leer aus. Wie bei normalen Kontensparverträgen von Kreditinstituten wurde die staatliche Förderung für Kapitallebensversicherungen, deren Abschlußdatum nach dem 31. Dezember 1988 liegt, abgeschafft. Auch der ansonsten bei Kapitalversicherungsbeiträgen grundsätzlich mögliche steuerliche Abzug als Sonderausgaben ist für aus vermögenswirksamen Leistungen gezahlte Beiträge nicht möglich.

Als Ertrag aus dieser Anlageform bleiben Ihnen somit nur die mit 3,5 % p. a. garantierte Verzinsung der eingezahlten Sparanteile der Versicherungsprämie sowie die Beteiligung an den vom Versicherer erwirtschafteten Überschüssen. Da die Höhe der Überschußbeteiligung von der zukünftigen Ertragslage der Gesellschaft abhängt, kann Ihnen bei Vertragsabschluß niemand zuverlässig sagen, welche Rendite die Versicherung abwerfen wird. Ein Ertragsrisiko müssen Sie also einkalkulieren.

Überschußbeteiligung ungewiß

1.5.6 Tilgung und Verzinsung von Baudarlehen

Eine weitgehend unbekannte, aber sehr interessante Einsatzmöglichkeit für vermögenswirksame Leistungen ist deren Verwendung zur Erfüllung von Darlehensverpflichtungen, die im Zusammenhang mit dem Bau, Erwerb oder Ausbau eines Hauses oder einer Eigentumswohnung eingegangen wurden. Im Klartext: Sie können die vermögenswirksamen Leistungen zur Tilgung Ihrer Hypothekenschulden oder zur Zahlung der anfallenden Darlehenszinsen verwenden. Darauf gibt es zwar keine Arbeitnehmersparzulage, die durch die Tilgung des Darlehens eingesparten Schuldzinsen dürften jedoch meist über den Anlagerenditen der anderen in Frage kommenden Anlageformen liegen.

1.5.7 Wie legen Sie Ihre vermögenswirksamen Leistungen richtig an?

Ein allgemeingültiges Patentrezept zur Anlage von vermögenswirksamen Leistungen gibt es nicht. Mit welcher Möglichkeit Sie persönlich am besten fahren, hängt vor allem davon ab, welche Anlageziele Sie verfolgen und ob Sie einen Anspruch auf Arbeitnehmersparzulage haben.

Arbeitnehmersparzulage → Höchstbetrag sparen

Liegt Ihr Einkommen im Rahmen der vorgegebenen Grenzen, sollten Sie, solange eine Sparzulage gezahlt wird, auf alle Fälle vermögenswirksam sparen. Selbst wenn Ihr Arbeitgeber keinen Pfennig dazuzahlt, lohnt es sich aufgrund des staatlichen Zuschusses, die volle Leistung von 936 DM aus der eigenen Tasche aufzubringen. Wollen Sie keinerlei Ertragsrisiko eingehen, bleibt Ihnen nur der Abschluß eines Bausparvertrages. Dieser bietet eine feste, wenn auch recht magere Verzinsung, die der Fiskus mit der zehnprozentigen Arbeitnehmersparzulage etwas aufbessert. Um den günstigsten Vertrag herauszufinden, sollten Sie sich von verschiedenen Bausparkassen genau berechnen lassen, welche Auszahlung Sie nach Ablauf der siebenjährigen Bindungsfrist unter Berücksichtigung sämtlicher Kosten und der Abschlußgebühr erhalten. Sicherheitshalber sollten Sie sich die Rechenunterlagen aushändigen lassen, denn trotz Computerunterstützung haben immer noch einige Berater Probleme mit der korrekten Berechnung solcher Endguthaben.

Etwas weniger sicherheitsbewußte Zeitgenossen konnten in der Vergangenheit die doppelte Arbeitnehmersparzulage verbuchen. Wegen der geplanten Vereinheitlichung auf 10 % von 1994 an, wird dieser Vorteil jedoch vermutlich in Zukunft wegfallen. Die Qual der Wahl haben Sie bei den risikobehafteten Anlageformen zwischen Wertpapier-Sparverträgen und -Kaufverträgen sowie Beteiligungsverträgen. Bei Wertpapier-Sparverträgen mit Investmentgesellschaften entscheiden die allgemeine Entwicklung des Aktienmarktes und der richtige Riecher der Fondsmanager über Ihre Rendite. Unter günstigen Bedingungen lassen sich so sehr gute Erträge erzielen; wenn alles schiefläuft, sind aber ebenfalls Verluste möglich. Um das Risiko einzuschränken, sollten Sie nicht blind auf das Angebot Ihrer Hausbank eingehen, sondern sich vor einer Entscheidung unbedingt anhand von Vergleichen aus Wirtschaftszeitschriften eingehend darüber informieren, welche Fonds in der Vergangenheit die besten Ergebnisse erzielt haben. Solche Übersichten erstellt und veröffentlicht außerdem der Bundesverband Deutscher Investmentgesellschaften in Frankfurt. Wichtig bei solchen Vergleichen ist, daß sie sich über verschiedene Zeiträume – beispielsweise zwei, fünf und zehn Jahre – erstrecken. Nur dann können Sie sehen, welche Fonds sich sowohl langfristig als auch kurzfristig erfolgreich entwickelt haben. Außerdem sollten Vergleiche die durch Ausgabeaufschläge verursachten Anfangsverluste sowie eventuell anfallende Gebühren für die Depotführung berücksichtigen, denn insbesondere bei Sparverträgen mit niedrigen Raten schlagen diese im Verhältnis zum Anlagebetrag wesentlich kräftiger zu Buche als bei größeren Einmalanlagen.

Eine Alternative zu Wertpapier-Sparverträgen kann der Erwerb von Wertpapieren oder Beteiligungen durch Abschluß eines Wertpapier-Kaufvertrages oder eines Beteiligungsvertrages mit Ihrem Arbeitgeber sein – natürlich vorausgesetzt, Ihr Arbeitgeberunternehmen bietet eine solche Möglichkeit überhaupt an. Entgegen dem bei Investmentfonds verfolgten Prinzip der Risikostreuung setzen Sie Ihre Gewinnerwartungen dann zwar auf eine Karte, allerdings dürften Sie als Insider des Betriebes anhand der Auftragslage und sonstiger interner Informationen besser als Außenstehende beurteilen können, wie die Zukunft des Unternehmens aussieht. Ein weiterer Vorteil dieser Anlagemöglichkeit liegt in den gegenüber außerbetrieblichen Anlageformen günstigeren Erwerbs- und Verwaltungskosten.

Wesentlich unüberschaubarer sind die mit den weiteren geförderten Anlageformen verbundenen Risiken. Wie bereits kurz angesprochen, sollten Sie insbesondere bei Beteiligungsverträgen mit fremden Unternehmen sehr vorsichtig sein. Häufig handelt es sich dabei um „blind pool"-Beteiligungen. Das heißt, Sie überweisen Ihre vermögenswirksamen Leistungen an eine Firma, ohne genau zu wissen, was damit passiert. Neben diesem unüberschaubaren Risiko müssen Sie bei solchen Angeboten mit größeren Anfangsverlusten rechnen, da Ihrem Beteiligungskonto in der Regel erst einmal hohe Abschlußgebühren belastet werden. Was Ihnen – wenn überhaupt – nach Vertragsablauf an Guthaben und Gewinn verbleibt, steht völlig in den Sternen. Zum Teil wird lediglich eine gewisse Mini-

Vorsicht bei Beteiligung an fremden Unternehmen!

Rendite garantiert. Einige Anlageexperten rechnen im Zusammenhang mit diesen Beteiligungen in den kommenden Jahren sogar mit Anlageskandalen größeren Ausmaßes. Auch nach der geplanten Gesetzesänderung bleibt zu befürchten, daß die schwarzen Schafe der Branche weitere Schlupflöcher finden werden, um ihre Angebote dann zum Beispiel als Wohnungsbaugenossenschaft oder Aktiengesellschaft an den Kunden zu bringen.

Da es nicht immer leicht ist, unseriöse Angebote auf Anhieb zu erkennen – die Vermittler stellen sie gerne als ganz normale risikolose Sparverträge dar –, noch ein kurzer Tip: Der Vertrieb solcher Beteiligungsverträge läuft hauptsächlich über sogenannte Strukturvertriebe und Vermittlungsorganisationen, die weniger freundlich auch als „Drückerkolonnen" bezeichnet werden. Typisch für diese Vertriebsart ist, daß sich Vermittler unaufgefordert bei Ihnen melden und entweder einen ganz heißen Anlagetip haben oder Ihnen eine computergestützte „Finanzanalyse" anbieten. Häufig werden Sie aber auch von ahnungslosen Arbeitskollegen, Verwandten oder Bekannten, die bereits selbst unterschrieben haben oder gar als nebenberuflicher Vermittler tätig sind, angesprochen. In solchen Fällen sollten bei Ihnen die Alarmglocken läuten. Sie sollten sich selbst von Ihren besten Freunden nicht drängen lassen, Ihre Unterschrift voreilig unter irgendwelche Verträge zu setzen. Ein Ausstieg ist nach Ablauf der einwöchigen Widerrufsfrist nämlich oftmals überhaupt nicht oder nur unter großen finanziellen Einbußen möglich.

Übersteigt Ihr Einkommen die vorgegebenen Förderungshöchstgrenzen, lohnt sich auch ohne staatliche Förderung der Abschluß eines Vertrages über vermögenswirksame Leistungen immer dann, wenn Ihr Arbeitgeber einen Teilbetrag oder sämtliche Einzahlungen übernimmt. Einen Bausparvertrag sollten Sie als Nur-Sparer ohne Förderung grundsätzlich nicht abschließen, denn die Verzinsung ist zu niedrig. Etwas anders kann es aussehen, wenn Sie in Zukunft die Inanspruchnahme des Bauspardarlehens planen. Da die Bausparsumme jedoch bei vermögenswirksam angesparten Verträgen nicht zu hoch sein sollte, lassen sich auf diesem Weg aber keine größeren Bauvorhaben finanzieren.

Arbeitgeber-beteiligung nutzen!

Bessere, wenn auch nicht gerade berauschende Renditen bieten in der Regel die Prämiensparverträge der Banken und Sparkassen. Allenfalls in Zeiten sehr niedriger Zinsen nähert sich deren Ertrag der Verzinsung von Bausparverträgen. Schließen Sie einen solchen Vertrag in einer

Hochzinsphase ab, sollten Sie darauf achten, daß der Grundzins möglichst nicht variabel, sondern fest für die Gesamtlaufzeit vereinbart wird. So sichern Sie sich langfristig die günstige Ausgangssituation und schalten gleichzeitig das Risiko einer während der Spardauer sinkenden Grundverzinsung aus.

Ein wesentlich höheres Ertragsrisiko beinhaltet der Abschluß einer Kapitallebensversicherung. Zwar werben die Anbieter häufig mit hohen Überschußanteilen, allerdings beruhen diese Zahlen nur auf spekulativen Hochrechnungen, die die Ergebnisse der Vergangenheit zusammen mit den zukünftigen Gewinnerwartungen berücksichtigen. Sollte es dagegen während der Vertragsdauer zu unvorhergesehenen Verschlechterungen der Ertragslage des Versicherungsunternehmens kommen, kann die Auszahlung zum Vertragsende wesentlich geringer ausfallen. Aber selbst bei optimistischer Betrachtung fallen die Renditen solcher Versicherungen nicht allzu üppig aus. Der Hauptgrund dafür liegt darin, daß sich bei der kurzen Laufzeit von zwölf Jahren die hohen Abschlußkosten besonders negativ bemerkbar machen. In der Vergangenheit bestand ein wichtiges Werbeargument für diese Anlage in der Steuerfreiheit der Erträge. Mit der Änderung der Besteuerung von Zinserträgen (siehe Kapitel C) dürften allerdings auch die meisten Zinseinnahmen aus anderen vermögenswirksamen Verträgen innerhalb der erhöhten Freibeträge liegen und somit steuerfrei bleiben.

Als Zusatzleistung bietet eine Kapitallebensversicherung gegenüber einem Prämien- oder Bausparvertrag Ihnen bzw. Ihren Erben eine Absicherung für den Todesfall. Da die Versicherungssummen der Verträge aufgrund der durch die vermögenswirksamen Leistungen bestimmten relativ niedrigen Monatsrate jedoch nicht allzu hoch ausfallen, ist auf diesem Weg keine echte Risikovorsorge möglich. Ohnehin stellt sich in diesem Zusammenhang immer die Frage, ob ein solcher Versicherungsschutz überhaupt gebraucht wird. Vor allem bei jungen unverheirateten Arbeitnehmern ist dies meist nicht der Fall. Berücksichtigt man zusätzlich die lange Vertragsdauer und den nur unter größeren Ertragsverlusten möglichen frühzeitigen Ausstieg aus dem Versicherungsvertrag, so ist die Kapitallebensversicherung wenig geeignet für eine rentable überschaubare Ansparung vermögenswirksamer Leistungen. Sollten Sie sich dennoch für diese Sparform entscheiden, empfiehlt es sich, vor Abschluß eines Vertrages unbedingt Renditevergleiche, die Sie in jeder Verbraucherberatungsstelle oder den Veröffentlichungen

Lebensversicherung zur Anlage von VL kaum geeignet

der Stiftung Warentest finden, zu studieren, denn die Leistungsunterschiede zwischen den Versicherungsgesellschaften sind sehr groß.

Auch wenn Sie keinen Anspruch auf staatliche Förderung haben, kommt der Abschluß von Wertpapier-Sparverträgen, Wertpapier-Kaufverträgen und Beteiligungsverträgen als Anlageform nach dem Vermögensbildungsgesetz grundsätzlich in Frage. Allerdings sind dabei die bereits genannten erhöhten Risiken zu beachten, wobei das Ertragsrisiko durch den eventuellen Wegfall der Arbeitnehmersparzulage noch größer wird.

Tragen Sie als Haus- oder Wohnungseigentümer noch Ihre Hypothekenschulden ab, gibt es in der Regel keine bessere Verwendungsmöglichkeit für Ihre vermögenswirksamen Leistungen, als diese zur Zahlung von Zinsen und Tilgung einzusetzen. Selbst wenn Sie Anspruch auf eine Arbeitnehmersparzulage haben, kommt diese nur wenig bekannte Alternative in Frage. Als Rendite können Sie dabei die ersparten Darlehenszinsen von nicht selten 9 % oder gar mehr verbuchen.

1.6 Investmentsparverträge

In gleicher Weise, wie Sie Ihre vermögenswirksamen Leistungen in Sparverträge bei einer Kapitalanlagegesellschaft fließen lassen, können Sie sich auch außerhalb der staatlichen Sparförderung mit festen monatlichen Beträgen an einem Investmentfonds beteiligen. Solche Investmentsparverträge bieten viele große Fondsgesellschaften als Alternative zu einer Einmalanlage in Investmentzertifikaten an. Im Rahmen eines solchen Vertrages erwerben Sie regelmäßig Fondsanteile zum jeweils aktuellen Tageskurs. Kursschwankungen wirken sich dabei so aus, daß Sie mit dem festen Ratenbetrag bei einem niedrigen Kurs mehr Anteile und bei einem gestiegenen Anteilspreis ein entsprechend geringeres Stück des Gesamtvermögens kaufen können. Das funktioniert natürlich nur, weil die Fondsgesellschaften nicht nur ganze Anteile, sondern auch Bruchteile davon vertreiben.

Die Laufzeit des Sparvertrages wird nicht verbindlich vereinbart. Sie haben somit den Vorteil, jederzeit aussteigen und die bereits erworbenen Fondsanteile zum Tageswert wieder verkaufen zu können. Allerdings sollte der Sparvertrag grundsätzlich schon als längerfristige Anlage betrachtet werden. Bei einer kurzen Laufzeit besteht die Gefahr, daß die Anfangskosten in Form des drei- bis fünfprozentigen Ausgabeaufschlages die eventuell durch eine positive Kursentwicklung eingetretenen Gewinne auffressen oder sogar ein Verlust eintritt.

Wie gut oder schlecht sich ein Investmentsparvertrag rentiert, hängt dann auch wiederum von der zukünftigen Entwicklung der Anteilswerte ab. Ein wichtiges Werbeargument für den ratenweisen Einstieg in das Fondsvermögen sehen die Anbieter darin, daß sich durch die regelmäßige Anlage eines festen Betrages günstigere durchschnittliche Anteilspreise ergeben als beim Kauf einzelner Investmentzertifikate. Im Fachchinesisch wird dieser Effekt auch als „cost averaging" bezeichnet, was im übertragenen Sinne soviel wie „Durchschnittskostenprinzip" bedeutet. Zur Erläuterung des Prinzips ein kurzes Beispiel:

Beispiel

Sie können im Rahmen eines Investmentsparvertrages mit einer festen Rate von 100 DM an vier Terminen Fondsanteile zu unterschiedlichen Kursen von 100 DM, 90 DM, 80 DM und 130 DM (Alternative 1) oder aber – ohne einen Sparvertrag abzuschließen – an den vier Terminen jeweils einen vollen Anteil zum aktuellen Preis erwerben (Alternative 2).

		Alternative 1		Alternative 2	
Termin	Preis je Anteil	Anlagebetrag	Erworbene Anteile	Anlagebetrag	Erworbene Anteile
1.1.	100 DM	100 DM	1,00	100 DM	1
1.2.	90 DM	100 DM	1,111	90 DM	1
1.3.	80 DM	100 DM	1,25	80 DM	1
1.4.	130 DM	100 DM	0,769	130 DM	1
		400 DM	4,13	400 DM	4

Bei Alternative 1 würden Sie in vier Monaten für insgesamt 400 DM 4,13 Investmentanteile erwerben. Der durchschnittliche Erwerbspreis pro Anteil wäre dabei 96,85 DM (400 DM : 4,13 Anteile).

Durch den Ankauf jeweils eines Anteils zum aktuellen Kurs (Alternative 2) würden Sie mit dem gleichen Gesamtbetrag von 400 DM nur vier Fondsanteile erwerben. Der durchschnittliche Ankaufskurs würde dabei 100 DM (400 DM : 4 Anteile) betragen.

Der regelmäßige Erwerb von Investmentanteilen mittels einer festen Rate hat im Beispiel einen niedrigeren durchschnittlichen Erwerbspreis von 96,85 DM gegenüber 100 DM beim Ankauf einzelner Anteile zur Folge. Dieses „cost averaging" funktioniert sowohl bei schwankenden als auch bei steigenden oder fallenden Kursen. Durch den Effekt „Ankauf von mehr Anteilen bei niedrigem Preis" und „Ankauf von weniger Anteilen bei hohem Preis" wird der durchschnittliche Preis gedrückt. Falls Sie also eine regelmäßige Anlage in Investmentfonds planen sollten, empfiehlt es sich, Anteile für einen bestimmten Festbetrag zu kaufen und nicht jeweils eine gleichbleibende Anzahl von Anteilen zum aktuellen Kurs zu erwerben.

Der Effekt günstigerer Durchschnittspreise durch einen regelmäßigen Ankauf mittels fester Raten bedeutet allerdings nicht automatisch, daß eine Investmentanlage per Sparvertrag auch eine bessere Rendite als eine Einmalanlage verspricht. Über die Rendite entscheiden letztlich die langfristige Kursentwicklung und der Zeitpunkt zu dem ein Anleger ein- und aussteigt. So zeigen die Ergebnisse der letzten Jahre, daß bei einer Reihe von Fonds zwar die Ratensparer besser als Einmalanleger abgeschnitten haben, bei anderen Sondervermögen dagegen aber die Rendite einer Einmalanlage im Vergleichszeitraum wesentlich freundlicher ausfiel.

Falls Ihnen ein Anbieter also den Abschluß eines Sparplanes mit dem Zauberwort „cost averaging" besonders schmackhaft machen will, sollten Sie es als Werbegetrommel verstehen. Den Anbietern liegt schließlich daran, durch den Verkauf von Sparverträgen langfristig den Absatz ihrer Anteile zu sichern. Eine Entscheidung für oder gegen einen Investmentsparvertrag sollten Sie jedoch vor allem unter Berücksichtigung der damit zwangsläufig verbundenen Risiken treffen.

1.7 Vorsorgesparpläne

Für Kunden, die durch regelmäßige monatliche Sparzahlungen etwas für ihre Altersversorgung tun wollen, bietet eine Reihe von Banken und Sparkassen Vorsorgepläne oder Vorsorgesparpläne an. Typisch für diese Verträge sind lange Laufzeiten von meist acht bis 25 Jahren. Die Höhe der während dieses Zeitraums zu zahlenden Raten wird bei Vertragsabschluß vereinbart – 50 DM müssen es in der Regel allerdings mindestens sein. Zusätzlich besteht häufig die Möglichkeit, eine „Dynamisierung", also eine laufende Ratenerhöhung um einen bestimmten Prozentsatz,

zu vereinbaren. Damit soll der durch die laufende Inflation entstehende reale Wertverlust Ihrer Einzahlungen aufgefangen werden.

Die Vertragsgestaltung der Vorsorgesparpläne entspricht weitgehend den Bedingungen der Sondersparverträge (vgl. Abschnitt 1.4). Viele Kreditinstitute bieten deshalb erst gar kein gesondertes Produkt „Vorsorgesparplan" an, sondern verweisen ihre Kunden auf die Langzeitvarianten der Bonussparverträge. Die Verzinsung der langfristigen Verträge setzt sich ebenfalls aus den Komponenten Grundzins und Bonus zusammen, wobei die Grundverzinsung meist variabel ist. Der Bonus oder die Grundverzinsung erhöhen sich wiederum mit zunehmender Laufzeit. Die Bedingungen für einen vorzeitigen Ausstieg aus dem Vertrag und die damit verbundenen Auswirkungen, insbesondere auf den Bonus, entsprechen den Regelungen der Sondersparverträge.

Beim Ablauf von Vorsorgesparplänen haben Sie oftmals die Wahl zwischen zwei Rückzahlungsvarianten. Entweder lassen Sie sich das Ablaufguthaben auf einen Schlag oder in monatlichen Raten auszahlen. Bei letzterer Möglichkeit können Sie den Rückzahlungszeitraum innerhalb bestimmter Grenzen frei wählen. Das jeweilige Restguthaben wird während der Auszahlungsdauer weiter verzinst. Sinnvoll ist eine solche Vereinbarung allerdings nur, wenn die gezahlten Zinsen höher ausfallen als die Erträge, die Sie beispielsweise durch eine Anlage in Bundeswertpapieren erzielen können. Da dies jedoch regelmäßig nicht der Fall sein dürfte, empfiehlt es sich eher, eine Sofortauszahlung des Guthabens zum Laufzeitende zu vereinbaren und den Endbetrag höherverzinslich so anzulegen, daß Sie bei Bedarf jederzeit ohne Verluste an Ihr Geld herankommen. Mit der Einschränkung einer einjährigen Sperrfrist ist dies zum Beispiel bei Bundesschatzbriefen möglich.

verschiedene Rückzahlungs-varianten

Die Frage, ob sich ein Vorsorgesparplan überhaupt zur zusätzlichen Sicherung Ihrer Altersversorgung eignet, soll an dieser Stelle noch nicht eingehend diskutiert werden. Mehr dazu erfahren Sie im dritten Abschnitt des Kapitels D. Grundsätzlich bleibt allerdings anzumerken, daß diese Sparform vor allem durch die Erhöhung der steuerlichen Sparerfreibeträge im Vergleich zum Abschluß einer Kapitallebensversicherung für viele Sparer attraktiv geworden ist. Dies gilt insbesondere dann, wenn Sie mit Laufzeiten von weniger als 25 Jahren kalkulieren und keinen Versicherungsschutz für den Todesfall benötigen.

Um bei Bedarf einen Überblick über vorliegende Angebote von Vorsorgesparplänen zu bekommen, sollten Sie sich eingehend über die jeweiligen Vertragsbedingungen informieren. Als Hilfe kann Ihnen hier wiederum die Checkliste von Seite 32 dienen.

1.8 Sparverträge mit Versicherungsschutz

Eine Variante der längerfristig angelegten Sondersparverträge bilden die unter der Bezeichnung „Sparen mit Versicherungsschutz" angebotenen Produkte. Hierbei schließen Sie zusätzlich zum normalen Bonus- oder Vorsorgesparvertrag eine Risikolebensversicherung mit fallender Versicherungssumme ab. Die Versicherungssumme entspricht in der Regel dem „Sparziel" des Vertrages, das sich aus dem Gesamtbetrag der während der vereinbarten Laufzeit zu leistenden Raten ergibt. Auf diese Weise ist auch beim Tod des Sparers die weitere Einzahlung des Vertrages gesichert. Wollen die Hinterbliebenen dagegen den Vertrag nach dem Tod auflösen, erhalten sie aus der Versicherung zunächst nur den Gegenwert der noch fälligen Raten ausgezahlt. Inwieweit und unter welchen Bedingungen auch das bis zu diesem Zeitpunkt angesparte Kapital verfügbar ist, ergibt sich aus den Bedingungen des Sparvertrages. Tritt der Todesfall nicht ein, wird dem Sparer zum Vertragsende das Guthaben inklusive Zinsen und Bonus ausgezahlt. Aus der Versicherung gibt es keine zusätzliche Endauszahlung, da diese lediglich das Risiko abdeckt und keinen Kapitalwert bildet.

Sparpläne mit Versicherungsschutz sind von den Kreditinstituten als Alternative zur Kapitallebensversicherung konzipiert worden. Der Vorteil gegenüber den Angeboten der Versicherungsgesellschaften liegt vor allem in der Tatsache, daß Sie bei diesen Verträgen klar sehen können, was von Ihren Raten als Sparanteil verbucht wird und wieviel Sie für den Versicherungsschutz zahlen müssen. Bei Kapitallebensversicherungsverträgen wird dagegen nur eine laufende Gesamtprämie gezahlt, die der Versicherer dann intern in Spar-, Risiko- und Kostenanteile aufteilt, ohne daß Sie darüber informiert werden. Wieviel letztlich an Kapital und Überschüssen angesammelt wurde, erfahren Sie erst zum Vertragsende bei Gutschrift der Ablaufleistung. Zu etwas mehr Transparenz werden die Versicherer allerdings ab dem 1. Juli 1994 verpflichtet sein, denn bei allen von diesem Datum an abgeschlossenen Neuverträgen muß bei Vertragsabschluß angegeben werden, in welche Anteile sich die Versicherungsprämie aufteilt.

Unter Renditegesichtspunkten waren Sparverträge mit Versicherungsschutz den herkömmlichen Kapitallebensversicherungen bisher unterlegen. Dies lag vor allem am Fiskus, der die Erträge aus Sparverträgen fast komplett besteuerte, während die Überschüsse aus Lebensversicherungen bei Einhaltung einer zwölfjährigen Mindestlaufzeit steuerfrei blieben. Seit dem 1. Januar 1993 können jedoch viele Sparer durch die Erhöhung der Sparerfreibeträge auch die Zinsen aus Sparverträgen mit Versicherungsschutz steuerfrei kassieren. Welche Sparform für Sie die günstigste ist, hängt deshalb heutzutage verstärkt von der Rendite der Angebote und nicht mehr in erster Linie von steuerlichen Fragen ab.

1.9 Kapitallebensversicherung

Bei der Suche nach langfristigen Sparverträgen können auch die Angebote der Lebensversicherungsgesellschaften berücksichtigt werden. An dieser Stelle soll Ihnen deshalb ein relativ kurzer Überblick über die Sparform „Kapitallebensversicherung" sowie die wichtigsten Beurteilungskriterien solcher Angebote gegeben werden.

Grundsätzlich ist der Abschluß einer Kapitallebensversicherung nur im Hinblick auf eine langfristig angelegte Sicherung der Altersvorsorge interessant. Trotz der bestehenden Ertragsrisiken brauchen Sie einen Verlust Ihres Ersparten – ähnlich wie bei den Angeboten der großen Kreditinstitute – zumindest bei den inländischen Anbietern nicht zu fürchten, denn die Versicherungsgesellschaften unterliegen der ständigen Kontrolle des Bundesaufsichtsamtes für das Versicherungswesen und dürfen mit den Kundengeldern nur ganz bestimmte überwiegend risikoarme Anlagegeschäfte tätigen.

Als Planungszeitraum sollten Sie bei Kapitallebensversicherungen schon 25 bis 30 Jahre ins Auge fassen. Zwar bieten die Versicherer ebenfalls

Verträge mit kürzeren Laufzeiten von zum Beispiel zwölf Jahren an, mit denen auf bestimmte Anschaffungswünsche hin gespart werden könnte. Solche Angebote weisen in der Regel aber wesentlich schlechtere Renditen als Verträge mit längeren Laufzeiten auf und sind auch durch langfristige Banksparverträge zu schlagen. Dies liegt vor allem daran, daß beim Abschluß einer Kapitallebensversicherung erhebliche Verwaltungs- und Provisionskosten anfallen. So kassieren die Versicherer Abschlußprovisionen, die in der Regel zwischen 3,5 und 5 % der Versicherungssumme liegen und größtenteils dem Versicherungsvertreter als Erfolgsprämie zufließen. Bei einem Vertrag über eine Summe von 100.000 DM kostet Sie die Unterschrift unter den Vertrag üblicherweise also zwischen 3.500 DM und 5.000 DM. Diese Kosten werden aus Ihren Versicherungsprämien beglichen und zehren natürlich um so mehr an der Rendite, je kürzer die Vertragslaufzeit ist. Bei längerfristigen Verträgen können dagegen durch die mit zunehmender Laufzeit verstärkten Zinseszinseffekte die Anfangskosten besser aufgefangen und dadurch höhere Renditen erzielt werden.

Hohe Abschlußprovisionen zehren am Ertrag.

Die Verrechnung der Kosten findet heimlich, still und leise auf Ihrem Versicherungskonto statt. Dieses wird bei Vertragsabschluß mit einem Minusstand eröffnet und erreicht erst nach mehreren Monaten der Beitragszahlung oder gar erst nach einem Jahr einen Habensaldo. Den meisten Inhabern von Kapitallebensversicherungen dürfte diese Tatsache wohl kaum bekannt sein, da Versicherungsvertreter nach den Erfahrungen der Verbraucherverbände so gut wie nie darüber aufklären. Deutlich wird die Kostenbelastung meist erst, wenn es sich der Versicherte anders überlegt und seinen Vertrag nach kurzer Laufzeit kündigt. Als Gutschrift erhält er nur einen Rückkaufswert, der vor allem in der Anfangsphase des Vertrages oftmals wesentlich niedriger ausfällt als die Summe der eingezahlten Prämien – von einer angemessenen Verzinsung ganz zu schweigen.

In der mangelnden Durchschaubarkeit liegt dann auch ein entscheidender Nachteil von Kapitallebensversicherungsverträgen. Die meisten Kunden zahlen Monat für Monat treu ihre Prämien, ohne zu wissen, was damit passiert und was die Gesellschaft davon tatsächlich zu ihren Gunsten anlegt. Gerade an diesem Punkt trennt sich für Eingeweihte aber die Spreu vom Weizen der Anbieter.

mangelnde Transparenz der Verträge

Ihre Versicherungsbeiträge werden intern in einen Risikoanteil, einen Verwaltungs- und Provisionskostenanteil sowie einen Sparanteil aufgeteilt. Nur der Risikoanteil dient dazu, das Todesfallrisiko abzudecken und somit vom Vertragsbeginn an die Auszahlung der Versicherungssumme beim Tod des Versicherten zu gewährleisten. Mit den Verwaltungs- und Provisionskostenanteilen müssen die Kunden die Kosten des Geschäftsbetriebes der Versicherungsgesellschaft sowie die Abschlußprovision des Vertreters abdecken. Nur der nach diesen Abzügen verbleibende Teil der Raten wird für den Vertragsinhaber angespart. Eigentlich handelt es sich bei einer Kapitallebensversicherung also um nichts anderes als einen Sparvertrag mit Versicherungsschutz, für den laufende Verwaltungsgebühren sowie eine Abschlußgebühr zu zahlen sind.

Der Abschluß einer Kapitallebensversicherung bietet gegenüber den Sparplanangeboten der Kreditinstitute allerdings einen entscheidenden Vorteil, für den aber nicht die Anbieter selbst, sondern der Finanzminister verantwortlich ist: Beträgt die Laufzeit einer Versicherung mindestens zwölf Jahre, müssen Sie die aufgelaufenen Zinsen und Überschußanteile nicht als Einkünfte aus Kapitalvermögen versteuern und können den Auszahlungsbetrag aus der Versicherung somit ohne jegliche Steuerabzüge kassieren. Außerdem besteht während der Vertragslaufzeit grundsätzlich die Möglichkeit, die laufenden Prämien zusätzlich im Rahmen des Sonderausgabenabzuges als Vorsorgeaufwendungen von Ihrem Bruttoeinkommen abzusetzen und weitere Steuern zu sparen.

Steuervorteil ab 12jähriger Laufzeit

Dieser Sonderausgabenabzug ist allerdings auf einen Höchstbetrag beschränkt, der vor allem bei Arbeitern und Angestellten in der Regel bereits durch die Arbeitnehmeranteile zur Sozialversicherung voll ausgeschöpft wird, so daß ein weiterer Abzug von Versicherungsbeiträgen nicht mehr möglich ist. So können Sie als verheirateter Arbeitnehmer oder Rentner keinerlei privaten Versicherungsaufwand steuerlich geltend machen, wenn Ihr sozialversicherungspflichtiges Bruttoeinkommen mehr als 63.840 DM beträgt. Für Ledige gilt dies ab einem Einkommen über 31.920 DM.

Anders sieht die Situation bei Steuerzahlern aus die, wie zum Beispiel Selbständige oder Beamte, nicht sozialversicherungspflichtig sind. Hier besteht innerhalb der Höchstbeträge meist noch genug „Luft", um Lebensversicherungsbeiträge zumindest teilweise steuerlich geltend zu machen. Gehören Sie nicht zu diesem Personenkreis, beschränkt sich der Steuervorteil eines Lebensversicherungsvertrages für Sie normalerweise aber auf die Steuerfreiheit der Erträge.

Die Erträge aus langfristigen Banksparverträgen und anderen Anlageformen sind dagegen nur dann steuerfrei, wenn sie noch innerhalb des Sparerfreibetrages von 6.100 bzw. 12.200 DM pro Jahr für Ledige bzw. Verheiratete liegen. Ist dies der Fall, sind die meist nicht allzu üppigen Renditen von Kapitallebensversicherungen durchaus schlagbar. Allerdings bietet sich als Alternative weniger der Abschluß eines langfristigen Sparvertrages an. Sinnvoller – aber auch mit einem größeren Arbeitsaufwand verbunden – wäre es, regelmäßig einen bestimmten Geldbetrag in festverzinsliche Wertpapiere wie zum Beispiel Bundesschatzbriefe zu stecken.

Nutzen Sie Ihren Sparerfreibetrag bereits durch andere Zinseinnahmen voll aus, müssen Sie die Erträge aus anderen Anlageformen komplett versteuern. Bei dieser Ausgangslage ist die Kapitallebensversicherung dann als langfristige Sparform kaum zu schlagen. Selbst, wenn die Rendite der Versicherung nur 5 % p. a. betragen würde, müßte zum Beispiel bei einem angenommenen Grenzsteuersatz von 30 % eine voll zu versteuernde Anlagealternative eine jährliche Verzinsung von ca. 7,14 % bringen, um nach Steuerabzug genauso gut dazustehen. Bei einer besseren Versicherungsrendite oder einer höheren persönlichen Steuerbelastung muß sich eine Alternativanlage noch besser verzinsen, um unter Renditegesichtspunkten konkurrenzfähig zu bleiben. Solche Ergebnisse lassen sich in aller Regel jedoch nur mit höheren Risiken unterliegenden Anlageformen wie zum Beispiel Investmentfondssparverträgen erzielen.

Steuerlich interessant kann für Arbeitnehmer auch der Abschluß einer kapitalbildenden Lebensversicherung in Form einer „Direktversicherung durch Gehaltsumwandlung" sein, bei der der Arbeitgeber einen Teil des Lohnes oder Gehaltes als Versicherungsprämie direkt auf einen zugunsten des Arbeitnehmers abgeschlossenen Versicherungsvertrag zahlt. Diese Einkommensanteile müssen dann nur mit einem pauschalen Satz von 15 % versteuert werden und bescheren dem Arbeitnehmer Steuervorteile, weil dessen persönlicher Grenzsteuersatz höher liegt. Mehr zum Thema „Direktversicherung" finden Sie im Abschnitt 3.1 des Kapitels D.

„Direktversicherung" bietet zusätzliche Steuervorteile

Auswahl des „richtigen" Versicherers

Sprechen Ihre persönlichen Voraussetzungen für den Abschluß eines Lebensversicherungsvertrages, stellt sich natürlich die Frage nach dem günstigsten Anbieter. Die Höhe der zu zahlenden Versicherungsprämien sollten Sie auf keinen Fall als Vergleichsmaßstab verwenden. Sie unterscheiden sich bei den verschiedenen Gesellschaften ohnehin kaum und erlauben keinerlei Rückschlüsse auf die Leistungsfähigkeit des Anbieters. Entscheidend ist vielmehr, wie hoch zum Vertragsende der Auszahlungsbetrag (die Ablaufleistung), den Ihnen der Versicherer als Ergebnis Ihres Sparfleißes überweist, im Verhältnis zu Ihren Einzahlungen ausfällt. Problematisch ist in diesem Zusammenhang, daß die Ablaufleistung zum Zeitpunkt des Vertragsabschlusses nicht verläßlich ermittelt, sondern anhand von Vergangenheitsdaten und der aktuellen Geschäftslage der Gesellschaft nur hochgerechnet werden kann. Das Ergebnis solcher Berechnungen ist lediglich eine zwar vom Bundesaufsichtsamt für das Versicherungswesen abgesegnete, aber unverbindliche Prognose des Anbieters. Daß Sie auf angegebene Ablaufleistungen nicht bauen sollten, verdeutlicht die Tatsache, daß der Gesetzgeber den Anbietern verbietet, errechnete Werte den Kunden gegenüber als zuverlässig darzustellen. Garantiert wird Ihnen zum Vertragsende in der Regel nur die Auszahlung der Versicherungssumme.

Die Ablaufleistung setzt sich zusammen aus den Sparanteilen, die mit einem gesetzlich vorgegebenen Rechnungszins von 3,5 % verzinst werden müssen, sowie einer Überschußbeteiligung. Der Rechnungszins dient gleichzeitig als Rechnungsgrundlage für die Kalkulation der Versicherungsprämien. Tatsächlich erwirtschaften die Verwalter der Gelder an den Kapitalmärkten durch Wertpapiergeschäfte oder die Ausleihung als Hypothekendarlehen natürlich höhere Erträge als 3,5 % p. a. Diese werden jedoch nicht zur Senkung der Prämien verwandt, sondern zu einem großen Teil als Überschußbeteiligung den Versicherten zusätzlich gutgeschrieben. Nur durch solche Zusatzgewinne wird eine Kapitallebensversicherung zu einer interessanten Kapitalanlage. Sie führen dazu, daß am Ende einer 25jährigen Laufzeit nicht allein die Versicherungssumme, sondern in etwa der doppelte Betrag an den Versicherungsnehmer ausgezahlt wird. Die Ablaufleistung allein ist jedoch wenig aussagekräftig. Sie muß immer im Verhältnis zu den eingezahlten Prämien gesehen werden, denn bei Verträgen, in die höhere Beiträge eingezahlt werden, sollte natürlich auch mehr herausspringen.

Wie gut die Relation zwischen Einzahlungen und Ablaufleistung ausfällt, hängt außer vom Anlagegeschick der Geldverwalter wesentlich auch von der Geschäftspolitik des Unternehmens ab. Empfehlenswerte Versicherungsgesellschaften zeichnen sich vor allem dadurch aus, daß die Verwaltungs- und Provisionskosten möglichst niedrig ausfallen. Denn je geringer der auf solche Kosten entfallende Anteil der Versicherungsprämien ist, desto größer wird natürlich der als Sparanteil zu Ihren Gunsten angelegte Restbetrag. Das spricht vor allem für Gesellschaften, die keine großen Vertreterheere oder prachtvolle Verwaltungsbauten unterhalten, denn dieser Luxus ist letztlich von den Versicherten zu finanzieren. Bei Anbietervergleichen liegen deshalb in der Regel die Direktversicherer, die ihren gesamten Geschäftverkehr per Post abwickeln und keine Außendienstvertreter oder Agenturen unterhalten, an der Spitze. Die Ergebnisse solcher Vergleiche finden Sie von Zeit zu Zeit in den Veröffentlichungen der Stiftung Warentest oder in Wirtschaftsmagazinen wie „Capital", „Wirtschaftswoche" oder „DM". Einsehen können Sie die Berichte aber auch in den „Infothek-Ordnern" jeder Verbraucherberatungsstelle.

Gesellschaften mit geringen Kosten wählen!

Bevor Sie sich auf die Suche nach den günstigsten Anbietern begeben, sollten Sie allerdings noch einmal bedenken, ob Sie sich tatsächlich über 25 oder 30 Jahre an einen Versicherungsvertrag binden wollen. Überlegen Sie es sich erst während der Laufzeit des Vertrages anders, können Sie zwar kündigen, müssen aber mit finanziellen Einbußen rechnen.

2 Angebote zur Einmalanlage von Geldbeträgen

Im Anschluß an die Darstellung der gängigsten Möglichkeiten zur Ansparung größerer Geldbeträge soll Ihnen nun ein Überblick über die verschiedenen Angebotsformen vermittelt werden, in denen Sie Ihr Kapital kurz- oder längerfristig ertragsträchtig unterbringen können. Wie bereit eingangs angesprochen, sind die Grenzen zwischen Sparangeboten und Einmalanlageformen oft fließend. In den folgenden Kapiteln sollen als Einmalanlagemöglichkeiten Angebote erläutert werden, die keinen regelmäßigen Ansparvorgang vorsehen, sondern bei denen Sie für jeden einzelnen Anlagevorgang einen gesonderten Auftrag erteilen oder einen neuen Vertrag abschließen müssen.

2.1 Termingelder

Der Begriff „Termingelder" ist ein in Bänkerkreisen verwendeter Oberbegriff für Guthaben auf speziellen Termingeldkonten. Der Kunde trifft bei einer Termingeldanlage mit dem Kreditinstitut eine Vereinbarung darüber, daß er diesem die in der Regel aus größeren Beträgen bestehenden Einlagen für einen bestimmten Zeitraum überläßt und dafür als Ausgleich einen festen Zins erhält.

Die meisten Termineinlagen werden heute in Form eines Festgeldes angelegt. Die Besonderheit beim Festgeld liegt darin, daß Sie mit der Bank oder Sparkasse von vornherein eine feste Laufzeit vereinbaren, über die Sie Ihr Geld festlegen wollen. Nach Ablauf der Frist wird das Festgeld automatisch – ohne zusätzliche Kündigung – wieder frei.

Die zweite Termingeldvariante sind die Kündigungsgelder. Im Unterschied zur Festgeldanlage steht hierbei die Laufzeit nicht von vornherein fest. Sie vereinbaren lediglich eine bestimmte Kündigungsfrist. Das heißt, wenn Sie zum Beispiel eine dreißigtägige Kündigungsfrist wählen und gleichzeitig eine Anlagedauer von zwei Monaten wünschen, müssen Sie nach Ablauf des ersten Monats eine Kündigung aussprechen. Versäumen Sie die Kündigung, läuft das Kündigungsgeld weiter. Aufgrund dieser etwas aufwendigeren Abwicklung haben Kündigungsgelder heute in der Praxis keine allzu große Bedeutung mehr. Insbesondere im Privatkundenbereich werden Termineinlagen fast nur als Festgelder angeboten. Deshalb sollen sich auch die folgenden Erläuterungen nur noch auf diese Form der Termingelder beziehen.

Termingelder = Festgelder und Kündigungsgelder

Als wichtigste Voraussetzung für den Abschluß einer Festgeldanlage müssen Sie genug Geld auf der hohen Kante haben. Die „Schallmauer" liegt meist bei einem Betrag von 10.000 DM; nur wenige Kreditinstitute geben sich bereits mit 5.000 DM zufrieden. Reicht Ihr Erspartes für den Einstieg, müssen Sie überlegen, wie lange Sie Ihr Geld festlegen wollen. Die Mindestlaufzeit beträgt 30 Tage, die längstmögliche Anlagedauer in der Regel ein Jahr. Dazwischen können Sie die Laufzeit in Monatsschritten wählen.

Unter anderem nach der Anlagedauer richtet sich auch die Verzinsung des Festgeldes. Dabei gilt als Faustformel: Je länger die Laufzeit, desto höher ist der Zins. Nur in Zeiten stark fallender Zinssätze kann es auch einmal passieren, daß Sie bei einer kurzen Anlagefrist besser als bei einer längeren Laufzeit wegkommen. Ebenfalls Einfluß auf die Verzinsung hat die Höhe des Anlagebetrages. Viele Banken und Sparkassen staffeln ihre Konditionen nach Beträgen, wobei es natürlich für größere Summen bessere Konditionen gibt. Die Grenzen für höhere Zinssätze liegen hier häufig bei 30.000 oder 50.000 DM und bei 100.000 DM.

Stehen Betrag und Anlagedauer fest und ist Ihre Entscheidung für ein bestimmtes Angebot gefallen, müssen Sie beim gewählten Kreditinstitut ein gesondertes Festgeldkonto eröffnen und einen Vertrag über die Festgeldanlage abschließen. Darin werden der Anlagebetrag, die Anlagedauer sowie der Zinssatz festgelegt. Häufig enthalten solche Verträge auch eine Klausel, nach der sich das Festgeld nach Ablauf der Anlagedauer für einen weiteren Zeitraum von gleicher Länge zu den dann geltenden Konditionen verlängert, wenn Sie der Bank oder Sparkasse vorher nichts Gegenteiliges mitteilen. Wollen Sie das Festgeld nicht oder nur in Höhe eines Teilbetrages verlängern, müssen Sie dies dem Institut rechtzeitig mitteilen. Häufig werden Sie vor dem Ende der Laufzeit aber auch schriftlich darauf aufmerksam gemacht, so daß Sie dann entsprechend reagieren können. Wird das Festgeld nicht verlängert, erhalten Sie den Anlagebetrag inklusive der aufgelaufenen Zinsen zurück. Das für die Anlage eingerichtete Festgeldkonto wird aufgelöst, das Guthaben auf ein von Ihnen angegebenes Konto überwiesen. Bei einer Verlängerung werden die Zinsen meist dem Festgeldkonto gutgeschrieben und die Gesamtsumme weiterverzinst.

häufig automatische Verlängerung des Festgeldes

Konditionenvergleich

Auch bei Festgeldern sollten Sie die Konditionen verschiedener Kreditinstitute vergleichen und sich nicht gleich für das erstbeste Angebot Ihrer Hausbank entscheiden. Gerade bei dieser Anlageform ist es kein Problem, auch mit fremden Kreditinstituten handelseinig zu werden. Außer der Umbuchung Ihres Anlagebetrages von einer Bank zur anderen kostet Sie ein solcher Wechsel keine Mühe. Belohnt werden kann dies durch wesentlich bessere Anlagebedingungen, denn die Unterschiede können von Anbieter zu Anbieter bei gleiche Beträgen und Laufzeiten durchaus 1 % p. a. und mehr betragen. Vor allem der Wechsel zu einem nicht an Ihrem Wohnort ansässigen Institut kann sich lohnen, da häufig regionale Märkte für Festgelder existieren und es so zu beträchtlichen regionalen Unterschieden kommt. Wo das Zinsniveau am höchsten ist, können Sie oft den Vergleichstabellen entnehmen, die von Zeit zu Zeit in verschiedenen Wirtschaftszeitschriften veröffentlicht werden. Die Konditionen der vor Ort angesiedelten Banken und Sparkassen lassen sich am leichtesten telefonisch abfragen. Bei den angegebenen Zinssätzen müssen Sie beachten, daß es sich immer um Jahreszinssätze handelt. Ein dreimonatiges Festgeld zu 8 % p. a. erbringt in diesem Zeitraum keinen Ertrag von 8 %, sondern entsprechend der Laufzeit nur ein Viertel des Jahresertrages – also 2 %.

Verhandlungs-möglichkeiten bei Konditionen nutzen!

Liegt die Konkurrenz im Konditionenvergleich besser als Ihre Hausbank, können Sie Ihrem bisherigen Geschäftspartner mit einem deutlichen Hinweis darauf eine Chance geben. Oftmals wirkt das Wunder, und Sie erhalten plötzlich ebenfalls den besseren Zinssatz. Welches Kreditinstitut sieht schon gerne die Gelder der Kunden zur Konkurrenz abfließen?

Nicht nur beim Neuabschluß eines Festgeldes sollten Sie ein Auge auf die Konkurrenz haben. Auch wenn eine Verlängerung ansteht, ist es sinnvoll, sich einen Marktüberblick zu verschaffen. Häufig vertrauen Banken und Sparkassen nämlich darauf, daß Kunden ohnehin den bequemen Weg der automatischen Verlängerung wählen, und legen sich bei Verlängerungsangeboten nicht sonderlich ins Zeug.

Planung der Laufzeit

Haben Sie sich mit der Laufzeit verkalkuliert und wollen oder müssen vorzeitig aus der Festgeldanlage aussteigen, so ist dies nicht ohne weiteres möglich. Rein rechtlich gesehen ist das Kreditinstitut nicht zu einer vorzeitigen Rückzahlung des Festgeldes verpflichtet. Es könnte also der Fall eintreten, daß Sie Ihren Geldbedarf bis zum Ende der Festgeldvereinbarung mit einem kurzfristigen Kredit abdecken müssen. In der Praxis bestehen Banken und Sparkassen jedoch nicht mit allen Mitteln auf der Vertragserfüllung. Die Bedingungen, zu denen die vorzeitige Rückzahlung erfolgen soll, bestimmt dann allerdings das Institut. Zum Teil wird eine Entschädigung fällig, oder der Zinssatz wird rückwirkend wesentlich herabgesetzt. Oder es werden wie beim Sparbuch Vorschußzinsen verlangt. Insbesondere, wenn Sie eine für die Bank interessante Kontoverbindung unterhalten, sollten Sie dies in die Waagschale werfen, um die Rückzahlungsbedingungen so günstig wie möglich zu gestalten. Kommt es hart auf hart, sitzt allerdings das Kreditinstitut am längeren Hebel.

Um eine solche Situation zu vermeiden, sollten Sie deshalb vor Abschluß einer Festgeldanlage eine konkrete Vorstellung davon haben, wie lange Sie den Betrag entbehren können. Zur Anlage von Geldern, die ohne eine Vorlaufzeit von mindestens 30 Tagen verfügbar sein müssen, eignet sich die Festgeldanlage daher kaum. Sinnvoll ist sie dagegen zum Beispiel zur Zwischenanlage von Geldbeträgen, die für größere Zahlungen zu bestimmten Terminen bereitgehalten werden. Auch für Gelder, für die kurzfristig keine spezielle Verwendung besteht oder die in der Hoffnung auf zukünftig verbesserte Anlagebedingungen zunächst für einige Zeit „geparkt" werden sollen, bietet sich eine Festgeldvereinbarung an. Neben Zinserträgen, die vor allem in Hochzinsphasen erheblich über denen einer vergleichbaren Anlage auf Giro- oder Sparkonten liegen, bietet das Festgeld den weiteren Vorteil, in der Abwicklung völlig kostenlos zu sein. Über die Sicherheit der Einlage brauchen Sie sich ebenfalls den Kopf nicht zu zerbrechen. Auch hier sorgen im Falle eines Falles die Sicherungsfonds für die Kapitalrückzahlung.

Feste Laufzeiten einplanen!

2.2 Sparbriefe

Viele Kreditinstitute raten Kunden, die sich nicht mehr mit den äußerst mageren Sparbuchzinsen zufriedengeben, zum Kauf eines höherverzinslichen Sparbriefes. Bei Sparkassen wird diese Anlageform, die ein Zwischending zwischen Sparbucheinlage und festverzinslichem Wertpapier darstellt, auch unter der Bezeichnung „Sparkassenbrief" gehandelt. Solche Angebote finden Sie bei nahezu jedem Geldinstitut, zum Teil sogar bei Bausparkassen. Das verwundert nicht, denn die durch

Sparbriefe hereingeholten bzw. vor dem Abwandern in andere Anlageformen bewahrten Gelder bilden einen wesentlichen Grundstock für die Refinanzierung des mittel- bis langfristigen Kreditgeschäfts der Anbieter.

Der Kauf eines Sparbriefes bietet Ihnen gegenüber vergleichbaren Sparguthaben – bei gleicher Sicherheit – vor allem den Vorteil einer wesentlich höheren Verzinsung. Die aktuellen Zinssätze richten sich dabei nach den jeweiligen Gegebenheiten auf dem Kapitalmarkt, insbesondere dem Markt für festverzinsliche Wertpapiere. Die Rendite ist häufig allerdings etwas schlechter als etwa bei öffentlichen Anleihen. Nur in Ausnahmefällen erreichen Sparbriefangebote die gleichen oder sogar höhere Zinssätze, zum Beispiel bei einem sehr niedrigen Zinsniveau auf dem Rentenmarkt. Ebenso wie Anleihen bieten Sparbriefe aber eine feste Verzinsung über einen bestimmten Anlagezeitraum.

Als Mindestanlagebetrag müssen Sie je nach Anbieter meist 100, 500 oder 1.000 DM mitbringen. Einige wenige Banken stellen einen Sparbrief sogar erst ab einer Anlagesumme von 5.000 oder 10.000 DM aus. Üblicherweise muß der Anlagebetrag außerdem durch 100 DM oder 1.000 DM teilbar sein. „Krumme" Geldsummen müssen Sie also entweder auffüllen oder abrunden.

Bei den Laufzeiten haben Sie mittlerweile die Qual der Wahl zwischen Zeiträumen von einem Jahr bis zu zehn Jahren. Die meisten Sparbriefe werden allerdings mit einer Gültigkeitsdauer von zwei bis sechs Jahren ausgestellt. Über die gewählte Anlagedauer garantiert Ihnen der Briefaussteller den vereinbarten Anlagezinssatz, wobei auch hier wieder grundsätzlich gilt: „Je länger die Laufzeit, desto höher ist die Verzinsung".

Eine weitere Wahlmöglichkeit haben Sie in bezug auf die Art und Weise der Zinszahlung. So finden Sie in der Angebotspalette vieler Geldhäuser zumindest zwei Sparbriefvarianten: den normalverzinslichen und den abgezinsten Sparbrief.

Normalverzinslicher Sparbrief

Bei dieser Art des Sparbriefes zahlt Ihnen die Bank oder Sparkasse während der gesamten Laufzeit regelmäßig – normalerweise jährlich – die aufgelaufenen Anlagezinsen aus. Der Zinsbetrag wird dann auf ein von Ihnen angegebenes Konto überwiesen, und Sie können frei darüber verfügen. Am Ende der Laufzeit erhalten Sie den ursprünglich eingezahlten Nennbetrag des Sparbriefes zurück.

Abgezinster Sparbrief

Bei dieser Variante erhalten Sie während der Laufzeit keine regelmäßigen Zinszahlungen. Dafür werden Ihnen die gesamten Zinserträge einschließlich Zinseszinsen auf einen Schlag am Ende der Laufzeit zusammen mit dem eingesetzten Kapital ausgezahlt. Das Ganze funktioniert so, daß Sie mit der Bank einen bestimmten Nennwert vereinbaren, den der Sparbrief am Ende der Laufzeit erreichen soll. Einzahlen müssen Sie allerdings nur den Betrag, der bei Vertragsabschluß notwendig ist, um zusammen mit den während der Anlagedauer anfallenden Zins- und Zinseszinserträgen die Auszahlung des Nennwertes zum Vertragsende zu garantieren. Ein solche Vorausberechnung ist möglich, da sowohl der Zinssatz als auch die Laufzeit von vornherein feststehen. Hinter diesem als „Abzinsung" bezeichneten Rechenvorgang steht immer die Grundfrage: Welchen Betrag muß man heute einzahlen, um bei einem aktuellen Anlagezinssatz von x % in y Jahren einen Nennwert von z DM zu erhalten?

> *Beispiel*
>
> *Angenommen, Sie möchten rund 10.000 DM in einem vierjährigen Sparbrief anlegen und entscheiden sich für die abgezinste Variante. Die Bank bietet Ihnen eine Rendite von 7 % p. a. an. Sie können dann mit dem verfügbaren Kapital einen abgezinsten Sparbrief über einen Nennwert von 13.000 DM erwerben. Als Einzahlung müssen Sie bei Vertragsabschluß genau 9.917,63 DM aufbringen. Durch gutgeschriebene Zins- und Zinseszinserträge entwickelt sich dieser Betrag in vier Jahren bei einem Zins von 7 % p. a. zu einer Auszahlungssumme von 13.000 DM.*

Ein Vorteil abgezinster Sparbriefe besteht vor allem bei hoher Verzinsung darin, daß die anfallenden Zinserträge automatisch ebenfalls mit dem Vertragszins verzinst werden. Bei einem normalverzinslichen Brief müssen Sie sich dagegen selbst um die Wiederanlage der Zinserträge kümmern – natürlich vorausgesetzt, Sie wollen sie nicht einfach ausgeben. Sinnvoll kann die Wahl dieser Variante im Einzelfall auch aus steuerlichen Gründen sein, denn Sie müssen die Zinserträge nicht laufend, sondern erst bei Auszahlung des Endwertes versteuern. So können zum Beispiel am Ende des Berufslebens stehende Personen ihre Zinserträge in das Rentenalter verlagern, in dem die Einkommensteuerbelastung gegenüber der Zeit der Erwerbstätigkeit wesentlich sinkt. Demgegenüber bringen abgezinste Sparbriefe allerdings gleichzeitig das Problem mit sich, daß die aufgelaufenen Zinserträge komplett im Jahr der Fälligkeit des Briefes versteuert werden müssen. Hierdurch können schnell der Sparerfreibetrag überschritten und für den übersteigenden Betrag Einkommensteuer fällig werden. Deshalb ist es nach der Einführung der Zinsabschlagsteuer in Regelfall günstiger, normalverzinste Sparbriefe zu kaufen und Jahr für Jahr die laufenden Zinserträge unter Ausnutzung der Freibeträge zu versteuern. Mehr zu solchen steuerlichen Feinheiten finden Sie im Kapitel C.

Steuerliche Auswirkungen bei abgezinsten Sparbriefen beachten!

Eine dritte, weniger verbreitete Sparbriefvariante bildet der „aufgezinste Sparbrief", der auch als „Sparbrief mit Zinsansammlung" bezeichnet wird. Die Konstruktion ist ähnlich wie beim abgezinsten Brief. Ein Unterschied besteht allerdings darin, daß Sie hier beim Erwerb bereits den vollen Nennwert einzahlen. Wie bei einem abgezinsten Sparbrief werden während der Laufzeit dann aber die Zinsen angesammelt und erst bei Fälligkeit zusammen mit dem Nennwert und den Zinseszinsen ausgezahlt.

Steuerlich werden aufgezinste Sparbriefe genauso behandelt wie die abgezinste Variante.

> *Beispiel*
>
> *Angenommen, Sie erwerben einen Sparbrief über volle 10.000 DM. Nach vierjähriger Laufzeit zahlt Ihnen die Bank bei einem Zinssatz von 7 % p. a. eine Gesamtsumme von 13.107,96 DM auf einen Schlag aus.*

Konditionen, Risiken und Verfügbarkeit

Abgesehen von der Art und Weise der Zinszahlung unterscheiden sich die verschiedenen Sparbriefangebote nicht. Die Anbieter machen bei der Konditionengestaltung nur vereinzelt geringe Unterschiede zwischen normalverzinster und ab- oder aufgezinster Variante. Der meist mit der Ausstellung einer Sparbriefurkunde verbundene Erwerb sowie die Rückgabe bei Fälligkeit sollten in jedem Falle kostenlos sein. Alle Sparbriefe bieten eine feste Verzinsung und unterliegen keinerlei Kursrisiko, da sie nicht an der Börse oder im freien Kapitalverkehr gehandelt werden. Allerdings ist mit dieser Ertragssicherheit auch gleichzeitig ein entscheidender Nachteil verbunden: Ein vorzeitiger Ausstieg aus der Sparbriefanlage ist grundsätzlich nicht möglich. Müssen Sie vorzeitig an den festgelegten Betrag, bleibt Ihnen häufig keine andere Möglichkeit, als einen Kredit aufzunehmen und den Sparbrief als Sicherheit an die Bank oder Sparkasse abzutreten. Da für diese hierbei keinerlei Risiko besteht – schließlich liegt der Gegenwert bereits im eigenen Hause –, werden solche Beleihungen bis zu 100 % des Nennwertes vorgenommen.

Vorzeitige Kündigung nicht möglich!

Für Sie hat die ganze Angelegenheit allerdings den entscheidenden Nachteil, daß das Kreditinstitut für den Kredit in aller Regel höhere Zinsen sehen will, als es selbst auf der anderen Seite für die Sparbriefanlage zahlt. Eine Beleihung kostet Sie deshalb unter dem Strich bis zur Fälligkeit des Sparbriefes Zinsen in Höhe der Differenz zwischen dem berechneten Kreditzins und der Rendite der Geldanlage. Insbesondere, wenn Ihr Sparbrief sich nur mäßig verzinst und gleichzeitig die Beleihung in Zeiten hoher Kreditzinsen erfolgt, kann dies teuer werden. Sparbriefe sollten Sie darum nur erwerben, wenn Sie den Anlagebetrag mit Sicherheit nicht vor dem Ende der regulären Laufzeit benötigen.

Haben Sie sich dennoch verkalkuliert, besteht allenfalls die Möglichkeit, den Brief an eine andere Person abzutreten. Ohne die ausdrückliche Zustimmung der Bank oder Sparkasse sind eine solche Übertragung oder ein Verkauf in der Regel allerdings nicht möglich. Welche Verfügungsbeschränkungen im einzelnen bestehen, sollten Sie immer vor dem Abschluß eines Sparbriefes genau erfragen.

Eine Ausnahme in bezug auf die Verfügbarkeit bilden lediglich die von wenigen Kreditinstituten angebotenen Sparbriefe mit steigender Verzinsung. Hier ist nach Einhaltung einer gewissen Sperrfrist eine vorzeitige Rückgabe möglich. Allerdings verzichtet man dann auch auf die höheren Zinserträge der späteren Laufzeitjahre.

2.3 Sparschuldverschreibungen

Als Alternative zur starren Sparbriefanlage bieten viele Banken und Sparkassen Sparschuldverschreibungen an. Teilweise werden diese Papiere auch unter der Bezeichnung „Sparobligationen", „Sparkassenobligationen" oder „Inhaberschuldverschreibung" verkauft. Der Mindestanlagebetrag beläuft sich dabei üblicherweise auf 1.000 DM; in Ausnahmefällen können es aber auch schon einmal 100 oder 10.000 DM sein. Wie Sparbriefe sind Sparschuldverschreibungen mit bestimmten Laufzeiten (meist zwei bis zehn Jahre) und einer festen Verzinsung ausgestattet. Gegenüber Sparbriefen haben Sparschuldverschreibungen aber einen entscheidenden Vorteil: Sie können jederzeit vor Fälligkeit an den Aussteller zurückgegeben werden. Der Rückzahlungsbetrag richtet sich dabei meist nach einem speziellen „Hauskurs", den die Bank oder Sparkasse unter Berücksichtigung der aktuellen Kapitalmarktlage festlegt. Zum Teil werden solche Papiere aber auch an der Börse gehandelt. Dann können Sie den Anlagebetrag jederzeit durch einen Verkauf zum Tageskurs wieder flüssig machen.

jederzeitige Rückgabemöglichkeit zu aktuellem Kurs

Bei einer vorzeitigen Rückgabe oder einem Verkauf müssen Sie allerdings mit Kursverlusten rechnen, wenn das Zinsniveau seit dem Ankauf der Schuldverschreibungen gestiegen ist. Umgekehrt bietet sich bei fallenden Zinsen natürlich ebenfalls die Möglichkeit von Kursgewinnen. Behalten Sie die Papiere allerdings bis zur Fälligkeit, können Sie immer eine hundertprozentige Rückzahlung des Nennwertes verbuchen.

Bei der Zinsvergütung bieten Sparschuldverschreibungen zum Teil die gleichen Varianten wie Sparbriefe. Sie haben also grundsätzlich wieder die Wahl zwischen einer normalverzinslichen, einer ab- sowie einer aufgezinsten Variante, wobei eine normale Verzinsung den Normalfall darstellt.

Die Renditen dieser Papiere liegen in der Regel auf dem Niveau der Verzinsung von Sparbriefen. Als Maßstab für eine Anlageentscheidung sollten aber vor allem die Renditen von börsengängigen festverzinslichen Wertpapieren herangezogen werden, da diese von Ausstattung und Risiko her die eigentliche Alternative sind.

Vor einem Kauf von Sparschuldverschreibungen sollten Sie sich außerdem über die mit Erwerb, Verwahrung und Rückgabe oder Verkauf verbundenen Kosten informieren. Insbesondere bei kleineren Anlagebeträgen können vor allem die für die Kontoführung berechneten Depotgebühren kräftig an der Rendite zehren. Allerdings besteht teilweise auch die Möglichkeit, sich die Schuldverschreibungen als „effektive Stükke" aushändigen zu lassen. Sie müssen dann für die Verwahrung der Papiere und die Einlösung der dazugehörigen Zinsscheine selbst sorgen. Außerdem tragen Sie das Verlustrisiko. In diesem Zusammenhang bieten sich als Alternative vor allem die festverzinslichen Anleihen und sonstigen Wertpapiere des Bundes an, da Sie diese völlig kostenlos bei der „Bundesschuldenverwaltung" verwahren lassen können.

2.4 Sondersparverträge mit einmaliger Einzahlung

Einige Banken und Sparkassen bieten die bereits ausführlich erläuterten Sondersparverträge auch für Einmalzahlungen an. Statt monatlicher Raten leisten Sie dann zum Vertragsbeginn eine größere Einzahlung von meist mindestens 1.000, 5.000 oder 10.000 DM, unterliegen aber ansonsten den gleichen Vertragsbedingungen. Die Höhe der Verzinsung richtet sich vor allem nach der Dauer der Laufzeit. Ihre Zinserträge ergeben sich entweder wieder aus einer Kombination von festem oder variablem Grundzins mit einem laufzeitabhängigen Bonus oder einem mit zunehmender Laufzeit steigenden Aufschlag auf die Grundverzinsung.

gleiche Bedingungen wie bei Sondersparverträgen mit Ratenzahlung

Die Laufzeiten der Verträge bewegen sich bei einigen Angeboten im Bereich von einem Jahr bis zu sechs Jahren, bei anderen allerdings auch zwischen acht und 25 Jahren. Wichtig ist es also wiederum, sich vor Vertragsabschluß über Möglichkeiten und Konsequenzen eines vorzeitigen Ausstieges eingehend zu informieren. Es kann Ihnen ansonsten nämlich vor allem bei den längerfristigen Angeboten passieren, daß Sie für die nächsten sieben oder acht Jahre nicht mehr oder nur mit größeren Einbußen an Ihr Geld herankommen. Da solche langfristigen Varianten außerdem in der Regel nicht mit der Rendite von vergleichbaren, jederzeit verkäuflichen festverzinslichen Wertpapieren konkurrieren können, sollten Sie diese Verträge besser meiden. Um genau zu wissen, woran Sie bei verschiedenen Angeboten sind, können Sie auch bei einer geplanten Einmalanlage in Bonussparverträge den Kreditinstituten wieder die in der Checkliste auf Seite 32 aufgeführten Fragen stellen.

Flexibler als die langfristigen Verträge sind vereinzelt angebotene Anlageformen, die bei Laufzeiten zwischen einem Jahr und sieben Jahren die Einzahlung einer bestimmten Mindestsumme auf ein spezielles Sparkonto vorsehen. Damit verbunden ist oftmals die Ausstellung eines Sparbuches. Verfügungen über Ihr Geld sind im Rahmen der gesetzlichen Kündigungsfrist möglich. Solange Ihr Kontostand den geforderten Mindestbetrag von meist 1.000 oder 5.000 DM nicht unterschreitet, erhalten Sie dann den Vertragszins, der zum Teil mit zunehmender Laufzeit steigt. Unterschreiten Sie die geforderte Mindestsumme, wird die Verzinsung auf den normalen Zins für Spareinlagen mit gesetzlicher Kündigungsfrist umgestellt. Wichtig ist hierbei, vorab zu klären, ob die Verzinsung rückwirkend für die bisherige Gesamtlaufzeit oder nur zukünftig niedriger ausfällt.

2.5 Sparzertifikate und sonstige Festzinssparverträge

Unter den verschiedensten Produktbezeichnungen wie etwa „Sparzertifikat“ oder „Sparkassenzertifikat“, „Festzinssparen“ oder „Zuwachssparen“ bieten fast alle Kreditinstitute ihren Kunden die Möglichkeit, größere Geldbeträge nicht nur in Festgeldern oder Sparbriefen festverzinslich anzulegen. Häufig dienen diese Angebote mit Laufzeiten von sechs Monaten bis zu drei Jahren zur Überbrückung der zwischen Festgeldern und längerfristigen Sparbriefen bestehenden Lücke. Gleichzeitig sind sie eine Alternative zur wenig lukrativen Vereinbarung einer längeren Kündigungsfrist beim Sparbuch. Je nach Laufzeit liegen die Zinssätze zwischen denen von Sparbüchern und langfristigen Sparbriefen.

Die erforderlichen Mindestanlagebeträge bewegen sich wieder je nach Anbieter im Bereich von 1.000 bis 10.000 DM. Häufig bringen größere

Summen auch bessere Zinserträge. So geben einige Banken und Sparkassen bereits von vornherein unterschiedliche Konditionen für Anlagebeträge von zum Beispiel „über" und „unter 10.000 DM" an. In bezug auf die Verzinsung finden Sie hauptsächlich zwei grundlegende Modelle: einen über die gesamte Laufzeit festen gleichbleibenden Zinssatz und eine garantierte steigende Verzinsung, wie sie zum Beispiel auch Bundesschatzbriefe bieten. Außerdem haben Sie teilweise wie bei Sparbriefen die Wahl zwischen einer normalverzinsten Variante mit regelmäßiger Zinsausschüttung und einer aufgezinsten Variante, bei der die auf den Nennwert anfallenden Zinsen angesammelt und mitverzinst werden.

unterschiedliche Kündigungsregelungen

Sehr unterschiedlich fallen bei den einzelnen Anlageprodukten die Kündigungsregelungen aus. Während Sie bei einigen Verträgen jederzeit unter Berücksichtigung der gesetzlichen Kündigungsfrist von drei Monaten kündigen können, gibt es bei anderen Angeboten keinerlei Ausstiegsmöglichkeit. Einen Mittelweg gehen einige Banken und Sparkassen, indem sie nach Ablauf einer gewissen Sperrfrist eine Kündigung ermöglichen. Ein Jahr Mindestanlagedauer müssen Sie aber auch in solchen Fällen einkalkulieren. Vorab sollten Sie außerdem wieder die Frage nach den Auswirkungen der Kündigung auf Ihre Zinserträge klären.

2.6 Wertpapieranlagen

Unter den Begriff „Wertpapiere" läßt sich eine Vielzahl verschiedener Papiere einordnen. Hierzu gehören auch Schecks, Wechsel und Hypothekenbriefe. Da es in diesem Buch aber nun einmal darum geht, wie Sie Ihr Geld günstig für sich arbeiten lassen können, soll in den folgenden Kapiteln von Wertpapieren nur im Sinne von Papieren gesprochen werden, die zur Anlage bestimmter Geldbeträge dienen.

In Bänkerkreisen spricht man im Zusammenhang mit Wertpapieren sehr häufig von „Effekten". Diese Bezeichnung steht dabei als Oberbegriff für sämtliche Wertpapiere, die an Börsen gehandelt werden können. Ihre besondere Eigenschaft besteht darin, daß sie „vertretbar" sind. Das heißt, ein Wertpapier kann gegen ein anderes gleichartiges Papier ausgetauscht werden, ohne daß Ihnen dadurch ein Vorteil oder Nachteil entsteht. Sie können also beispielsweise Aktien des gleichen Unternehmens gegeneinander tauschen, wie Sie einen Hundertmarkschein gegen einen anderen tauschen. Diese Eigenschaft der Effekten vereinfacht natürlich den Handel und die Verwahrung von Wertpapieren sehr. In der Regel findet heutzutage der Handel mit Wertpapieren aber ohnehin wie im bargeldlosen Zahlungsverkehr nur noch durch Umbuchungen auf Konten statt, ohne daß einzelne Wertpapierurkunden tatsächlich weitergegeben werden. Einzelne Urkunden – im Bank- und Börsenchinesisch als „effektive Stükke" bezeichnet – erhalten Sie nur noch auf ausdrücklichen Wunsch ausgehändigt.

i. d. R. keine Aushändigung von Wertpapierurkunden

Nach der Wertpapierstatistik der Deutschen Bundesbank werden Effekten in festverzinsliche Wertpapiere, Aktien und Anteile an Kapitalanlagegesellschaften (Investmentanteile) eingeteilt. Daran soll sich auch die Gliederung der folgenden Kapitel orientieren.

2.6.1 Festverzinsliche Wertpapiere

2.6.1.1 Anleihen und Schuldverschreibungen

Die größte Gruppe der festverzinslichen Wertpapiere bilden Anleihen und Schuldverschreibungen der verschiedensten Ausgeber. Unabhängig davon, ob ein solches Papier unter der Bezeichnung „Anleihe", „Schuldverschreibung" oder „Obligation" gehandelt wird, verbrieft es dem Inhaber grundsätzlich die gleichen Rechte. Durch den Erwerb einer Schuldverschreibung werden Sie zum Gläubiger des Ausgebers der Papiere, weshalb man hierbei auch von „Gläubigerpapieren" spricht. Im Prinzip gewähren Sie als Käufer dem Aussteller ein Darlehen, das – da kein normaler Darlehensvertrag zustande kommt – durch die Schuldverschreibung verbrieft wird. Als Inhaber des Papieres besitzen Sie einen Anspruch sowohl auf die Rückzahlung Ihres Anlagebetrages als auch auf eine im Normalfall feste laufende Verzinsung.

Anleihekauf = Darlehen an Ausgeber

Aussteller von Anleihen und Schuldverschreibungen

Die Aussteller von Anleihen und Schuldverschreibungen beschaffen sich auf diesem Wege mittel- bis langfristig große Geldsummen, mit denen sie bestimmte Vorhaben finanzieren. Was mit diesen Geldern konkret geschieht, hängt letztlich davon ab, um welche Art von Aussteller – in der Fachsprache spricht man vom „Emittenten" – es sich handelt. Sehr häufig nimmt die Öffentliche Hand diese Finanzierungsquelle in Anspruch. Sowohl die Bundesrepublik, die Bundesländer und einige Kommunen als auch Bundespost und Bundesbahn beschaffen sich durch die Ausgabe von Anleihen Fremdgelder, und zwar meist, um bestehende Löcher im Etat zu stopfen. Schuldverschreibungen dieser Emittenten werden auch als „öffentliche Anleihen" bezeichnet. Eine Besonderheit öffentlicher Anleihen besteht darin, daß Sie hier nicht die Möglichkeit haben, sich die Wertpapierurkunde aushändigen zu lassen. Ihre Forderung gegenüber dem Staat wird hier durch eine entsprechende Eintragung im Bundesschuldbuch, einem öffentlichen Register, erfaßt. Für Sie hat diese Art der Abwicklung keinerlei Nachteile. Auch solche „Wertrechte" können jederzeit wie normale Effekten gehandelt werden.

Kreditinstitute finanzieren durch die Ausgabe von Schuldverschreibungen einen großen Teil ihres mittel- und langfristigen Kreditgeschäftes. Die Realkreditinstitute, das sind vor allem private Hypothekenbanken und die öffentlich-rechtlichen Landesbanken, sind sehr stark auf diese Refinanzierungsquelle angewiesen, da sie kein Spareinlagengeschäft betreiben. Die Schuldverschreibungen dieser Ausgebergruppe werden als „Pfandbriefe" und „Kommunalobligationen" bezeichnet. Sie nehmen auf dem Markt für festverzinsliche Werte vom Kapitalaufkommen her die wichtigste Stellung ein. Die durch die Ausgabe von Pfandbriefen bei den Hypothekenbanken hereingeholten Gelder dienen zur Finanzierung erstrangig abgesicherter Hypothekendarlehen von Häuslebauern. Mit dem Gegenwert der Kommunalobligationen werden vor allem Kredite an öffentliche Schuldner finanziert, die meist Mittel zur Durchführung größerer Bauvorhaben benötigen.

Auch einzelne Banken und große Sparkassen geben Schuldverschreibungen bzw. Obligationen heraus. Allerdings handelt es sich dabei oft um Papiere, die nicht an der Börse gehandelt werden, sondern lediglich zu einem jeweiligen Hauskurs zurückgegeben werden können.

Die Emission börsengängiger Bankschuldverschreibungen bleibt eher den großen Zentralkreditinstituten der jeweiligen Bankengruppen vorbehalten. Aktiv sind hier vor allem die Landesbanken/Girozentralen des Sparkassenverbundes sowie die genossenschaftlichen Zentralbanken. Außerdem betätigen sich noch einige Kreditinstitute mit Sonderaufgaben auf diesem Gebiet – zum Beispiel die Kreditanstalt für Wiederaufbau, die unter anderem für die Gewährung von vergünstigten

Existenzgründungsdarlehen und die Kreditvergabe an Entwicklungsländer zuständig ist.

Neben öffentlichen Anleihen und Schuldverschreibungen der Kreditinstitute können Sie auf dem Markt für festverzinsliche Wertpapiere – dem Rentenmarkt – auch Schuldverschreibungen von Unternehmen kaufen. Vor allem sehr große und namhafte Unternehmen aus Industrie, Handel und Verkehr beschaffen sich so das für langfristige Investitionen notwendige Kapital. Auch wenn es sich bei den Emittenten nicht ausschließlich um Industrieunternehmen handelt, werden die Schuldverschreibungen dennoch als „Industrieobligationen" bezeichnet.

Der Kreis der Aussteller von Anleihen und Schuldverschreibungen ist nicht nur auf deutsche Kreditinstitute und Unternehmen oder den Staat begrenzt, auch ausländische Emittenten können sich von deutschen Anlegern Geld beschaffen. So wird am deutschen Rentenmarkt eine ganze Reihe ausländischer Anleihen gehandelt. Herausgeber sind vor allem fremde Staaten, ausländische Banken und Unternehmen. Unterschiedlich ist die Ausstattung dieser Wertpapiere. So finden Sie zum Beispiel sowohl Papiere, die in der Währung des jeweiligen Landes gehandelt werden, als auch Anleihen, die zwar einen ausländischen Aussteller haben, aber in DM-Beträgen ausgegeben werden. Im letztgenannten Fall spricht man von „DM-Auslandsanleihen", bei Ausstellung der Anleihe in einer fremden Währung von einer „Währungsanleihe". Bei ihrer Neuausgabe werden diese Papiere meist von einem oder mehreren deutschen Kreditinstituten verkauft, die der Aussteller mit dieser Aufgabe betraut.

Verlauf einer Anlage in Schuldverschreibungen

Zum Kauf von Schuldverschreibungen müssen Sie sich fast immer mit einer Bank oder Sparkasse in Verbindung setzen. Lediglich die öffentlichen Papiere können Sie auch bei den Zweigstellen der Deutschen Bundesbank, den Landeszentralbanken, direkt erwerben. Diese finden Sie in jeder größeren Stadt. Schauen Sie einfach ins Telefonbuch.

Bei neu aufgelegten Anleihen verkauft Ihnen Ihre Bank die gewünschten Papiere entweder direkt aus dem eigenen Kontingent, oder sie besorgt sie von einem mit der Ausgabe beauftragten Kreditinstitut. Wird die Anleihe bereits an der Börse gehandelt, müssen die Wertpapiere dort gekauft werden. Dies hat allerdings den Nachteil, daß Ihnen die mit einem Börsengeschäft verbundenen Spesen und Provisionen berechnet werden. Der Kauf bei Neuausgabe der Anleihe ist dagegen in der Regel kostenfrei.

Um stolzer Besitzer oder stolze Besitzerin einer neu aufgelegten Anleihe zu werden, müssen Sie seit dem 1. Januar 1993 mindestens 1.000 DM mitbringen. Vor diesem Stichtag gaben die öffentlichen Herausgeber Bund, Bahn und Post ihre Schuldverschreibungen schon für einen Mindestanlagebetrag von 100 DM ab. Jetzt bekommen Sie in der „Ministückelung" nur noch die im Handel befindlichen vor 1993 aufgelegten Anleihen, deren Ausgabebedingungen natürlich nicht nachträglich geändert werden. Bei den Papieren anderer Emittenten sind bereits in der Vergangenheit Mindestanlagebeträge von 1.000 DM oder mehr üblich gewesen. Zum Teil kann es Ihnen unabhängig von der Stükkelung aber auch passieren, daß Kreditinstitute grundsätzlich nicht bereit sind, Ihnen unterhalb bestimmter Beträge Papiere zu beschaffen, weil angeblich der Aufwand zu hoch sei. Geschieht dies bei öffentlichen Papieren, sollten Sie sich bei der Deutschen Bundesbank bzw. einer Landeszentralbank beschweren und auf Abwicklung des Geschäftes bestehen.

Die Laufzeit von Anleihen beträgt in der Regel zehn Jahre. Vereinzelt werden aber auch längere oder kürzere Laufzeiten angeboten. Nach Ablauf der Anlagedauer erhalten Sie den eingezahlten Nennwert Ihrer Schuldverschreibungen zu 100 % zurück. Dabei erfolgt die Gutschrift in der Regel auf ein von Ihnen vorher angegebenes Konto. Der Fälligkeitstermin steht meist von vornherein fest. Nur in Sonderfällen , den sogenannten Tilgungsanleihen, erfolgt die Rückzahlung des gesamten Anleihevolumens schrittweise ab einem bestimmten Termin. Wann genau Sie an Ihr Geld kommen, entscheidet dann zum Beispiel das Los. Um Ihr Erspartes müssen Sie deshalb aber nicht fürchten.

Wird Ihnen die Zeit zu lang, können Sie jederzeit auch vorher aus der Anleihe aussteigen, indem Sie sie über Ihr Kreditinstitut an der Börse verkaufen. Allerdings erhalten Sie dann nicht automatisch den Nennwert von 100 %, sondern den aktuellen Tageskurs des Wertpapieres zurück, was bei ungünstigen Umständen zu Verlusten gegenüber dem eingezahlten Nennwert führen kann.

Börsenverkauf zum Kurswert jederzeit möglich

Verwahrung der Wertpapiere

Im Zusammenhang mit einem Ankauf von Schuldverschreibungen stellt sich immer die Frage, wo die Wertpapiere während der Laufzeit aufbewahrt werden sollen. In der Regel wird Ihnen Ihre Bank oder Sparkasse vorschlagen, ein spezielles Wertpapierkonto, ein „Depotkonto", zu eröffnen. Die gekauften Papiere werden dort wie bei einem Girokonto einfach als Buchungsposten gutgeschrieben. Die Wertpapierurkunden landen – falls nichts anderes vereinbart wird – im Tresor einer Wertpapiersammelbank. Neben der Kaufabrechnung erhalten Sie als Kaufbestätigung eine entsprechende Kontomitteilung. In der Folgezeit bekommen Sie jeweils zum Jahresende einen Kontoauszug, der Ihnen den aktuellen Kontostand anzeigt. Haben Sie einmal ein Depotkonto eröffnet, können Sie Ihre gesamten Wertpapiergeschäfte darüber abwickeln. Die Einlösung der fälligen Zinsscheine übernimmt als Serviceleistung die kontoführende Bank. Die Gutschrift der Erträge erfolgt automatisch auf ein von Ihnen vorher zu bestimmendes Konto, meist ein Spar- oder Girokonto.

Die Zufriedenheit der Kundschaft reicht den Kreditinstituten als Lohn für die Depotkontoführung nicht aus. Man belastet Ihnen meist jährlich Depotgebühren, die sich grundsätzlich nach dem Gegenwert der auf dem jeweiligen Konto verbuchten Papiere berechnen. Bei kleineren Summen wird heutzutage aber auch vielfach eine teilweise recht saftige Mindestgebühr belastet, die kräftig an den Zinserträgen zehren kann.

Wollen Sie anstelle eines Kontoauszuges lieber etwas Konkreteres in der Hand haben, können Sie sich – mit der generellen Ausnahme öffentlicher Wertrechtsanleihen – auch die Wertpapierurkunden ausliefern lassen. Die Auslieferung „effektiver Stücke" wird auch als „Tafelgeschäft" bezeichnet, da die Eigentumsübertragung direkt über den Banktresen (die „Tafel") erfolgt. Sie erhalten dann zum einen die Wertpapierurkunde selbst und zum anderen einen Bogen mit den auch als „Kupons" bezeichneten Zinsscheinen für die jeweiligen Jahre ausgehändigt. Das Verlustrisiko für die Wertpapiere tragen Sie dabei in der Folgezeit selbst. Das Kopfkissen sollte deshalb wohl besser nicht als Aufbewahrungsort dienen, angebrachter wären schon ein Privatsafe oder der Banktresor. Außerdem müssen Sie sich bei dieser Verwahrungsart darum kümmern, daß die Zinsscheine rechtzeitig eingelöst werden. Hier gilt eine vierjährige Verjährungsfrist. Bei Vorlage der Zinsscheine am Bankschalter werden Ihnen die Erträge abzüglich eines Zinsabschlages von 35 % bar auf die Hand ausgezahlt. Zwar lassen sich durch die eigenständige Verwahrung Ihrer Wertpapiere die Depotkosten sparen, die damit verbundenen Risiken sind aber nicht zu unterschätzen. Außerdem müssen Sie bei der Auslieferung effektiver Stücke mit zusätzlichen Kosten bzw. einer etwas schlechteren Rendite rechnen.

Eine echte Alternative zur Führung eines gebührenpflichtigen Depotkontos bei einem Kreditinstitut bietet sich Ihnen allerdings, wenn Sie den Staat zu Ihrem Schuldner machen. Sämtliche öffentlichen Anleihen von Bund, Bahn und Post können direkt bei der für die Verwaltung der Staatsschulden zuständigen Bundesschuldenverwaltung deponiert werden. Sie müssen hierzu lediglich ein „Schuldbuchkonto" direkt bei der Bundesschuldenverwaltung eröffnen. Die Kontoführung unterscheidet sich nicht von der Führung eines normalen Bankdepots. Sie erhalten ebenfalls eine jährliche Mitteilung über den Kontostand sowie entsprechende Bestätigungen beim Kauf oder Verkauf von Papieren. Die Zinserträge werden automatisch überwiesen. Allenfalls bei einem Wertpapierverkauf dauert die Gutschrift des Gegenwertes aus

Abwicklungsgründen oftmals etwas länger als bei Einschaltung eines Kreditinstitutes.

Ein wesentlicher Unterschied gegenüber den Wertpapierkonten von Banken und Sparkassen besteht allerdings in der Konditionengestaltung – die Führung eines Schuldbuchkontos ist nämlich völlig kostenlos. Da nach den Erfahrungen der Verbraucher-Zentralen viele Anlageberater in Kreditinstituten diese absolut kostengünstigste Verwahrungsart für öffentliche Anleihen und andere Bundeswertpapiere erst gar nicht erwähnen, weil es für die Bank dabei nichts zu verdienen gibt, sollten Sie diesen Punkt konkret ansprechen. Jede Bank oder Sparkasse verfügt über entsprechende Antragsformulare und ist sogar verpflichtet, Ihren Antrag auf die Eröffnung eines Schuldbuchkontos entgegenzunehmen und an die Bundesschuldenverwaltung weiterzuleiten. Versucht man, Ihnen Ihren Wunsch auszureden, sollten Sie dies einfach ignorieren. Häufige Argumente wie „das geht nur bei größeren Anlagebeträgen" zeigen nur das mangelnde Fachwissen des oder der Angestellten. Verweigert man Ihnen allerdings trotz entschiedenen Nachhakens die Kontoeröffnung, sollten Sie sich direkt bei der Bundesschuldenverwaltung oder der ortsansässigen Landeszentralbank beschweren. Bei letzterer können Sie außerdem auch ohne Ärger ein Schuldbuchkonto eröffnen.

Bundesschulden-verwaltung: kostenlose Verwahrung öff. Anleihen

Davor, daß Sie durch die Eröffnung eines Kontos direkt bei einer staatlichen Verwaltungsstelle zum „gläsernen Kunden" werden, brauchen Sie sich nicht zu fürchten. Für Schuldbuchkonten gilt das Schuldbuchgeheimnis, das Ihnen gegenüber den Finanzämtern und anderen staatlichen Stellen die gleiche Verschwiegenheit wie das Bankgeheimnis der Kreditinstitute garantiert.

Nähere Informationen zur Bundesschuldenverwaltung und deren Dienstleistungen erhalten Sie auch direkt bei dieser Stelle. Die Adresse der Bundesschuldenverwaltung lautet: Bundesschuldenverwaltung, Postfach 1245, 61282 Bad Homburg v. d. Höhe, Tel. 06172/1080.

Verschiedene Verzinsungsvarianten

Die meisten Anleihen und Schuldverschreibungen werden mit einem über die gesamte Laufzeit festen Zinssatz ausgestattet. Allerdings können Sie mittlerweile auch Papiere mit einer variablen Verzinsung erwerben. Im Fachjargon spricht man von „Floating Rate Notes" oder kurz FRNs. Mehr zu dieser Sonderform finden Sie im Abschnitt 2.6.4.1.

Anleihen von Bund, Bahn und Post gibt es bisher nur mit einer laufenden Verzinsung, bei der die Zinserträge zu bestimmten Terminen jährlich nachträglich Ihrem Konto gutgeschrieben werden. Als Alternative können Sie bei anderen Emittenten aber Papiere erwerben, die eine Zinsansammlung vorsehen. Solche Anleihen werden als „Null-Kupon-Anleihen" oder als „Zero-Bonds" bezeichnet. Wie bei den Sparbriefen der Kreditinstitute haben Sie grundsätzlich die Wahl zwischen einer abgezinsten und einer aufgezinsten Variante. Am häufigsten finden Sie allerdings abgezinste Anleihen, deren Ausgabekurs niedriger als der eigentliche Nennwert liegt. Die angesammelten Zinsen und Zinseszinsen garantieren dann bei Fälligkeit die Auszahlung des vollen Nennbetrages. Interessant sind solche Papiere wiederum für denjenigen, der seine Zinseinnahmen aus steuerlichen Gründen in die Zukunft verlegen will.

Erwerben Sie Anleihen während der Laufzeit, müssen Sie dem Vorbesitzer einen Zinsausgleich zahlen, die Stückzinsen. Dies wird notwendig, weil Sie mit dem Kauf eines Papieres neben der Forderung auf Rückzahlung des Anlagebetrages gleichzeitig auch die aufgelaufenen Zinsansprüche übernehmen. Da die Zinsen in der Regel jährlich nachträglich vergütet werden, erhält der jeweilige Inhaber des Kupons zum Zahlungszeitpunkt den vollen Zinsbetrag, unabhängig davon, ob er tatsächlich während des ganzen Jahres der Inhaber war. So überweist Ihnen der Emittent die gesamten Jahreszinsen, selbst wenn Sie die Anleihe nur einen Monat vor dem Zinstermin ge-

Beispiel

Angenommen, Sie kaufen am 1. August 1993 für 10.000 DM Bundesanleihen mit einer Verzinsung von 7,5 % p. a. Der Zinstermin ist jeweils am 1. Dezember eines Jahres. Da Sie am 1. Dezember 1993 eine Gutschrift über den vollen Jahreszins von 750 DM erhalten werden, obwohl Sie tatsächlich nur vier Monate Eigentümer der Papiere waren, müssen Sie an den Vorbesitzer Stückzinsen für acht Monate oder 240 Tage zahlen. Dieser Zeitraum entspricht einem Zinsanteil von 500 DM. Um diesen Ausgleichsbetrag erhöht sich für Sie zunächst der Kaufpreis der Papiere. Am 1.12. werden Ihnen dann volle 750 DM Zinsertrag gutgeschrieben. Unter dem Strich erhalten Sie so letztlich nur die Ihnen tatsächlich zustehenden Zinserträge für vier Monate in Höhe von 250 DM.

Zinsausgleich durch Stückzinsen

kauft haben. Der Gerechtigkeit halber müssen Sie dem Vorbesitzer den entstehenden Zinsverlust durch die Zahlung von Stückzinsen ausgleichen. Dies geschieht im Rahmen der Abrechnung über den Wertpapierkauf. Hier werden Ihnen die taggenau berechneten Stückzinsen auf den Kaufpreis aufgeschlagen.

Rendite von Anleihen und Schuldverschreibungen

Die Rendite oder Effektivverzinsung einer festverzinsten Anleihe hängt in erster Linie von dem in den Anleihebedingungen festgelegten Zinssatz ab. Kaufen Sie das Wertpapier am ersten Tag der Laufzeit zu 100 % des Nennwertes und behalten Sie es bis zur Endfälligkeit, entspricht der Zinssatz der tatsächlichen Rendite. Abweichungen hiervon gibt es immer dann, wenn Sie Schuldverschreibungen zu einem von 100 % abweichenden Kurs kaufen. Das ist in der Regel der Fall, wenn Sie eine Anleihe erwerben, die nicht neu ausgegeben, sondern bereits einige Zeit auf dem Rentenmarkt gehandelt wird. Liegt der Ankaufskurs über 100 %, müssen Sie zur Anschaffung der Papiere mehr aufwenden, als Sie bei Fälligkeit zurückbekommen. Als Folge sinkt die Rendite unter den Wert des laufenden Zinssatzes.

Ankaufskurs beeinflußt Rendite

Umgekehrt bedeutet der Erwerb einer Schuldverschreibung zu einem niedrigeren Kurs als 100 % natürlich einen Zusatzgewinn, denn bei Fälligkeit fällt der Gutschriftsbetrag höher aus als der ursprüngliche Kaufpreis. Hierdurch steigt die Rendite über den Wert des Anleihezinssatzes.

Sind die Kursschwankungen kurz nach Auflage einer Anleihe in der Regel noch sehr gering, kann sich das bei einer späteren Verschiebung des Marktzinsniveaus schnell ändern. Die Rendite des Papiers wird für spätere Käufer dann über den Kurs an die jeweilige Zinssituation angepaßt. Je größer der Unterschied zwischen aktuellem Marktzins und Anleiheverzinsung ausfällt, desto stärker verändert sich der Kurs der Anleihe. Die Höhe der Rendite wird dann sehr stark vom Ankaufskurs beeinflußt.

Errechnen läßt sich die Rendite deshalb auch mit einer Formel, die als Einflußgrößen sowohl den Anleihezins als auch den Ankaufskurs und die Restlaufzeit erfaßt. Sie lautet folgendermaßen:

Anleiherendite =

$$\frac{\text{Anleihezinssatz x 100 \%}}{\text{Ankaufskurs}} +/- \frac{\text{Rückzahlungsgewinn/-verlust x 100 \%}}{\text{Restlaufzeit x Ankaufskurs}}$$

Beachten Sie, daß bei einem über 100 % liegenden Ankaufskurs anstatt eines „+“ ein „–“ in die Formel eingesetzt werden muß, da ein Kursverlust anfällt, der die Rendite unter den Anleihezins drückt.

Beispiel

Erwerben Sie eine mit einem Zinssatz von 7 % ausgestattete Anleihe mit einer Restlaufzeit von fünf Jahren zu einem Kurs von 98 %, errechnet sich die Rendite wie folgt:

$$\frac{7\text{ \% x }100\text{ \%}}{98\text{ \%}} + \frac{2\text{ \% x }100\text{ \%}}{5\text{ Jahre x }98\text{ \%}} = 7{,}55\text{ \% p. a.}$$

Durch die Tatsache, daß Sie neben der laufenden Verzinsung von 7 % jährlich in fünf Jahren einen zusätzlichen Kursgewinn von insgesamt 2 % erzielen, steigt die Rendite der Anleihe also auf 7,55 % p. a.

Umgekehrt sinkt dagegen die Rendite unter den Anleihezinssatz, wenn der Ankaufskurs über 100 % liegt. Beträgt der Kaufkurs 102 %, dann liegt die jährliche Rendite nur noch bei 6,47 %. Die Berechnungsformel lautet:

$$\frac{7\text{ \% x }100\text{ \%}}{102\text{ \%}} - \frac{2\text{ \% x }100\text{ \%}}{5\text{ Jahre x }102\text{ \%}} = 6{,}47\text{ \% p. a.}$$

Eine weitere Einflußgröße ist die Restlaufzeit der Anleihe. Je näher der Rückzahlungstermin rückt, desto stärker wirken sich gleiche Kursunterschiede auf die Rendite aus.

Beispiel

Beträgt etwa die Restlaufzeit im angeführten ersten Beispiel nur noch zwei anstatt fünf Jahre, führt der Ankaufskurs von 98 % dazu, daß die Rendite von 7,55 % p. a. auf 8,16 % p. a. steigt.

Komplizierter wird die Renditeberechnung, wenn – was wohl in der Regel der Fall ist – ein Kauf zwischen zwei Zinszahlungsterminen erfolgt. Dann muß die Restlaufzeit auf den Tag genau ermittelt und in einen Jahreswert umgerechnet werden.

Die gezeigte Renditeformel erlaubt leider nur eine etwas vereinfachte Renditeberechnung. Viele Kreditinstitute und die Kursblätter großer Tageszeitungen weisen dagegen eine von den Ergebnissen der erläuterten Formel etwas abweichende Rendite aus. Diese Angaben basieren in der Regel auf den Ergebnissen einer komplizierten finanzmathematischen Renditeberechnung, die zum Beispiel auch die Zeitpunkte berücksichtigt, zu denen die Zins- und Kursgewinne der Wertpapieranlage anfallen. Diese Berechnung ist mit einem normalen Taschenrechner kaum zu bewältigen.

Als Nichtmathematiker müssen Sie nun aber nicht verzweifeln, denn jedes Kreditinstitut muß heute in der Lage sein, Ihnen die genaue Rendite einer Anlage in festverzinslichen Anleihen und Schuldverschreibungen auszurechnen. Häufig wird die Effektivverzinsung bereits automatisch mit der genauen Bezeichnung und dem Kurs eines Papiers über den Computer ausgedruckt. Ansonsten finden Sie die Renditen gemeinsam mit den jeweiligen Tageskursen der Wertpapiere auch täglich in an jedem Kiosk erhältlichen Wirtschaftszeitungen wie etwa dem „Handelsblatt".

Sicherheit einer Anlage in Anleihen und Schuldverschreibungen

Wie sicher das in eine Anleihe, Obligation oder Schuldverschreibung investierte Kapital angelegt ist, hängt letztlich immer von der Zuverlässigkeit des Ausstellers der Wertpapiere ab. Wie bereits erwähnt, werden Sie mit dem Erwerb von Anleihen zum Gläubiger des Ausstellers. Wie jeder ordentliche Kreditgeber sollten Sie sich deshalb vorher Ihren Schuldner genau anschauen.

Obwohl die Hiobsbotschaften über die steigende Staatsverschuldung nicht abbrechen, gilt doch der Bund nach wie vor als ein sicherer Kandidat für die Ausgabe von Anleihen. Immerhin stehen das Staatsvermögen und unser aller Steueraufkommen als Sicherheit für die Zahlung der Zinsen und die Rückzahlung der Anleihe bei Fälligkeit. Daß dies nicht gerade wenig ist, erfahren Sie ja mit jeder Lohn- und Gehaltsabrechnung am eigenen Leib. Eine Anlage in öffentlichen Anleihen, auch denen der Bundesländer sowie von Bundespost und Bundesbahn, kann deshalb als sehr sicher bezeichnet werden. Hier gehen Sie kein größeres Risiko als bei einer Sparbuchanlage ein. Dies gilt natürlich immer unter der Voraussetzung, daß Sie die Papiere nicht vor Fälligkeit verkaufen und somit ein Kursrisiko ausschließen.

Pfandbriefe und Kommunalobligationen von Kreditinstituten werden einerseits durch den Emittenten selbst und andererseits durch die Sicherung der mit diesen Mitteln finanzierten Darlehen abgesichert. In der Regel stehen Ihrer Forderung dabei Sicherheiten in Form von Grundpfandrechten an Immobilien gegenüber. Läuft beim Eigenheimbesitzer etwas schief und kann er das von der Bank aufgenommene Darlehen nicht mehr zurückzahlen, kommt das Kreditinstitut immer noch durch die Verwertung des Grundpfandrechtes – einer Hypothek oder Grundschuld – bei der Zwangsversteigerung oder beim Verkauf des Hauses an sein Geld. Dadurch ist dann auch die Rückzahlung Ihrer Forderung gesichert. Zusätzlich haften die Hypotheken- und Landesbanken mit ihrem gesamten Vermögen für Ihre Forderung. Aufgrund dieser weitgehenden Absicherung können Sie als Inhaber von Pfandbriefen oder Kommunalobligationen ebenfalls ruhig schlafen.

öff. Anleihen, Pfandbriefe u. Kommunalobligationen = sichere Anlage

Ähnlich sind die von anderen Banken und großen Sparkassen herausgegebenen Schuldverschreibungen bzw. Obligationen zu werten. Da das deutsche Bankgewerbe traditionell nicht gerade am Hungertuch nagt, besteht auch hier, aus der heutigen Situation gesehen, kein Anlaß zur Sorge um Ihr Geld.

Etwas genauer sollten Sie sich dagegen grundsätzlich die Emittenten von Industrieobligationen ansehen. Die Sicherheit der Papiere hängt hier in erster Linie vom guten Ruf des Unternehmens sowie von dessen Ertragskraft und wirtschaftlicher Lage ab. Häufig werden die Forderungen der Anleihegläubiger zusätzlich durch die Eintragung von Grundpfandrechten am Grundvermögen oder auch durch das gesamte Vermögen des Unternehmens abgesichert. In Gefahr könnte Ihr Geld nur kommen, falls der Emittent zahlungsunfähig würde und Konkurs anmelden müßte. Im schlimmsten Fall könnten Sie dann Ihren Anlagebetrag komplett abschreiben. Da in Deutschland allerdings nur sehr große und namhafte Unternehmen sich auf diesem Wege Geldmittel besorgen, ist dieses Risiko relativ gering, aber nicht völlig ausgeschlossen. Gegenüber der Sicherheit von öffentlichen Anleihen oder Pfandbriefen und Kommunalobligationen müssen Sie deshalb bei Industrieobligationen immer geringe Abstriche machen.

Schwierig wird die Einschätzung des Anlagerisikos vor allem bei ausländischen Emittenten. Hier reicht die Liste der Aussteller von Staaten wie Australien oder Indonesien über zahlreiche internationale Banken bis hin zu Wirtschaftsunternehmen wie McDonald's oder Fiat. Bevor Sie hier einsteigen, sollten Sie sich unbedingt umfassend über die Zuverlässigkeit des jeweiligen Anleiheschuldners informieren. Bei Staaten spielt dabei vor allem die wirtschaftliche und politische Situation eine wich-

tige Rolle, bei Banken und Unternehmen sind wieder Wirtschafts- und Ertragslage entscheidend. Die notwendigen Hintergrundinformationen sollte Ihnen Ihr Kreditinstitut liefern können. Hier erfahren Sie auch, mit welchem „Rating" der Emittent eingestuft wird. Es handelt sich hierbei um eine Art Note, die auf solche Beurteilungen spezialisierte Agenturen für die Zuverlässigkeit – man spricht auch von „Bonität" – des Schuldners vergeben. Kein Kopfzerbrechen müssen Sie sich bei einem Rating mit der Bestnote „AAA" machen, die zum Beispiel der Bundesrepublik international erteilt wird. Um Papiere von Schuldnern, die die schlechteste Note „CCC" erhalten, sollten Sie dagegen lieber einen weiten Bogen machen.

Ein Merkmal für das mit einer bestimmten Schuldverschreibung verbundene Risiko ist häufig auch die Höhe der Rendite. Dabei gilt grundsätzlich: „Je riskanter die Anlage ist, desto höher fällt die Rendite aus" – allerdings immer unter der Voraussetzung, daß nichts schiefläuft!

Daß am Rentenmarkt durchaus nicht immer alles glattgeht, hat in der jüngsten Vergangenheit der Fall des australischen „Bond-Konzerns" gezeigt. Deutsche Anleger, die in der Hoffnung auf überdurchschnittliche Renditen und häufig sogar erst auf Anraten ihrer Bank die Anleihen des Konzerns gekauft hatten, mußten nach dem Zusammenbruch des Unternehmens ihre ersparten Gelder abschreiben.

Neben dem allgemeinen Bonitätsrisiko beinhalten in ausländischer Währung ausgegebene Anleihen zusätzlich ein Währungsrisiko. Was nützt Ihnen letztlich eine gegenüber auf DM lautenden Papieren etwas höhere Rendite, wenn Sie zum Beispiel für eine bei einem Kurs von 2 DM für 10.000 DM gekaufte Schuldverschreibung über einen Nennwert von 5.000 US-Dollar bei Fälligkeit wegen eines auf 1,50 DM gesunkenen Wechselkurses nur 7.500 DM zurückbekommen? Wenn Sie auf Nummer Sicher gehen wollen, sollten Sie deshalb immer nur DM-Anleihen erwerben.

Unabhängig von der Bonität des Emittenten beinhaltet eine Anlage in Anleihen und Schuldverschreibungen immer ein Kursrisiko – das allerdings nur zum Zuge kommt, wenn die Papiere vor Fälligkeit an der Börse verkauft werden. Über den Kurs wird auf dem Rentenmarkt die Rendite der Wertpapiere an die jeweiligen Marktbedingungen angepaßt. Der nominelle Anleihezins bleibt dagegen während der gesamten Laufzeit bei festverzinslichen Papieren gleich. Müssen Sie vorzeitig an Ihr Geld heran, hängt die Tatsache, ob dies für Sie mit Kurs-

steigende Zinsen → Kurse fallen
fallende Zinsen → Kurse steigen

gewinnen oder -verlusten verbunden ist, davon ab, wie sich in der Zwischenzeit das allgemeine Zinsniveau verändert hat. Sind die Zinsen seit dem Ankaufstermin gestiegen, wird dies zu Kurseinbußen gegenüber dem Kaufpreis führen. Andererseits bringt Ihnen ein vorzeitiger Verkauf bei einem im Vergleich zum Ankaufstermin gesunkenen Zinsniveau Kursgewinne. Je stärker sich dabei die Zinssituation verändert hat, desto größer wird die Kursdifferenz.

Noch stärker als bei normalverzinslichen Anleihen und Schuldverschreibungen reagieren die Kurse von abgezinsten Papieren, den sogenannten Zero-Bonds, auf Marktzinsveränderungen. Dies liegt daran, daß sich durch die Einrechnung von Zinsen und Zinseszinsen in den Verkaufskurs ein gewisser „Hebeleffekt" ergibt, der bei Verschiebungen des Zinsniveaus im Vergleich zu normalverzinsten Papieren größere Kursschwankungen nach sich zieht. Bei sinkenden Zinsen ergeben sich so größere Kursgewinnmöglichkeiten, bei steigenden Zinssätzen aber auch stärkere Einbußen.

Kauf am besten in Hochzinsphase

Zusammenfassend läßt sich festhalten, daß Sie unter Renditegesichtspunkten in Zeiten hoher Zinsen mit dem Kauf festverzinslicher Anleihen und Schuldverschreibungen eigentlich nichts falsch machen können. Selbst, wenn Sie voraussichtlich vor der regulären Fälligkeit wieder an Ihr Geld müssen, bringt Ihnen das Vorteile durch zusätzliche Kursgewinne. Genau umgekehrt ist dagegen ein Ankauf während einer Niedrigzinsphase zu beurteilen. Hier sollten Sie sich lieber nach kürzerfristigen Anlageformen zur Überbrükkung der Durststrecke umschauen.

2.6.1.2 Bundeswertpapiere

Neben der Ausgabe von Bundesanleihen besitzt der Finanzminister noch weitere Instrumente, um sich auf dem Kapitalmarkt Geld zu beschaffen. Im Prinzip handelt es sich auch bei diesen Wertpapieren um öffentliche Anleihen. Von der im vorherigen Kapitel beschriebenen Anleiheform unterscheiden sie sich allerdings in ihrer Ausstattung und teilweise auch in der Handelbarkeit.

Bundesobligationen

Am engsten mit einer normalen Bundesanleihe verwandt sind Bundesobligationen. Der wesentliche Unterschied zwischen den beiden Wertpapierformen besteht in der Laufzeit. Während der Bund Bundesanleihen in der Regel erst nach zehn Jahren an die Anleger zurückzahlen muß, beschafft er sich durch Bundesobligationen Mittel mit einer fünfjährigen Laufzeit. Im Gegensatz zu Bundesanleihen, die je nach Bedarf aufgelegt werden, handelt es sich bei Bundesobligationen außerdem um Daueremissionen. Das heißt, Sie können diese Wertpapiere jederzeit als Neuausgabe kaufen. Die Ausgabekonditionen der Bundesobligationen werden dabei jeweils an die aktuelle Marktlage angepaßt. Sind die Veränderungen des Marktzinses gering, wird dies bei gleichbleibendem Nominalzins meist über eine Anpassung des Ausgabekurses nach oben (sinkender Marktzins) oder unten (steigender Marktzins) an die Wertpapierkäufer weitergegeben. Werden größere Eingriffe erforderlich, ändert der Bund den Nominalzins. Man spricht dann von einer neuen „Serie", die auch eine neue Seriennummer erhält.

Ansonsten entsprechen Ausstattung und Ablauf der Bundesobligationen weitgehend denen der Bundesanleihen. Der Mindestanlagebetrag beträgt allerdings nur 100 DM oder ein Vielfaches davon. Die Zinsen werden jährlich überwiesen, und bei Fälligkeit erhalten Sie volle 100 % des Anlagebetrages zurück. Da Bundesobligationen an der Börse gehandelt werden, ist außerdem jederzeit ein vorzeitiger Verkauf möglich, allerdings wieder mit den bereits erläuterten Kursrisiken.

Finanzierungsschätze

Wenig gemeinsam mit Bundesanleihen und Bundesobligationen haben Finanzierungsschätze, die auch nicht mit den Bundesschatzbriefen zu verwechseln sind. Finanzierungsschätze wenden sich an Anleger mit kürzerfristigen Plänen. Sie werden nur in zwei Laufzeitvarianten angeboten, und zwar mit einer einjährigen und einer zweijährigen Anlagedauer. Die Ausgabe erfolgt jeweils zum 20. eines Monats. Erwerben Sie die Papiere zwischen zwei Ausgabeterminen, werden Stückzinsen berechnet. Eine vorzeitige Rückgabe der Finanzierungsschätze während der Laufzeit ist nicht möglich. Ein Verkauf über die Börse kommt ebenfalls nicht in Frage, da Finanzierungsschätze dort nicht gehandelt werden. Bevor Sie sich für diese Form der Bundeswertpapiere entscheiden, müssen Sie deshalb genau prüfen, ob Sie Ihr Geld auch tatsächlich für ein oder zwei Jahre entbehren können.

Ausgegeben werden Finanzierungsschätze nur als Abzinsungspapiere. Sie erhalten also keine laufenden Zinszahlungen, sondern Sie müssen beim Ankauf der Papiere lediglich den abgezinsten Kaufpreis zahlen und erhalten dann zum Fälligkeitstermin den vollen Nennwert gutgeschrieben.

> *Beispiel*
>
> *Beträgt der Zinssatz eines zweijährigen Finanzierungsschatzes 8 % p. a., müssen Sie zum Ankauf von 1.000 DM Nennwert lediglich 857,33 DM einzahlen, um bei Fälligkeit volle 1.000 DM verbuchen zu können.*
>
> *1.000 DM beträgt auch der Mindestnennwert, den Sie als Finanzierungsschatz erwerben können. Höhere Anlagebeträge müssen immer auf „glatte" tausend DM lauten, wobei Ihr echter Kapitaleinsatz durch die Abzinsung natürlich geringer ausfällt.*

Aufgrund ihrer Ausstattung und Verfügbarkeit gleichen Finanzierungsschätze weniger normalen Anleihen, sondern eher langfristigen Festgeldern oder kürzerfristigen Sparbriefen von Kreditinstituten. Mit solchen Angeboten sollten Sie dann auch bei Ihrer Entscheidungsfindung die Konditionen dieser Bundeswertpapiere vergleichen.

Finanzierungsschätze können als absolut sichere Geldanlage bezeichnet werden. Selbst das bei Anleihen vorhandene Kursrisiko besteht nicht, da kein Börsenhandel der Papiere stattfindet. Allerdings bedeutet dies gleichzeitig den Wegfall einer vorzeitigen Verfügungsmöglichkeit.

Bundesschatzbriefe

Die wohl bekanntesten vom Bund herausgegebenen Wertpapiere sind die Bundesschatzbriefe, die in Veröffentlichungen teilweise auch liebevoll als „Bundesschätzchen" bezeichnet werden. Der Finanzminister besorgt sich durch die Ausgabe dieser Papiere von den Käufern Kredite mit Laufzeiten von sechs und sieben Jahren. Als Anleger haben Sie dabei die Wahl zwischen zwei Verzinsungsvarianten, einem als Bundesschatzbrief „Typ A" bezeichneten Wertpapier mit laufen-

Typ A: laufende Verzinsung
Typ B: Zinsansammlung

der Zinsauszahlung und einer als „Typ B" bezeichneten Variante mit Zinsansammlung. Während Ihnen beim Typ A die Zinsen jährlich nachträglich gutgeschrieben werden, erhalten Sie beim Typ B die auf den eingezahlten Nennwert angefallenen Zinsen und Zinseszinsen auf einen Schlag gemeinsam mit dem Anlagebetrag bei Fälligkeit ausgezahlt. Anders als bei den Finanzierungsschätzen müssen Sie beim Schatzbrief Typ B also den vollen Nennwert einzahlen – es handelt sich um ein Aufzinsungspapier.

Unterschiedlich sind bei den angebotenen Varianten heute nur noch die Laufzeiten. Typ A weist eine Laufzeit von sechs Jahren und Typ B von sieben Jahren auf. Die ehemals ebenfalls verschiedenen Mindestanlagebeträge wurden dagegen für beide Typen ab dem 1. Januar 1993 vom Finanzminister einheitlich auf 100 DM festgesetzt.

Während am Mindestanlagebetrag kein Weg vorbeiführt, sind die Laufzeiten von Bundesschatzbriefen nicht absolut bindend. Nur im ersten Laufzeitjahr haben Sie keine Möglichkeit, die angelegten Gelder wieder flüssigzumachen. Sie können die Papiere dann allenfalls beleihen und einen entsprechenden Kredit aufnehmen. Die Sperrfrist wird vom ersten Tag des Verkaufs einer bestimmten „Ausgabe" – so werden die einzelnen Auflagen der Bundesschatzbriefe bezeichnet – an berechnet. Erwerben Sie die Papiere erst einige Wochen nach dem Verkaufsbeginn, verkürzt sich die Sperrfrist entsprechend. Nach deren Ablauf haben Sie jederzeit die Möglichkeit, Ihre Bundesschatzbriefe wieder an die Bundesschuldenverwaltung zurückzugeben oder auch einfach gegen neu ausgegebene Schatzbriefe oder Bundesobligationen einzutauschen. Die einzige Beschränkung besteht darin, daß Sie innerhalb von 30 Zinstagen nur einen Höchstbetrag von 10.000 DM einlösen können. Bei größeren Beträgen müssen Sie deshalb Ihre Schatzbriefe nach und nach zurückgeben.

Um Sie trotz Rückgabemöglichkeit zur Treue gegenüber der Anlageform zu animieren, stattet der Bund die Schatzbriefe mit einem steigenden Zinssatz aus. Dies bedeutet, daß Sie die höchste Rendite nur erhalten, wenn Sie die Papiere bis zur Endfälligkeit behalten. Wie die Zinsausstattung von Bundesschatzbriefen aufgebaut ist, zeigt das Beispiel der Ausgabe ab dem 24. November 1992:

Beispiel

	Zins	*Rendite*	*Typ A*	*Typ B*
1. Jahr	*6,00 %*	*1 Jahr*	*6,00 %*	*6,00 %*
2. Jahr	*7,00 %*	*2 Jahre*	*6,48 %*	*6,50 %*
3. Jahr	*7,50 %*	*3 Jahre*	*6,80 %*	*6,83 %*
4. Jahr	*7,75 %*	*4 Jahre*	*7,01 %*	*7,06 %*
5. Jahr	*8,00 %*	*5 Jahre*	*7,18 %*	*7,25 %*
6. Jahr	*8,00 %*	*6 Jahre*	*7,30 %*	*7,37 %*
7. Jahr	*8,00 %*	*7 Jahre*	*—*	*7,46 %*

Wie Sie sehen, sind die jährlich gezahlten Nominalzinssätze bei Typ A und B gleich. Auch die bei einem Verkauf nach ein bis sechs Jahren erwirtschafteten Renditen unterscheiden sich kaum. Typ B hat hierbei aufgrund der Zinsansammlung die Nase lediglich um einige Hundertstel-Prozent vorn. Die höhere Endrendite erzielen ebenfalls Schatzbriefe des Typs B , was allerdings vor allem an der gegenüber Typ A um ein Jahr längeren Laufzeit liegt.

Die minimalen Renditeunterschiede sollten bei der Wahl einer bestimmten Schatzbriefvariante nicht die entscheidende Rolle spielen. Wichtig ist vielmehr, welche Zinszahlungsweise Ihnen steuerlich die günstigsten Bedingungen bietet. Hierbei empfiehlt sich der aufgezinste Typ B wiederum für denjenigen, der seine Zinserträge für einige Jahre aufschieben möchte, weil er dann geringere Steuerbelastungen erwartet. Nach der ab dem 1. Januar 1993 geltenden Erhöhung der Steuerfreibeträge dürfte es jedoch in den allermeisten Fällen am sinnvollsten sein, sich für Typ A zu entscheiden. Hier können Sie die jährlichen Zinszahlungen unter Ausnutzung der Freibeträge völlig steuerfrei kassieren – vorausgesetzt natürlich, daß Ihre gesamten Kapitaleinkünfte den Freibetrag nicht überschreiten.

Unterschiedliche Besteuerung beachten!

Als Konkurrenz zu Bundesschatzbriefen haben in den letzten Jahren die Kreditinstitute vor allem die bereits angesprochenen Sondersparverträge entwickelt. Insbesondere die Varianten mit steigenden Zinssätzen ähneln sehr dem Angebot des Finanzministers. Diese Bankofferten sehen allerdings häufig nur sehr eingeschränkte Verfügungsmöglichkeiten vor und bieten dazu meist schlechtere Renditen. So bleiben die „Schätzchen" für Anleger, die sich einerseits Zinssätze langfristig sichern wollen, andererseits aber auch die Möglichkeit eines vorzeitigen Ausstieges ohne jegliche Kursrisiken wünschen, in der Regel doch die erste Wahl.

Bundesschatzanweisungen

Eine weniger verbreitete Form der Bundeswertpapiere sind die Bundesschatzanweisungen. Deren Ausgabe wurde erst im Jahre 1991 wieder aufgenommen. Die Besonderheit dieser Papiere liegt vor allem in der Form ihrer Ausgabe. Anders als bei Anleihen und Obligationen legt der Aussteller (vor allem der Bund, aber vereinzelt auch Bundesbahn und -post) hierbei nicht sämtliche Abgabekonditionen von vornherein fest, sondern er bestimmt lediglich den Nominalzins sowie eine Kursspanne, innerhalb derer sich der Preis bewegen soll. Potentielle Käufer von Schatzanweisungen – meist sind dies Kreditinstitute – können dann bei den Landeszentralbanken während eines befristeten Zeitraums Angebote abgeben, in denen sie das gewünschte Ankaufsvolumen sowie den Kurs festlegen, den sie zu zahlen bereit sind. Auf der Grundlage der so vorliegenden Bestellungen legt der Aussteller anschließend den Verkaufskurs fest und teilt den Käufern, die diesen oder einen höheren Kurs geboten haben, die Papiere zu. Die unter dem festgelegten Kurs liegenden Kaufangebote gehen leer aus.

Abgesehen von dieser als „Tenderverfahren" bezeichneten Ausgabeform unterscheiden sich Bundesschatzanweisungen nur durch ihre Laufzeit und den Mindestanlagebetrag von Anleihen und Bundesobligationen. Die Laufzeit beträgt vier Jahre, und als Anlagebetrag müssen je Wertpapier mindestens 5.000 DM eingebracht werden. Die Verzinsung erfolgt jährlich, und ein vorzeitiger Verkauf ist jederzeit über die Börse möglich.

Falls Sie der Erwerb von Bundesschatzanweisungen interessieren sollte, müssen Sie sich mit einem Kreditinstitut in Verbindung setzten, denn als Privatperson können Sie nicht einfach Angebote bei einer Landeszentralbank abgeben. Außerdem sollten Sie gut über die jeweiligen Marktverhältnisse informiert sein, um den Angebotskurs realistisch einschätzen zu können. Aufgrund der nicht ganz einfachen Ankaufsabwicklung von Schatzanweisungen bleibt diese Form der Bundeswertpapiere allerdings wohl auch in Zukunft eher eine Anlageform für Profis und private Anlagefüchse. Als „Normalanleger“ sind Sie dagegen beispielsweise mit Bundesobligationen bei einfacheren Erwerbsmöglichkeiten ähnlich gut bedient. Gravierende Renditeunterschiede gibt es zwischen diesen Papieren nicht.

Gemeinsame Merkmale von Bundeswertpapieren

Neben den angesprochenen Unterschieden in Laufzeit und Ausstattung haben Bundesobligationen, Finanzierungsschätze, Bundesschatzbriefe und Bundesschatzanweisungen aber auch einige grundlegende Gemeinsamkeiten. So können Sie keines der Wertpapiere zu Gesicht bekommen, denn eine Auslieferung von Urkunden ist nicht möglich. Auf diese Weise hält der Finanzminister die Ausgabekosten seiner Wertpapiere niedrig. Für Sie als Anleger bringt diese Einschränkung keine Nachteile mit sich.

Wie bei öffentlichen Anleihen können Sie auch bei allen anderen Bundespapieren die Bundesschuldenverwaltung als kostenlosen Depotverwalter in Anspruch nehmen. Sparen Sie unnötige Depotgebühren, und verlangen Sie von Ihrer Bank oder Sparkasse die Eröffnung eines Schuldbuchkontos bei der staatlichen Verwaltungsstelle. Ohne Einschaltung Ihrer Hausbank können Sie ein solches Konto aber auch direkt bei einer Landeszentralbank eröffnen. Dort kann man Ihnen ebenfalls die gewünschten Bundespapiere besorgen, sofern es sich um Neuausgaben und keine Bundesschatzanweisungen handelt. Bei einem Ankauf von Bundeswertpapieren über die Börse müssen Sie dagegen immer ein Kreditinstitut einschalten.

Die aktuellen Konditionen der Staatspapiere muß Ihnen jede Bank oder Sparkasse nennen können. Diese geben erfahrungsgemäß allerdings ungern Auskunft darüber und weisen lieber auf hauseigene Angebote hin. Lassen Sie sich dadurch nicht ablenken, bestehen Sie auf korrekten Angaben. Das lästige Nachfragen läßt sich wiederum durch den Besuch einer Landeszentralbank vermeiden. Außerdem finden Sie die neuesten Konditionen im Wirtschafts- oder Börsenteil großer Tageszeitungen. Ganz bequem können Sie die aktuellen Zinssätze aber auch telefonisch beim „Informationsdienst für Bundeswertpapiere" abfragen. Sie erreichen die Telefonansage Tag und Nacht unter 069/19718.

2.6.2 Aktien

Wünschen Sie bei der Kapitalanlage höhere Ertragsmöglichkeiten und etwas mehr Nervenkitzel, als Ihnen festverzinsliche Wertpapiere bieten können, sollten Sie sich auf dem Aktienmarkt umschauen. Im Unterschied zum Kauf von Anleihen und anderen mit Festzinsen ausgestatteten Wertpapieren, bei denen Sie dem Ausgeber ein Darlehen gewähren, das Sie zum Laufzeitende zurückerhalten, werden Sie als Aktionär Teilhaber einer Aktiengesellschaft. Sie beteiligen sich in Höhe des Nennwertes der gekauften Aktien am Grundkapital der Gesellschaft und tragen damit gleichzeitig ein begrenztes unternehmerisches Risiko. Die Dauer der Beteiligung ist nicht auf eine bestimmte Laufzeit begrenzt, sondern hängt allein davon ab, wie lange Sie die Aktien behalten. Nur im Falle einer Firmenpleite kann Ihr Engagement unfreiwillig vorzeitig enden.

Unterscheidung nach verbrieften Rechten

Neben dem Teilhaberrecht an der Gesellschaft verbriefen Aktien weitere Aktionärsrechte, die je nach Art der Aktie unterschiedlich ausfallen. Man unterscheidet zwischen „Stammaktien" und „Vorzugsaktien".

- Stammaktien

Stammaktien, von Börsianern auch kurz als „Stämme" bezeichnet, sind der Normalfall. Sie verbriefen uneingeschränkt die im Aktiengesetz geregelten gesetzlichen Aktionärsrechte. So besitzen Sie als Aktionär einen Anspruch auf Beteiligung am Gewinn des Unternehmens. Der zur Ausschüttung kommende Anteil des erzielten Bilanzgewinns der Gesellschaft wird dabei durch die Anzahl der ausgegebenen Aktien geteilt und als Dividende auf die einzelne Aktie an den Inhaber ausgezahlt. Wird allerdings kein Bilanzgewinn erwirtschaftet, gibt es auch keine Dividende.

Als Stammaktionär des Unternehmens haben Sie außerdem das Recht, an der jährlichen Hauptversammlung teilzunehmen und dort ein Stimmrecht bei Entscheidungen auszuüben, zum Beispiel über die Verwendung des Bilanzgewinns oder die Bestellung von Aufsichtsratsmitgliedern. Entscheidungen fallen dabei allerdings nicht auf der Grundlage der Anzahl der anwesenden Stimmberechtigten, sondern nach der Höhe des Aktienkapitals, das die einzelnen Personen vertreten. Als Kleinanleger haben Sie deshalb gegenüber den Großaktionären leider nur wenig zu melden. Viele Kleinanleger treten ihr Stimmrecht daher an ihre Bank ab, die sich dadurch größere Einflußmöglichkeiten beschafft. Bevor Sie dies tun, sollten Sie aber erst einmal überdenken, ob Ihr Kreditinstitut auch tatsächlich Ihre Interessen als Kleinanleger vertritt oder nicht doch die eigene Position in den Vordergrund stellt.

Erhöht die Aktiengesellschaft ihr Grundkapital durch die Ausgabe neuer Aktien, so steht Ihnen ein Recht zum Bezug eines Teils der „jungen" Aktien zu einem festgesetzten Preis zu. Dadurch wird Altaktionären die Möglichkeit geboten, auch nach der Kapitalerhöhung ihren bisherigen Beteiligungsanteil im Verhältnis zum Gesamtkapital zu erhalten. Haben Sie kein Interesse am Kauf junger Aktien, so können Sie die Ihnen zustehenden „Bezugsrechte" durch den Verkauf an andere Aktionäre versilbern. Zu diesem Zweck findet für eine befristete Dauer an der Börse ein gesonderter Bezugsrechtshandel statt.

bei Kapitalerhöhung: Bezugsrechte auf junge Aktien

Neben den genannten Rechten verbrieft eine Stammaktie schließlich auch noch einen Anspruch auf einen Anteil an einem Erlös, der im Falle einer freiwilligen oder zwangsweisen Auflösung der Aktiengesellschaft erzielt wird.

Vorzugsaktien

Vorzugsaktien unterscheiden sich von den normalen Stammaktien dadurch, daß Sie als deren Inhaber bestimmte Vorrechte genießen. Wie diese im einzelnen aussehen, sollten Sie auf alle Fälle vor einem Kauf solcher Papiere in Erfahrung bringen. In der Regel betreffen die Vorrechte die Dividendenzahlung. So kann der Vorzug zum Beispiel darin bestehen, daß die Dividende um einen bestimmten Wert über der Dividende von Stammaktien liegt oder die Dividende bei einem erwirtschafteten Gewinn zunächst in einer bestimmten Höhe an die Vorzugsaktionäre ausgeschüttet wird und erst dann die Stammaktionäre an der Reihe sind. Bei den „kumulativen" Vorzugsaktien werden sogar die wegen schlechter Ertragslage in einem Jahr weggefallenen Dividenden in späteren freundlicheren Jahren nachgeholt.

Solche Vorzüge gegenüber den Stammaktionären haben natürlich ihren Preis. In der Regel müssen Sie als Inhaber von Vorzugsaktien als Gegenleistung auf das Stimmrecht bei der Hauptversammlung verzichten. Haben Sie ohnehin keine großen Mitbestimmungsambitionen, können Vorzugsaktien aber eine günstige Alternative zu Stammaktien sein, zumal sie durchweg zu günstigeren Kursen erhältlich sind und dennoch gleiche oder sogar bessere Dividenden bieten.

kein Stimmrecht, aber Dividendenvorteile

Unterscheidung nach der Übertragbarkeit

Eine weitere Unterscheidung von Aktien läßt sich danach vornehmen, wie die Papiere von einem Eigentümer auf den anderen übertragen werden können. Den Normalfall stellt hier die Inhaberaktie dar, die auf keinen Namen ausgestellt wird und einfach durch eine Einigung zwischen den Beteiligten und die Weitergabe des Papiers übertragbar ist. Der jeweilige Besitzer kann dann die verbrieften Rechte gegenüber der Aktiengesellschaft geltend machen. Komplizierter ist dagegen die Übertragung des Eigentums an Namensaktien, bei denen die Wertpapierurkunde auf den Namen des Eigentümers ausgestellt wird. Hier muß bei einem Verkauf entweder eine Abtretung der Rechte an den Käufer erfolgen oder auf dem Papier ein entsprechender Weitergabevermerk (Indossament) angebracht werden. Außerdem muß in einem bei der Gesellschaft geführten Aktienbuch eine Umschreibung auf den neuen Aktionär erfolgen. In aller Regel bleibt Ihnen diese Prozedur aber erspart, da in Deutschland überwiegend Inhaberaktien gehandelt werden.

Kaufabwicklung und Verwahrung

Haben Sie sich für einen Einstieg in die Aktienanlage entschieden, führt zum Ankauf der Papiere kein Weg an einem Kreditinstitut vorbei – es sei denn, Sie übernehmen Aktien privat von einem Verwandten oder Bekannten. Der übliche Weg sieht jedoch so aus, daß Sie einer Bank oder Sparkasse einen Auftrag zum Ankauf bestimmter Papiere erteilen, den diese an einer der deutschen Wertpapierbörsen für Sie ausführt. Im Kaufauftrag müssen Sie dem Kreditinstitut genau vorgeben, welche Aktien Sie in welcher Stückzahl kaufen wollen. Außerdem sind Angaben wie das Konto, dem der Kaufpreis belastet werden soll, sowie das Depotkonto, dem die Papiere gutgeschrieben werden sollen, erforderlich.

Angaben müssen Sie auch zu der von Ihnen gewünschten Verwahrungsart der Aktienurkunden machen. Die Wahl haben Sie dabei zwischen der Auslieferung der Aktienurkunden (effektive Stücke) und der Verwahrung bei einer Wertpapiersammelbank. Üblicherweise werden die Wertpapiere nicht an Sie ausgeliefert, sondern bei einer solchen Spezialbank verwahrt. Hier können Sie dann nochmals wählen, ob Sie genau die eingelieferte Urkunde unter Ihrem Namen hinterlegen wollen (Sonderverwahrung) oder ob es Ihnen reicht, lediglich einen Anspruch auf die Auslieferung gleichartiger Wertpapiere in gleicher Anzahl zu haben. Die letztere Variante, die Girosammelverwahrung, wird von den meisten Anlegern gewählt, weil sie den Vorteil einer schnelleren Abwicklung von Wertpapiergeschäften bietet und gleichzeitig die dafür berechneten Depotgebühren niedriger sind als bei einer gesonderten Verwahrung. Verzichten Sie auf die mit zusätzlichen Kosten verbundene Auslieferung effektiver Stücke, findet Ihr Aktienkauf lediglich durch Umbuchungen auf Konten statt.

Neben der Verwahrungsart können Sie der beauftragten Bank im Kaufauftrag vorgeben, welchen Kurs Sie höchstens bereit sind, für die Aktien zu zahlen. Man spricht dabei auch von einem „Kurslimit". Natürlich können Sie ein solches Limit ebenfalls bei einem späteren Aktienverkauf als Mindestverkaufspreis vorgeben. Soll Ihr Kaufauftrag auf jeden Fall ausgeführt werden, müssen Sie ihn mit dem Zusatz „billigst" versehen. Das Gegenstück beim Verkauf lautet „bestens". Bei limitierten Aufträgen können Sie zusätzlich eine zeitliche Gültigkeitsbegrenzung vornehmen, ansonsten gelten Aufträge bis zum letzten Börsentag des laufenden Monats. Zuletzt muß ein Auftrag mit dem Datum und Ihrer Unterschrift versehen werden, allerdings führen Kreditinstitute bei bekannten Kunden solche Geschäfte zum Teil auch aus, wenn sie telefonisch erteilt werden.

bei Kauf und Verkauf: Kurslimits, „billigst" oder „bestens"

Der Kaufpreis von Aktien richtet sich in erster Linie nach dem jeweiligen Kurswert, zu dem die Papiere zum Erwerbszeitpunkt an der Börse gehandelt werden. Der auf den Papieren aufgedruckte Nennwert, der in der Regel 50 DM, vereinzelt auch 100 DM beträgt, hat mit dem Marktpreis wenig gemeinsam. So werden die Aktien einiger Gesellschaften zur Zeit an den deutschen Börsen zu Kursen von über 1.000 DM für das Stück gehandelt. Selbst bei der Neuausgabe von Aktien erhalten Sie diese nicht wie festverzinsliche Wertpapiere zum Nennwert. Bereits hier wird der Ausgabepreis durch das – über das in Aktien ausgegebene Grundkapital hinausgehende – Gesamtvermögen der Aktiengesellschaft sowie die Gewinnerwartungen der Käufer bestimmt. Unter ihrem Nennwert werden Aktien nur dann gehandelt, wenn es um ein Unternehmen sehr schlecht steht und viele Aktionäre ihre Papiere abstoßen.

Den Nennwert der Aktien können Sie somit bei Ihren Anlageüberlegungen weitgehend außer acht lassen. Wie viele Anteile Sie für einen bestimmten Anlagebetrag bekommen oder was Sie eine gewünschte Anzahl von Aktien kostet, bestimmt allein der Kurswert. Einkalkulieren müssen Sie bei einem Aktienkauf außerdem immer die damit verbundenen Nebenkosten. So berechnet Ihnen das beauftragte Kreditinstitut, ausgehend vom Kurswert der gekauften Papiere, eine eigene Abwicklungsprovision und eine – auch als „Courtage" bezeichnete – Maklerprovision, die an den eingeschalteten Börsenmakler weitergeleitet wird. Mit welchen Kosten Sie hier in etwa rechnen müssen, sollten Sie vor der Erteilung Ihres Kaufauftrages erfragen.

Nennwert weniger wichtig, Kurswert bestimmt Preis

Nach der Abwicklung des Geschäftes erhalten Sie eine genaue Abrechnung, die den Ankaufskurs, die Nebenkosten und den Gesamtpreis im einzelnen ausweist. Außerdem erhalten Sie einen Depotauszug, der Ihnen die Verbuchung der Aktien auf Ihrem Wertpapierkonto anzeigt.

Die Rendite der Aktienanlage

Die Rendite von Aktien läßt sich im voraus in keiner Weise bestimmen. Sie können lediglich anhand von Börsenstatistiken herausfinden, wieviel Sie in der Vergangenheit mit bestimmten Aktien hätten verdienen können. Daraus auf die Zukunft zu schließen, wäre allerdings äußerst gefährlich, denn die Bedingungen auf dem Aktienmarkt und die Geschäftsentwicklung der Aktiengesellschaft werden sich wohl kaum in gleicher Weise wiederholen. Weshalb verläßliche Ertragsprognosen nicht möglich sind, wird deutlich, wenn Sie die wesentlichen Einflußgrößen auf den Erfolg einer Aktienanlage betrachten: die Dividende und den Kursverlauf.

Zukunftsrendite nicht bestimmbar

Wie bereits kurz angesprochen, wird der vom Unternehmen erwirtschaftete Bilanzgewinn meist jährlich als Dividende je Aktie an die Aktionäre ausgeschüttet. 36 % des Gewinns (ab dem 1. Januar 1994 nur noch 30 %) muß die Aktiengesellschaft jedoch erst einmal als Körperschaftsteuer an den Fiskus abführen. Der Rest wird dann nochmals um 25 % Kapitalertragsteuer vermindert, bevor Sie den verbleibenden Betrag – die Nettodividende – überwiesen bekommen. Für Sie sind diese Abzüge aber damit nicht verloren. Sie erhalten über die Abzugsbeträge Steuerbescheinigungen, die im Rahmen Ihrer Steuererklärung angerechnet werden. Unter dem Strich bezahlen Sie so auf die Dividenden nur Ihren persönlichen Steuersatz. Im günstigsten Fall erhalten Sie mit der Steuerrückerstattung die volle einbehaltene Steuer zurück. Seit dem 1. Januar 1993 können Sie sich vor diesen Direktabzügen aber von vornherein durch die Erteilung eines Freistellungsauftrages schützen.

Die Dividende oder der nach Steuerabzug verbleibende Betrag werden Ihnen in der Regel auf ein Spar- oder Girokonto gutgeschrieben. Verwahren Sie die Aktienurkunden selbst, müssen Sie den Dividendenschein am Bankschalter einlösen. Wieviel Dividende ausgezahlt wird, hängt davon ab, wieviel Gewinn die Aktiengesellschaft zu verteilen hat. Es besteht also ein direkter Zusammenhang zwischen der Unternehmenssituation und Ihren Erträgen aus der Beteiligung. In weniger erfreulichen Geschäftsjahren fällt deshalb die Dividende magerer aus oder sogar ganz weg.

Allerdings bildet der Dividendenertrag, der häufig im Verhältnis zum weit über dem Nennwert liegenden Kaufpreis der Aktien recht gering ist, bei den meisten Anlegern wohl kaum den Hauptgrund für einen Einstieg in diese Wertpapierform. Der größere Anreiz liegt in der Aussicht, durch eine günstige Kursentwicklung der gekauften Papiere überdurchschnittliche Renditen kassieren zu können. Das zentrale Problem ist naturgemäß allerdings, die richtigen Aktien zum richtigen Zeitpunkt zu kaufen und zu verkaufen. Da es hierfür kein Patentrezept gibt, das sicheren Erfolg verspricht, bleibt Ihnen als Aktionär nur die Möglichkeit, auf bestimmte Entwicklungen zu spekulieren und zu hoffen, daß diese auch wie erwartet eintreten. Trügt Sie Ihr „Riecher" für die Kursentwicklung nicht, können Sie so innerhalb kurzer Zeit unter Umständen größere Kursgewinne einstreichen. Liegen Sie mit Ihren Erwartungen allerdings völlig neben der eintretenden Marktlage, müssen Sie mit größeren Verlusten rechnen. Dieses Risiko gilt es insbesondere zu beachten, wenn Sie die Anlage in Aktien als kurz- bis mittelfristiges Engagement sehen und von vornherein feststeht, daß Sie das eingesetzte Kapital zu einem bestimmten Zeitpunkt wieder benötigen. Müssen Sie Ihre Papiere dann zu gesunkenen Kursen verkaufen, kostet Sie das einen Teil Ihres Kapitals.

Als Alternative zu einer auf schnellen Erfolg zielenden Spekulationsstrategie können Sie Aktien aber auch als langfristige Kapitalanlage betrachten. Sie haben so die Chance, von einem langfristigen Wirtschaftswachstum und der damit verbundenen Stärkung der Unternehmen durch steigende Kurse zu profitieren. In der Vergangenheit funktionierte dies jedenfalls. Hätten Sie zum Beispiel 1960 einen Teil Ihres Ersparten in Aktien verschiedener Gesellschaften angelegt, hätte Ihnen dies bis zum Jahre 1991 im Durchschnitt einen jährlichen Wertzuwachs von rund 9 % gebracht. Mit festverzinslichen Wertpapieren waren im gleichen Zeitraum nur knapp 7 % jährlich zu erwirtschaften. Daß es in turbulenten Zeiten allerdings auch anders aussehen kann, zeigen die von Öl- und Wirtschaftskrise geprägten siebziger Jahre. Hier brachte die Aktienanlage im Durchschnitt nur 3,7 %, während Rentenpapiere 7,2 % abwarfen.

Solche Vergleiche gehen jedoch immer davon aus, daß der Anleger seinen Aktienbesitz sehr weit über verschiedene Gesellschaften gestreut hat. Als Maßstab für die Wertentwicklung werden in diesem Zusammenhang in der Regel bestimmte Indizes herangezogen, zum Beispiel der Deutsche Aktienindex (kurz auch als „DAX" bezeichnet). Zur Ermittlung dieser Kennzahlen werden an den Börsentagen ständig die aktuellen Aktienkurse ausgesuchter Gesellschaften erfaßt und in einem festgelegten mathematischen Verfahren zu einem Indexwert zusammengerechnet. Die Veränderungen dieses Wertes zeigen an, wie sich der Aktienmarkt insgesamt entwickelt oder welche Entwicklung er in bestimmten Zeiträumen durchgemacht hat.

Setzen Sie auf eine oder wenige bestimmte Aktienwerte, kann das Anlageergebnis im Rückblick jedoch deutlich von der Indexentwicklung abweichen. Neben dem allgemeinen Marktgeschehen bestimmt dann die Unternehmensentwicklung stark den Kursverlauf.

Mit festen laufenden Erträgen dürfen Sie beim Kauf von Aktien also nicht rechnen. Renditevergleiche mit anderen Anlageformen sind aufgrund der beschriebenen Unsicherheitspunkte ebenfalls nicht möglich. Lediglich Kosten wie Depotgebühren, An- und Verkaufsprovisionen und Maklergebühren, die die Rendite verringern, lassen sich gegenüberstellen.

Gehören Sie zu den Kapitalanlegern, die lieber auf Nummer Sicher gehen und bereits bei Abschluß einer Anlageform zumindest ungefähr wissen wollen, mit welchem Ertrag sie rechnen können, dann sollten Sie Aktien lieber meiden. Möchten Sie dagegen hautnah die Entwicklung auf einem Kapitalmarkt und die damit verbundene Spannung erleben, ließe sich dies durch den Kauf von Aktien verwirklichen. Um erst einmal Erfahrungen mit solchen Geschäften zu sammeln, sollten Sie aber nur mit kleineren Anlagebeträgen einsteigen. Die laufende Entwicklung des Aktienmarktes und einzelner Gesellschaften sollten Sie dabei immer im Auge behalten, um zum richtigen Zeitpunkt durch Kauf oder Verkauf von Papieren reagieren zu können. Informationen hierzu liefern Ihnen tagtäglich die Wirtschaftsteile der großen Tageszeitungen oder die aktuelle Börsenberichterstattung in anderen Medien.

Kleinere Einstiegsgeschäfte tätigen!

Niemals sollten Sie aber die Spielleidenschaft über Ihre Vernunft siegen lassen und alles auf die Karte „Aktien" setzen. Für einen kontinuierlichen Aufbau Ihres Geldvermögens, sei es zum Zwecke der Altersversorgung oder als Grundstock für das eigene Haus, eignet sich diese Anlageform nicht. Geld, das Sie in diese Wertpapiere stecken, sollten Sie im Falle eines Falles abschreiben können, ohne dadurch in Ihrer Existenz bedroht zu sein. Diesen Rat werden wohl auch die in den beiden Börsencrashs der Jahre 1987 und 1989 ruinierten Aktionäre im nachhinein bestätigen können.

2.6.3 Investmentfonds

Wenn Sie Ihr Geld auf dem Wertpapier- oder Immobilienmarkt anlegen, die damit verbundenen Risiken aber etwas einschränken möchten, bietet sich die Beteiligung an einem Investmentfonds an. Was sich grundsätzlich hinter dieser Anlageform verbirgt, konnten Sie in diesem Kapitel ja bereits kurz in den Abschnitten 1.5.3 und 1.6 im Zusammenhang mit der Darstellung der von Investmentgesellschaften angebotenen Fondssparpläne nachlesen. In diesem Abschnitt soll die Anlage in Investmentfonds nun genauer betrachtet werden.

Die Grundidee der Investmentfonds besteht darin, auch Anlegern, die nur über relativ geringe Kapitalbeträge verfügen oder denen zum Beispiel die Steuerung eines eigenen Wertpapierdepots zu aufwendig ist, die Möglichkeit einer Anlage in Wertpapieren oder Immobilien bieten zu können. Dabei soll das Anlagerisiko gegenüber einer Direktanlage dadurch eingeschränkt werden, daß die Investmentgesellschaft die eingezahlten Mittel nach dem Prinzip der „Risikostreuung" in eine Vielzahl verschiedener Wertpapiere oder mehrere Immobilienobjekte investiert.

geringes Anlagerisiko durch Risikostreuung

Zur Beschaffung der für solche Geschäfte nötigen finanziellen Manövriermasse geben die Fondsbetreiber Investmentzertifikate aus. Diese Papiere können Sie zum jeweiligen Ausgabepreis, der an jedem Börsentag neu festgestellt wird, entweder direkt bei der Gesellschaft oder über alle Banken und Sparkassen kaufen. Die Kapitalanlagegesellschaft steckt Ihr Geld dann je nach der Art des Fonds in Wertpapiere oder Immobilien. Im Rahmen einer Investmentbeteiligung stellen Sie Ihren Anlagebetrag somit einem Geldinstitut zur Verfügung und hoffen, daß dieses damit einen möglichst hohen Ertrag erwirtschaftet.

Als Gegenleistung übereignet Ihnen der Ausgeber Investmentzertifikate, die nicht über einen Nennwert, sondern über die Anzahl der erworbenen Anteile am Fondsvermögen ausgestellt werden. Dabei müssen Sie nicht immer ganze Anteile erwerben; Ihr Anlagebetrag wird einfach auf der Basis des aktuellen Ausgabepreises in einen Anteilswert umgerechnet.

> *Beispiel*
>
> *Kaufen Sie für 5.000 DM Zertifikate eines Aktienfonds zu einem Ausgabepreis von 67,25 DM, wird Ihnen eine Fondsbeteiligung von 74,34 Anteilen gutgeschrieben.*

Rechtlich gesehen verbriefen Investmentzertifikate ein Miteigentumsrecht am gesamten Fondsvermögen. Im Gegensatz zur Aktienanlage werden Sie hier also nicht Teilhaber eines Unternehmens, sondern Mitinhaber eines gemeinsamen aus Wertpapieren oder Immobilien bestehenden Sondervermögens. Darüber hinaus haben Sie einen Anspruch auf eine Beteiligung am durch die Fondsverwaltung erzielten Ertrag. Der Gewinn wird dabei einfach durch die ausgegebenen Anteile geteilt

Investmentanlage = Kauf eines Anteils an Sondervermögen

und, je nachdem wie der Fonds konzipiert ist, entweder ausgeschüttet oder automatisch wieder zum Ankauf weiterer Anteile für den Kunden verwendet.

Als Grundvoraussetzung dafür, daß Sie jederzeit aus Ihrer Fondsbeteiligung wieder aussteigen können, verbrieft ein Investmentzertifikat außerdem einen Anspruch auf die Rücknahme des Papiers zum jeweiligen Rücknahmepreis durch die Kapitalanlagegesellschaft und die Auszahlung des Gegenwertes. Diese Garantie ist notwendig, da Investmentanteile nicht etwa wie Aktien und Anleihen an der Börse gehandelt werden und somit keine andere Möglichkeit zum schnellen Versilbern der Anteile besteht.

Verschiedene Fondsarten

Zur Auswahl eines bestimmten Fonds, in dem Sie Ihr freies Kapital anlegen können, müssen Sie nicht nur die erfolgversprechendste Investmentgesellschaft herausfinden, sondern zunächst einmal entscheiden, in welche Art von Sondervermögen Sie überhaupt investieren wollen. Denn Fonds ist nicht gleich Fonds. So bieten alle großen Kapitalanlagegesellschaften gleichzeitig mehrere in sich abgeschlossene Investmentfonds mit unterschiedlichen Anlageschwerpunkten an.

■ Wertpapierfonds

Den Löwenanteil der Angebote nehmen die in Wertpapiere investierenden Fonds ein. Diese lassen sich nach der Art der Wertpapiere, in denen das Fondsvermögen angelegt wird, in Aktienfonds und Rentenfonds einteilen, wobei unter „Renten" bekanntlich festverzinsliche Wertpapiere zu verstehen sind. Weiter unterschieden wird dann noch nach der regionalen Ausrichtung in deutsche und internationale Aktien- und Rentenfonds. Etwas von allem finden Sie in „gemischten" Fonds, die sowohl Geschäfte in Aktien als auch in Rentenpapieren tätigen. Neben diesen Grundformen gibt es mittlerweile eine Reihe sogenannter Spezialitätenfonds, die sich in ihren Aktionen auf bestimmte Wertpapiere wie Wandelanleihen oder Optionsscheine, bestimmte Wirtschaftsbereiche oder bestimmte, meist exotische Länder spezialisiert haben. Der Nachteil dieser Fonds ist allerdings, daß die Spezialisierung eigentlich dem Grundprinzip der Risikostreuung einer Investmentanlage widerspricht. Eine Anlage in solchen Zertifikaten sollten

Sie deshalb als Normalanleger lieber meiden. Es handelt sich um sehr spekulative Anlageformen, bei denen überdurchschnittlichen Gewinnmöglichkeiten auch ebensolche Verlustrisiken gegenüberstehen.

Für welche Wertpapierfondsart Sie sich entscheiden, wird letztlich davon abhängen, welches Anlagerisiko Sie in Kauf nehmen wollen. Ertragsmöglichkeiten und Verlustgefahren lassen sich dabei natürlich vor allem aus den im Sondervermögen enthaltenen Wertpapierarten ableiten. So riskieren Sie beispielsweise bei Aktienfonds in der Regel mehr als bei der Beteiligung an Rentenfonds, die nur Geschäfte mit den wertstabileren festverzinslichen Papieren tätigen. Bei international anlegenden Fonds müssen Sie zusätzlich die bestehenden Währungsrisiken berücksichtigen.

Fondsart nach Risikoneigung auswählen!

Einen Anhaltspunkt dafür, wie risikoreich eine Anlage ist, bieten auch die Kursschwankungen, denen die Fondswertpapiere über bestimmte Zeiträume ausgesetzt waren. In einigen Vergleichen werden deshalb die Abweichungen von einem Mittelwert ausgewiesen. Die Profis sprechen in diesem Zusammenhang von der „Volatilität" des Fonds. Die Stiftung Warentest verknüpft in ihren regelmäßig in der Zeitschrift „Finanztest" erscheinenden Fondsvergleichen diese Kursschwankungen mit der erwirtschafteten Rendite und bezeichnet die Kennzahl treffend als „Anlegerstreßfaktor". Möchten Sie Ihre Nerven schonen, sollte die Schwankungsbreite der Kurse des gewählten Fonds möglichst niedrig sein.

Immobilienfonds

Eine im Verhältnis zu den mehreren hundert auf dem Markt befindlichen Wertpapierfonds wesentlich kleinere Gruppe von Investmentfonds bilden die Immobilienfonds. Statt in Wertpapieren wird Ihr Beteiligungsbetrag hier in Gebäuden und Grundstücken angelegt. Aufgrund der besseren Ertragsmöglichkeiten investieren die Fondsmanager dabei größtenteils in gewerblich genutzte Objekte wie Bürohäuser oder Einkaufszentren. Ihnen bieten diese Angebote die Möglichkeit, bereits mit geringem Kapitaleinsatz in Immobilien zu investieren. Eine solche Geldanlage wäre ansonsten nur durch den Kauf einer Immobilie oder durch eine direkte Beteiligung an gewerblichen Bauvorhaben mit einem entsprechend hohen Kapitaleinsatz zu verwirklichen. Der Vorteil der Immobilienanlage besteht dabei vor allem in ei-

Immobilienanlage mit relativ geringem Kapitaleinsatz möglich

ner recht kontinuierlichen Wertsteigerung der Anlageobjekte. Auch wenn es bessere und schlechtere Jahre für die Wertentwicklung von Immobilien gibt, bleiben Sie hier von starken Schwankungen, wie sie bei Börsencrashs und -booms trotz Risikostreuung in Wertpapierfonds auftreten, verschont. Allerdings müssen Sie sich dafür mit geringeren Renditen zufriedengeben, denn die liegen bei Immobilienfonds im langfristigen Vergleich in aller Regel unter denen von Wertpapierfonds.

Immobilienfonds werden in zwei verschiedenen Formen angeboten: den „offenen" und den „geschlossenen" Fonds. Während die geschlossenen Immobilienfonds sich meist auf die Finanzierung eines bestimmten Projektes konzentrieren und deshalb nur begrenzt Anteile verkaufen, investieren offene Fonds in eine Vielzahl verschiedener Immobilienobjekte und weiten ihren Immobilienbestand mit den Geldern von Neuanlegern ständig aus. Der gravierendste Unterschied zwischen den beiden Fondsvarianten besteht allerdings in der rechtlichen Stellung, die Sie als Zertifikatsinhaber einnehmen. Als Eigentümer von Anteilen eines offenen Immobilienfonds sind Sie ganz normal Miteigentümer am Fondsvermögen und genießen die bereits aufgezeigten Rechte. Der einzige Unterschied zu einer Wertpapierfondsbeteiligung besteht in der Art des Sondervermögens.

unterschiedliche rechtliche Stellung bei offenen und geschlossenen Immobilienfonds

Dagegen werden Sie durch die Beteiligung an einem geschlossenen Fonds zum direkten Miteigentümer am zu finanzierenden Objekt. Zu den durch die Vermietung des Gebäudes erwirtschafteten Einkünften kommen hier weitreichende steuerliche Absetzungsmöglichkeiten, die eine solche Anlage vor allem für Besserverdienende mit hoher Steuerlast interessant machen. Mit normalen Investmentfonds haben geschlossene Immobilienfonds trotz der bestehenden Namensverwandschaft kaum etwas gemeinsam. Dies verdeutlicht auch die Tatsache, daß solche Fonds nicht, wie etwa Wertpapierfonds und offene Immobilienfonds, den Vorschriften des Gesetzes über Kapitalanlagegesellschaften (KAGG) unterliegen.

Als Normalverdiener sollten Sie lieber die Finger von geschlossenen Immobilienfonds lassen. Denn abgesehen von dem für Laien kaum lösbaren Problem, die angemessenen Kosten und die zukünftige Rentabilität des Beteiligungsobjektes einschätzen zu können, hat diese Anlageform einen weiteren entscheidenden Nachteil. Anders als bei offenen Immobilienfonds haben Sie keinen Anspruch auf eine jederzeitige Rücknahme und Auszahlung Ihres Anteils durch die Gesellschaft. Wollen Sie aus der Beteiligung aussteigen, müssen Sie sich deshalb einen Käufer für Ihren Anteil suchen und mit diesem den Preis aushandeln. Zwar versuchen einige Fondsbetreiber, freiwerdende Anteile an andere Kunden weiterzuvermitteln. Ob das jedoch klappt, ist reine Glücksache. Ein funktionierender Markt für „gebrauchte" Anteile an geschlossenen Investmentfonds existiert nicht.

geschlossene Immobilienfonds: Nichts für Durchschnittsanleger

■ Ausländische Fonds – „Stichwort: Luxemburg"

Neben deutschen Investmentfonds, die ihre Kundengelder international anlegen, gibt es auf dem deutschen Markt eine ganze Reihe ausländischer Fondsgesellschaften, die ihre Anteile an deutsche Anleger verkaufen. Der Großteil dieser Anbieter ist dabei in den BENELUX-Staaten – vor allem in Luxemburg – beheimatet. Aber auch einige in der Schweiz und den USA angesiedelte Investmentgesellschaften bieten deutschen Anlegern ihre Dienste an.

Einen wahren Boom sowohl bei den Neugründungen solcher Fonds als auch bei der Nachfrage deutscher Anleger nach diesen Beteiligungen hat es in den letzten Jahren in Luxemburg im Zusammenhang mit der Quellensteuerdiskussion und dem ab 1993 eingeführten Zinsabschlag auf Kapitalerträge gegeben. Allein 1992 flossen mehr als 60 Milliarden Mark an deutschen Anlegergeldern in im Großherzogtum angesiedelte Investmentfonds.

Falls Sie sich für eine solche Anlageform interessieren, sollten Sie einige wichtige Punkte beachten, um nicht damit auf die Nase zu fallen. So ist es sinnvoll, nicht aus irgendwelchen – wohl meist steuerlichen – Gründen in das erstbeste Angebot zu investieren, sondern wie bei deutschen Fonds konkrete Vergleiche anzustellen. Dies ist allerdings nicht ganz leicht, da viele Fonds noch recht jung sind und somit kaum Vergangenheitswerte vorliegen. Grundsätzlich sollten Sie einen bereits seit einigen Jahren erfolgreich agierenden Fonds solchen Neugründungen vorziehen. Zu berücksichtigen ist auch, daß ausländische Fondsmanager zum Teil wesentlich risikoreichere Geschäfte als ihre deutschen Kollegen betreiben dürfen und somit ein größeres Anlagerisiko besteht, das bei auf fremde Währungen lautenden Fonds noch größer wird. Hier gilt es, sich genau über die möglichen Fondsaktivitäten zu informieren.

kaum langfristige Vergangenheitsergebnisse bei Luxemburger Fonds

Daß ein Fonds in Deutschland gehandelt werden darf, genügt nicht allein als Gütesiegel für dessen Qualität, denn hierzu bedarf es keiner Genehmigung durch das Bundesaufsichtsamt für das Kreditwesen, der Aufsichtsinstanz deutscher Fonds. Seit der Umsetzung der EG-Investmentrichtlinie genügt die Zulassung der Aufsichtsbehörde im jeweiligen Herkunftsland des Fonds, um diesen EG-weit anbieten zu dürfen. Die Zulassungsanforderungen können dabei trotz der auf EG-Ebene erfolgten Angleichung nach wie vor unterschiedlich sein. Das bedeutet allerdings nicht automatisch, daß ausländische Fonds schlechter sind als ihre deutsche Konkurrenz. Sie sollten sich jedoch ausführlich über bestehende Unterschiede informieren und die Prospektunterlagen der Fonds genau studieren.

Welcher Fonds ist der beste?

Wenn Sie entschieden haben, welche Fondsart sich für die Anlage Ihres Ersparten am ehesten eignet, stellt sich unweigerlich die Anschlußfrage, mit welchem Investmentfonds Sie konkret die richtige Wahl treffen. Leider gibt es auch hier wieder keine einfache Antwort, und verläßliche Zukunftsprognosen sind selbst Anlageprofis nicht möglich. So bleibt Ihnen nichts anderes übrig, als sich möglichst umfassend über die auf dem Markt befindlichen Fondsangebote zu informieren und Ihre eigene Meinung zu bilden. Als Informationsmaterial bieten sich neben Fondsvergleichen vor allem die Verkaufsprospekte der Investmentgesellschaften an. Darin müssen die Fondsbetreiber unter anderem genau darlegen, welche Anlageziele sie verfolgen, welche Wertpapierarten oder Immobilien mit den Anlegergeldern erworben werden sollen sowie welche Kosten mit dem Erwerb der Anteile und der Verwaltung des Fondsvermögens verbunden sind.

Nicht zuletzt wird Ihre Anlageentscheidung davon abhängen, ob bei den Anlagezielen die Rendite oder die Sicherheit im Vordergrund stehen soll. Den Gesichtspunkt der Liquidität können Sie – außer bei geschlossenen Immobilienfonds – weitgehend außer acht lassen, da die jederzeitige Rücknahme der Zertifikate gesetzlich garantiert ist.

■ Rendite von Investmentfondsbeteiligungen

Die Erträge aus Investmentfonds setzen sich aus zwei Bestandteilen zusammen. Bei Wertpapierfonds sind dies einerseits die auf die Wertpapiere entfallenden Zins- und Dividendeneinnahmen und andererseits die erzielten Kursgewinne – die leider auch zu Kursverlusten werden können. Bei offenen Immobilienfonds kommen zur Wertsteigerung der Immobilien als laufende Einnahmen die Mieterträge aus der Vermietung der Objekte hinzu.

Was mit Ihren Anteilen am laufenden Gewinn eines Fonds geschehen soll, müssen Sie bereits bei der Auswahl der Angebote berücksichtigen. Möchten Sie die Erträge regelmäßig – meist jährlich – zu Ihrer freien Verfügung haben, sollten Sie sich für einen Fonds entscheiden, der regelmäßige Ausschüttungen an seine Anteilseigner vornimmt. Sollen die Erträge lieber wieder sofort zum Ankauf neuer Anteile verwendet werden und somit Ihre Gesamtbeteiligung vergrößern, ist ein nichtausschüttender oder – wie es im Fachjargon heißt – „thesaurierender" Fonds die richtige Wahl. Durch die Wiederanlage profitieren Sie in guten Zeiten von dem damit verbundenen Zinseszinseffekt. Zwar können Sie auch die ausgeschütteten Gelder wieder zum Ankauf neuer Zertifikate verwenden, häufig wird dann aber wieder der volle oder zumindest ein reduzierter Ausgabeaufschlag fällig. In thesaurierenden Fonds bleiben Sie dagegen von solchen Abzügen in aller Regel verschont.

Sofortige Wiederanlage von Erträgen möglich

Informationen zur Gewinnsituation verschiedener Investmentfonds finden Sie am ehesten in den von allen größeren Wirtschaftszeitschriften entweder regelmäßig oder sporadisch veröffentlichten Fondsvergleichen. Quartalsweise erstellt auch der Bundesverband Deutscher Investmentgesellschaften (BVI), dem die meisten deutschen Investmentgesellschaften angehören, eine Statistik, die unter anderem die Wertentwicklung der Fonds in Zeiträumen von einem Monat bis zu 20 Jahren aufzeigt. Enthalten sind darin auch die Ergebnisse der luxemburgischen Tochtergesellschaften der angeschlossenen Kapitalanlagegesellschaften. Die Listen können Sie kostenlos beim BVI, Postfach 10 04 37 in 60004 Frankfurt, anfordern.

Ergebnislisten anfordern!

Solche Unterlagen und Vergleiche zeigen Ihnen, welche Fonds innerhalb der verschiedenen Fondssparten in bestimmten Betrachtungszeiträumen mit den Geldern ihrer Kunden am erfolgreichsten gewirtschaftet haben. Dabei ist es immer wichtig, mehrere Vergleichsperioden gleichzeitig zu betrachten, denn nur so können Sie herausfinden, ob die Fondsmanager kontinuierlich gute Ergebnisse erzielt oder vielleicht in einem bestimmten Zeitraum einfach nur Glück gehabt haben. Eine Garantie dafür, daß diese Ergebnisse auch in Zukunft erzielt werden, gibt es natürlich nicht. So kann ein Fonds, der in der Vergangenheit ständig zu den erfolgreichsten seiner Branche gehört hat, schnell ins Mittelfeld abrutschen, wenn beispielsweise die Fondsmanager wechseln oder die Betreiber eine Pechsträhne erwischen.

Viele Fondsvergleiche zeigen Ihnen zwar, welche Fonds im Betrachtungszeitraum die Nase vorn haben, weisen aber keine Renditeangaben aus, die Sie zum Vergleich mit anderen Anlageformen nutzen könnten. So benutzt die Statistik des BVI die Wertentwicklung der Fonds als Bewertungsmaßstab für deren Erfolg.

Beispiel

Hat ein Aktienfonds in den letzten zehn Jahren einen Wertzuwachs von 170 % erwirtschaftet, bedeutet das nicht automatisch auch eine jährliche Rendite von 17 % (170 % : 10 Jahre). Die Kennzahl „Wertentwicklung" zeigt, daß sich in den letzten zehn Jahren der Wert eines Investmentanteils um 170 % erhöht hat – allerdings nur unter der Voraussetzung, daß die angefallenen Zinserträge wieder zum Kauf neuer Anteile verwendet worden sind. Ein vor zehn Jahren erworbener Anteil von 1.000 DM wäre somit heute 2.700 DM wert.

Nicht berücksichtigt wird im Rahmen der Aufstellung des BVI der von Ihnen beim Kauf der Papiere zu zahlende Ausgabeaufschlag, der die effektive Verzinsung der Fondsanlage natürlich verringert. Er beträgt bei Aktienfonds durchschnittlich meist 5 %, bei Rentenfonds etwa 3 % und bei offenen Immobilienfonds ebenfalls meist 5 % des Ausgabepreises der Investmentzertifikate. Dieser Aufschlag wirkt sich dabei um so negativer auf die Rendite aus, je kürzer die Dauer des Vergleichszeitraums ist.

Beispiel

Bezieht man in obiges Beispiel einen Ausgabeaufschlag von 5 % des Ausgabepreises in die Betrachtung ein und bereinigt man die Wertentwicklungsziffer um den mit der Wiederanlage der Erträge verbundenen Zinseszinseffekt, erhält man über die zehnjährige Anlagedauer eine jährliche Rendite von 9,9 %. Die wäre zwar als Anlageergebnis auch nicht schlecht, im Verhältnis zu dem auf den ersten Blick umwerfenden durchschnittlichen Wertzuwachs von 17 % pro Jahr holt sie den interessierten Anleger jedoch auf den Boden der Tatsachen zurück.

Ihnen sollte das Beispiel zeigen, daß Sie niemals die Milchmädchenrechnung „Wertzuwachs : Anlagedauer = Rendite" bei der Beurteilung der Rendite von Fondserträgen aufstellen dürfen. Fragen Sie zumindest immer nach der effektiven jährlichen Verzinsung der Fonds, die sich unter Berücksichtigung der gezahlten Ausgabeaufschläge sowie der Bereinigung um Zinseszinseffekte ergibt!

Wertentwicklung nicht gleich Rendite!

Wollen Sie die Rendite ganz exakt ermitteln, müssen Sie auch alle sonstigen mit der Geldanlage verbundenen Kosten berücksichtigen. In der Regel handelt es sich dabei um Depotgebühren, die Ihr Kreditinstitut für die Verbuchung und Verwaltung Ihrer Investmentzertifikate auf einem Depotkonto kassiert. Diese können Sie sich aber häufig sparen, indem Sie erst gar kein Zwischenkonto bei Ihrer Bank eröffnen, sondern eine Kontoverbindung direkt mit der Investmentgesellschaft eingehen. Bisher werden solche Konten bei den meisten Gesellschaften noch kostenfrei geführt.

Umsonst übernehmen die Kapitalanlagegesellschaften die Verwaltung der Fondsvermögens natürlich nicht. Neben dem einmaligen Ausgabeaufschlag zweigen sie jährlich meist zwischen 0,5 und 1 % des Fondsvermögens als Verwaltungsgebühr ab. Eine Vergütung in ähnlicher Höhe erhält die Depotbank für ihre Dienste, die in der Verwahrung der Fondswertpapiere sowie der Abwicklung der Ausgabe und Rücknahme der Zertifikate bestehen. Die genaue Höhe dieser Vergütungen wie auch die des Ausgabeaufschlages finden Sie im Verkaufsprospekt des Fonds. Da die Verwaltungskosten und die Depotbankvergütung bereits bei der Ermittlung der Wertentwicklung des Fonds berücksichtigt werden, müssen Sie diese Gewinnabzüge nicht gesondert bei einem Renditevergleich beachten.

Sicherheit von Investmentfonds

Wie bereits kurz angesprochen, hängt die Sicherheit einer Fondsanlage vor allem davon ab, für welche Art von Investmentfonds Sie sich entscheiden. Immobilien bieten hierbei natürlich mehr Sicherheit als internationale Aktien.

Innerhalb der verschiedenen Fondssparten zeigt Ihnen dann neben dem Verlauf der Wertentwicklung wieder die in der Regel als Kennzahl angegebene Volatilität, wie empfindlich bestimmte Fonds in der Vergangenheit auf

Wertschwankungen in Vergangenheit beachten!

Marktveränderungen reagiert haben und wie ausgeprägt daher das Anlagerisiko ist.

Auch wenn solche Risiken vor allem bei Wertpapierfonds durch die Streuung der Anlegergelder auf eine Vielzahl verschiedener Papiere im Vergleich zu einer Direktanlage – zum Beispiel dem Kauf bestimmter Aktien eines Ausstellers – eingeschränkt werden, läßt sich dieser Unsicherheitsfaktor nicht ausschalten. Insbesondere bei Kurseinbrüchen auf breiter Front werden immer auch die Fondsvermögen in Mitleidenschaft gezogen. Ihr Anteilswert kann dann innerhalb kürzester Zeit kräftig sinken. Grundsätzlich schlagen solche Entwicklungen bei der Fondsanlage aber immer nur in etwas abgemilderter Form durch. Bei einer umgekehrten Entwicklung fallen meist aber auch die Kursgewinne geringer als bei einer Direktanlage aus.

Zur Vermeidung von Pleiten, die die gesamte Investmentbranche in Verruf bringen würden, schreibt das KAGG den deutschen Investmentgesellschaften allerdings eine einheitliche Grundabsicherung in Form von bestimmten Anlagegrundsätzen vor. So sind zum Beispiel hochspekulative Aktionen wie Devisen- und Wertpapiertermingeschäfte nur bei Erfüllung bestimmter Auflagen zulässig. In Wertpapiere ein und desselben Ausstellers dürfen grundsätzlich nur bis zu 5 %, wenn die Vertragsbedingungen es ausdrücklich vorsehen, aber auch bis zu 10 % des Fondsvermögens angelegt werden. Offene Immobilienfonds müssen mindestens 10 Objekte enthalten, von denen keines beim Erwerb den Wert von 15 % des gesamten Fondsvermögens überschreiten darf. Hierdurch soll das Prinzip der Risikostreuung gewahrt und vermieden werden, daß sich die negative Entwicklung eines Objektes oder eines Ausstellers von Wertpapieren zu stark auf das Fondsvermögen auswirkt.

Eine weitere Sicherheitsauflage besteht darin, daß die Fondsgesellschaft ihr Geschäft nicht komplett selbständig abwickeln kann, sondern immer eine Depotbank einschalten muß, die einerseits die Ausgabe und Rücknahme der Fondsanteile abwickelt und andererseits sämtliche eingehenden Gelder und gekauften Wertpapiere auf Sperrkonten verbucht. Die Anlagegesellschaft kann zwar die Depotbank anweisen, von den gesperrten Konten Gelder zum Erwerb von Wertpapieren und Immobilien oder für die Rücknahme von Anteilen zu überweisen; solche Aufträge führt die Depotbank allerdings nur aus, wenn sie nicht den gesetzlichen Regelungen oder den Anlagebedingungen

Depotbank sorgt für korrekte Geschäftsabwicklung

des Fonds widersprechen. Diese zusätzliche Kontrollinstanz sichert die Anleger davor, daß böswillige Fondsmanager entweder in die eigene Tasche wirtschaften oder Geschäfte betreiben können, die nach dem Gesetz oder den Anlagebedingungen nicht erlaubt sind. Als Aufsichtsinstanz wacht das Bundesaufsichtsamt für das Kreditwesen darüber, daß die beschriebenen Auflagen in der Praxis auch eingehalten werden.

Kaufabwicklung

Ist Ihre Entscheidung für einen bestimmten Investmentfonds gefallen, können Sie die gewünschten Anteile im Prinzip bei jedem Kreditinstitut oder direkt bei der Anlagegesellschaft kaufen. Den aktuellen Ausgabe- und Rücknahmepreis finden Sie in den Börsenteilen aller größeren Tageszeitungen oder im „Handelsblatt". Häufig sieht die Realität aber leider etwas anders aus. Der Grund dafür liegt vor allem darin, daß alle größeren Banken sowie der Sparkassen- und Genossenschaftssektor über eigene Investmenttochtergesellschaften verfügen und Ihnen in erster Linie natürlich deren Angebote verkaufen wollen, damit Ihr Anlagekapital in den eigenen Reihen bleibt. Deshalb wird es Ihnen oftmals schwerfallen, zum Beispiel bei einer Sparkasse Investmentzertifikate eines Fonds einer Großbank zu bekommen und umgekehrt. Auch weigern sich Kreditinstitute teilweise, für ihre Kunden Aufträge unter einer bestimmten Mindestsumme auszuführen, da dies zu kostenaufwendig sei. Geraten Sie an einen solchen Branchenvertreter, sollten Sie überlegen, ob eine offensichtlich nur vom Verdienstinteresse der Bank geprägte Bankverbindung wohl die richtige Wahl ist, und sich unter Umständen nach einem neuen, kundenfreundlicheren Institut umsehen.

Gerne werden Investmentfondsanteile auch von freien Finanzvermittlern angeboten. Da solche Verkäufer in der Regel aber nur mit einer oder wenigen Investmentgesellschaften zusammenarbeiten, werden Sie auf diesem Weg wohl kaum die jeweils besten Angebote finden. Von den vollmundigen Gewinnversprechungen der verkaufsgeschulten Vertreter sollten Sie sich dabei nicht blenden lassen. Hinter diesem Engagement steht meist nur ein Ziel: die eigene Verkaufsprovision.

Fazit

Zusammenfassend läßt sich zur Anlage in Investmentfonds festhalten, daß sie Kleinanlegern eine bequeme Möglichkeit bieten, ohne besondere Fachkenntnisse und Erfahrungen in Wertpapiere oder Immobilien zu investieren. Allerdings ist der Umweg über einen Investmentfonds dafür auch teurer als eine Direktanlage. Langfristig betrachtet, wurden zumindest die Anteilseigner von Aktienfonds in den letzten zehn Jahren mit überdurchschnittlichen Erträgen dafür belohnt, daß sie auch den Nervenkrieg mehrerer Börsencrashs überstanden haben. Bei Renten- und Immobilienfonds fallen dagegen die Renditen bei einem eingeschränkten Anlagerisiko eher durchschnittlich aus. Insbesondere, wenn Sie sich für eine Anlage in deutschen Rentenfonds interessieren, sollten Sie prüfen, ob der direkte Kauf nicht doch der bessere Weg ist. Dies gilt vor allem für Hochzinsphasen mit Zinssätzen von über 8 % jährlich. Dann kann man als Käufer kaum etwas falsch machen, denn neben der hohen laufenden Verzinsung lassen sich durch einen späteren Verkauf bei gesunkenem Zinsniveau zusätzlich ordentliche Kursgewinne erzielen.

Direktanlage in Rentenpapiere oftmals besser als Fondsbeteiligung

Als eine Möglichkeit zur kurzfristigen Geldanlage sollten Sie Investmentfonds niemals betrachten. Dafür sind einfach die Ausgabekosten zu hoch, die natürlich um so mehr an der Rendite zehren, je kürzer die Laufzeit Ihrer Beteiligung ausfällt. Meiden sollten Sie diese Anlageform ebenfalls, wenn Sie eine befristete Anlage von Geldern beabsichtigen, die zu einem bestimmten Zeitpunkt wieder zur Verfügung stehen sollen. Hierbei könnten Sie nämlich schnell in die Zwickmühle geraten, Ihre Anteile zum Zeitpunkt eines vorübergehenden größeren Kurstiefs zurückgeben und damit kräftige Kapitalverluste hinnehmen zu müssen. Betrachten Sie im eigenen Interesse den Kauf von Investmentanteilen deshalb eher als mittel- bis langfristige Anlageform ohne feste Befristung der Anlagedauer.

Fondsanlage: mittel- bis langfristige Geldanlageform

Exkurs:
Ethisches Investment

Investmentfonds, die nicht allein auf möglichst hohe Renditen aus sind, sondern sich außerdem die Unternehmen genau anschauen, deren Wertpapiere sie von den Geldern ihrer Anleger kaufen, haben in den USA bereits eine mehr als 20jährige Tradition. Auch in Deutschland haben in den letzten Jahren einige Kapitalanlagegesellschaften dem Wunsch vieler Anleger, genau zu wissen, welche Unternehmen sie mit ihrem Geld stützen, Rechnung getragen und „Öko-" oder „Ethik-Fonds" aufgelegt. Da es Probleme mit der Zulassung solcher Produktbezeichnungen durch das Bundesaufsichtsamt gibt, werden derzeit die meisten dieser Fonds deutschen Anlegern über den Umweg Luxemburg angeboten. Andere Anbieter solcher Anlageformen betreiben erst gar keinen eigenen Investmentfonds, sondern sammeln lediglich die Gelder ihrer Kunden und investieren sie im Ausland – meist in den USA – in dort angebotene Fonds.

Die Kriterien, nach denen die Manager Ihr Geld investieren, sind von Fonds zu Fonds unterschiedlich. Oftmals werden ausschließlich Wertpapiere von Unternehmen gekauft, die auf dem Gebiet der umweltfreundlichen Energiegewinnung – zum Beispiel durch Wasser- und Windkraft – tätig sind, oder von Betrieben, die umweltfreundliche Herstellungs- oder Recyclingtechniken entwickeln oder praktizieren. Umgekehrt können die Anlagegrundsätze auch vorsehen, daß die Papiere bestimmter Firmen nicht gekauft werden sollen. Als Negativmerkmale gelten hier häufig die Durchführung von Tierversuchen, die Anwendung umweltbelastender Produktionstechniken oder auch eine sehr geringe Frauenquote in Führungspositionen.

Die Festsetzung solcher Kriterien sowie die Einordnung von Unternehmen in ein festgelegtes Beurteilungsraster ist der wohl heikelste Punkt dieser Anlageform. So fallen häufig Firmen, die bei dem einen Fonds noch die Zugangshürde nehmen, bei anderen Fonds-

Problem: Festlegung der Ethik-kriterien

managern durch das Sieb. Zwar haben sich mittlerweile bereits einige Agenturen darauf spezialisiert, Unternehmen unter die ökologische Lupe zu nehmen, aber auch hier sind die Beurteilungskriterien umstritten und werden nicht von allen Fondsbetreibern voll akzeptiert. Außerdem stellt sich bei vielen Firmen, die selbst zwar die Kriterien erfüllen, aber zu einem Konzern gehören, der ansonsten keine allzu „saubere Weste" hat, die Frage, wie diese einzuordnen sind.

Die Auswahlgrundsätze sowie die Anlageschwerpunkte der einzelnen ethischen Investmentfonds finden Sie in den Verkaufsprospekten der Gesellschaften. Lassen die Prospektangaben Fragen offen, sollten Sie sich direkt mit der Kapitalanlagegesellschaft in Verbindung setzen und um weitere Informationen bitten. Eine Entscheidung für oder wider verschiedene Angebote dürfte letztlich wohl davon abhängen, welche von den Fondsbetreibern angewandten Anlagekriterien Ihren persönlichen Vorstellungen einer ethischen Geldanlage am meisten entsprechen.

Sollten Sie ein konkretes Interesse an einer ethischen Geldanlage haben, bleibt Ihnen kaum etwas anderes übrig, als sich bei Ihrem Kreditinstitut oder direkt bei den großen Kapitalanlagegesellschaften nach solchen Angeboten zu erkundigen. Die Adressen der meisten Investmentgesellschaften bekommen Sie beim BVI (Adresse siehe Seite 111). Ansprechpartner können aber auch kirchliche Verbände sein. So betreibt beispielsweise die Evangelische Kreditgenossenschaft Kassel bereits einen eigenen Ethikfonds, der seinen Geschäftssitz in Luxemburg hat.

Bei allem sinnvollen Engagement sollten Sie aber auch Rendite und Risiko einer solchen Anlageformen nicht außer acht lassen. Wie einige US-Fonds gezeigt haben, muß eine verantwortliche Kapitalanlage nicht zwangsläufig mit Ertragseinbußen verbunden sein. Gerade heutzutage sehen viele Fachleute zum Beispiel in der Umwelttechnik einen wichtigen Wirtschaftsbereich mit guten Erfolgsaussichten. Eine Ertragseinschätzung deutscher Ökofonds ist zur Zeit allerdings noch relativ schwer, da aufgrund der Tatsache, daß die meisten Fonds noch recht neu sind, kaum längerfristige Vergangenheitsergebnisse vorliegen.

Zusätzliche Risiken kann unter Umständen die Spezialisierung einiger Fonds auf bestimmte Wirtschaftsbereiche mit sich bringen, da dies eine Einschränkung des Prinzips der Risikostreuung bedeutet. Beim Kauf ausländischer Fondsanteile, die auf eine fremde Währung lauten, müssen Sie das meist nicht unerhebliche Wechselkursrisiko mit in Ihre Entscheidungsfindung einbeziehen. Ansonsten gelten für Ethikfonds jedoch die gleichen Aussagen wie für jeden normalen Wertpapierfonds.

Vorsichtig sollten Sie immer dann sein, wenn Ihnen ethische Geldanlagen telefonisch oder durch Außendienstvertreter angeboten werden. Denn mittlerweile haben viele schwarze Schafe der Anlagebranche entdeckt, daß sich unter Ausnutzung des gestiegenen Umweltbewußtseins der Anleger mit „grünen Sprüchen" gut abkassieren läßt. Im günstigsten Fall kostet Sie ein solches Angebot nur einige Prozent zusätzliche Ankaufs- und Verwaltungsgebühren, im Extremfall besteht aber genauso die Gefahr, Ihren gesamten Anlagebetrag loszuwerden.

Vorsicht vor „ethischen" Abkassieren!

Können Sie sich zwar mit dem Gedanken einer verantwortlichen Geldanlage anfreunden, jedoch nicht mit einer Beteiligung an einem Investmentfonds, so bietet Ihnen der Markt auch Alternativen. Ganz normale Sparbuch- oder Sparbriefanlagen, bei denen Ihre Ersparnisse zur Finanzierung bestimmter Projekte, zum Beispiel im Bereich der Entwicklungshilfe oder im Sozialbereich, verwendet werden, finden Sie etwa bei der „Ökobank" in Frankfurt, bei einigen Kirchenbanken oder bei der von den Wohlfahrtsverbänden getragenen „Bank für Sozialwirtschaft". Hier erfahren Sie dann häufig genau, wofür Ihr Geld während des Anlagezeitraums verwendet wird. Ein Anlagerisiko gibt es bei diesen Angeboten in aller Regel nicht, da es sich um Spareinlagen handelt. Allerdings müssen Sie häufig Abstriche bei der Verzinsung machen, da die Gelder nur zu günstigen Konditionen an die Projektbetreiber ausgeliehen werden können, wenn gleichzeitig die Anleger sie der Bank zu einem niedrigeren Anlagezins zur Verfügung stellen.

2.6.4 Sonderformen von Wertpapieren

Neben den in den vorherigen Kapiteln beschriebenen Wertpapierarten, die den größten Anteil des Marktes einnehmen, gibt es eine Reihe von Wertpapiersonderformen. Häufig handelt es sich dabei um besondere Varianten von Schuldverschreibungen, die zum Beispiel eine vom Normalfall abweichende Verzinsung oder spezielle Zusatzrechte beinhalten. Darüber hinaus existieren aber auch einige Angebote, die sich nicht einer bestimmten Kategorie zuordnen lassen, sondern ein Zwischending zwischen Gläubiger- und Teilhaberpapier darstellen. Gemeinsam ist den Sonderformen, daß sie in aller Regel Anlageinstrumente sind, mit denen hauptsächlich Profis oder sehr gut informierte Privatanleger arbeiten. Das dürfte nicht zuletzt daran liegen, daß bei Geschäften mit einigen dieser Papiere beträchtliche Spekulationsrisiken einzugehen sind.

Die wichtigsten Sonderformen sollen im folgenden kurz erläutert werden.

2.6.4.1 Floating Rate Notes

Hinter dem neudeutschen Begriff „Floating Rate Notes" – kurz auch „FRNs" oder „Floater" genannt – verbirgt sich eine ganz einfache Produktidee. Abweichend von der im Normalfall festen Verzinsung von Schuldverschreibungen werden Anleihen hier mit einem variablen Zins ausgestattet. Dieser wird in regelmäßigen Abständen – meist alle drei oder sechs Monate – an die aktuelle Marktlage angepaßt. Als Maßstab für Zinsanpassungen dienen bestimmte Bezugszinssätze wie zum Beispiel der 3-Monats- bzw. 6-Monats-FIBOR.

Floater = Anleihe mit variablem Zins

Hinter der Abkürzung „FIBOR" verbirgt sich die Bezeichnung „Frankfurt Interbank Offered Rate". Das ist der durchschnittliche Zinssatz, zu dem sich Kreditinstitute am Frankfurter Geldmarkt gegenseitig Gelder für die entsprechenden Laufzeiten ausleihen. Die Zinsen der FRNs – mit diesem Kürzel werden die Papiere übrigens in den aktuellen Kursblättern ausgewiesen – liegen in der Regel jeweils um einen in den Anleihebedingungen festgelegten Auf- oder Abschlag über oder unter diesem Marktzins. Da die Anleiheverzinsung regelmäßig an die aktuelle Marktsituation angepaßt wird, nehmen Sie als Anleger voll an Veränderungen des Zinsniveaus teil. Größere Kursveränderungen wie bei normalverzinslichen Anleihen kommen dagegen nicht vor, weil die Anpassung an den Marktzins eben nicht über den Kurs, sondern direkt über den Zinssatz erfolgt.

Der Kauf von Floatern bietet sich vor allem an, wenn die Anlagezinsen niedrig sind, Sie aber von einem zukünftigen Anstieg des Zinsniveaus ausgehen. Als Inhaber solcher Papiere profitieren Sie dann von den Zinserhöhungen und können sich später durch einen Umstieg zum Beispiel in festverzinsliche Anleihen die gestiegenen Zinssätze langfristig sichern. In Hochzinsphasen sollten Sie lieber auf den Kauf von Floatern verzichten, denn der variable Zins kann sich in dieser Situation eigentlich nur noch zu Ihren Ungunsten entwickeln.

Die Neuausgabe von Floatern erfolgt im Vergleich zu normalen Anleihen relativ selten, so daß Sie die Papiere meist nur über die Börse kaufen können. Die Herausgeber sind vor allem deutsche und ausländische Kreditinstitute. Im Jahre 1990 haben aber auch Bundespost, Bundesbahn und die Bundesrepublik Deutschland eine variabel verzinsliche Anleihe aufgelegt.

2.6.4.2 Gewinnschuldverschreibungen

Bei diesen Papieren handelt es sich wiederum um eine Sonderform von Schuldverschreibungen. Der Unterschied gegenüber normalen Anleihen besteht darin, daß neben einer wie bei festverzinslichen Wertpapieren garantierten festen Grundverzinsung eine zusätzliche Gewinnbeteiligung gezahlt wird, die sich am Gewinn des ausgebenden Unternehmens orientiert. In bezug auf die Verzinsung sind Gewinnschuldverschreibungen deshalb ein Zwischending zwischen einer normalen Schuldverschreibung und einem Dividendenpapier wie zum Beispiel einer Aktie. Herausgegeben werden diese Papiere vor allem von Banken und Sparkassen.

Die Bedeutung von Gewinnschuldverschreibungen als Kapitalanlage ist in den letzten Jahren stark zurückgegangen, da der Gesetzgeber diese Anlageform aus dem Förderkatalog des Fünften Vermögensbildungsgesetzes herausgenommen hat und somit die zuvor verstärkt angebotenen vermögenswirksamen Sparverträge über den Erwerb solcher Wertpapiere unattraktiv geworden sind.

2.6.4.3 Wandelanleihen

Wandelanleihen – auch als „convertible bonds" bezeichnet – werden ausschließlich von Aktiengesellschaften ausgegeben. Die Besonderheit dieser Wertpapiere besteht darin, daß Sie als Anleger neben den bei Anleihen üblichen Rechten auf die Rückzahlung und eine feste Verzinsung des Anlagebetrages zusätzlich einen Anspruch auf den Umtausch der Schuldverschreibungen in Aktien der ausgebenden Aktiengesellschaft besitzen. Wann und zu welchen Bedingungen der Umtausch erfolgen kann, wird dabei von vornherein in den Anleihebedingungen festgelegt. Beträgt das Wandlungsverhältnis zum Beispiel 4 : 1, können

Sie während der vorgegebenen Wandlungsfristen Wandelschuldverschreibungen über einen Nennwert von 200 DM gegen eine Aktie mit einem Nennwert von 50 DM umtauschen. Bei einem Verhältnis von 5 : 1 müssen für den Kauf einer Aktie 250 DM Nennwert der Anleihe aufgebracht werden. Häufig sehen die Wandlungsbedingungen auch zusätzliche mit zunehmender Anleihelaufzeit steigende Preisaufschläge auf das einzubringende Anleihekapital vor. Dadurch soll eine erwartete Wertsteigerung der Aktie berücksichtigt werden.

Entscheiden Sie sich während der Frist, Ihre Schuldverschreibungen zu tauschen, werden Sie vom Gläubiger der Aktiengesellschaft zu deren Aktienteilhaber. Üben Sie das Wandlungsrecht nicht aus, bleiben Sie ein ganz normaler Anleihegläubiger. Wie bei jeder anderen Schuldverschreibung erhalten Sie Ihren Anlagebetrag dann zum Ende der Laufzeit zu 100 % zurückgezahlt.

Der Kauf einer Wandelanleihe bietet Ihnen somit die Möglichkeit, eine weitgehend risikolose Anlage in festverzinslichen Wertpapieren mit der Spekulation auf die Wertsteigerung einer bestimmten Aktie zu verbinden. Steigt der Kurs der Aktie tatsächlich, haben Sie den Vorteil, die Aktien im Rahmen der Wandlung zu einem günstigeren Preis erwerben zu können und so auf einen Schlag unter Umständen kräftige Kursgewinne einzufahren. Selbst, wenn Sie keinen Umtausch vornehmen wollen, bringt Ihnen ein Kursanstieg der Aktie Vorteile. Denn der Kurs der Wandelschuldverschreibung wird vor allem vom Börsenkurs der Aktie bestimmt und deshalb in einer solchen Situation ebenfalls steigen. Bei einem vorzeitigen Verkauf der Anleihe lassen sich so Kursgewinne realisieren.

Werden Ihre Hoffnungen auf einen günstigen Umtausch enttäuscht, weil der Kurs der Aktie unter den im Wandlungsverhältnis eingerechneten Wert sinkt, ist dies weit weniger dramatisch, als wenn Sie direkt in Aktien investiert hätten. Sie sind dann dadurch abgesichert, daß Sie einfach auf einen Umtausch verzichten und Ihre Anleihe bis zum Laufzeitende bei fester Verzinsung behalten können.

Der Preis für diese Vorteile ist eine gegenüber normalen festverzinslichen Wertpapieren deutlich geringere feste Verzinsung der Wandelanleihen. Deshalb sollten Sie den Kauf solche Papiere nur dann ins Auge fassen, wenn Sie fest mit einer positiven Entwicklung der Aktie rechnen, gleichzeitig das Anlagerisiko aber einschränken wollen. Außerdem sollten

niedrigere Verzinsung = Preis für Umtauschrecht

Sie das Anlagekapital zur Not bis zum Ende der Laufzeit der Anleihe entbehren können, um größere Kursverluste bei einem vorzeitigen Verkauf der Schuldverschreibungen auszuschließen.

2.6.4.4 Optionsanleihen

Eng verwandt mit den recht seltenen Wandelanleihen sind die wesentlich weiter verbreiteten Optionsanleihen, die vor allem von großen Industrieunternehmen und Banken herausgegeben werden. Der entscheidende Unterschied zwischen den beiden Wertpapierformen besteht darin, daß Optionsanleihen kein Umtauschrecht, sondern ein zusätzliches Bezugsrecht zum Erwerb von Aktien der ausgebenden Aktiengesellschaft verbriefen. Anders als bei einer Wandelanleihe ist der Kauf von Aktien also nicht automatisch mit dem Verzicht auf die Schuldverschreibungen verbunden. Sie haben vielmehr die Möglichkeit, zusätzlich zu den Gläubigerpapieren Aktienanteile an der Gesellschaft zu erwerben. Das Recht auf den Bezug der Aktien verbriefen die den Anleihepapieren beigefügten „Optionsscheine".

Die Ausgabebedingungen von Optionsanleihen regeln genau, in welcher Frist und zu welchem Kurs ein Aktienkauf möglich ist. Außerdem wird festgelegt, wie viele Aktien Sie mit einem Optionsschein erwerben können.

Da Optionsscheine eigenständige Wertpapiere sind, werden Sie auch getrennt von der Optionsanleihe an der Börse gehandelt. Möchten Sie Ihr Optionsrecht auf den Kauf der Aktien nicht ausüben, können Sie deshalb nach Ablauf einer bestimmten Frist den Optionsschein von der Anleihe trennen und verkaufen. An der Börse werden deshalb für Optionsanleihen drei verschiedene Kurse notiert, und zwar für die Optionsanleihe **mit** Optionsschein, für die Optionsanleihe **ohne** Optionsschein und für den Optionsschein allein. Dabei hängt der Kurs des Optionsscheins direkt von der Kursentwicklung der Aktie ab. Die Optionsanleihe mit Schein wird in ihrem Kurs ebenfalls von der Aktienkursentwicklung beeinflußt; der Kurs der Optionsanleihe ohne Schein richtet sich dagegen wie bei jedem normalen festverzinslichen Wertpapier vor allem nach dem jeweiligen Kapitalmarktzins.

Ob Sie von Ihrem Optionsrecht Gebrauch machen, wird letztlich von der Entwicklung des Aktienkurses abhängen. Es stellt sich dabei die Frage, ob der Bezug der Aktien über das Optionsrecht oder direkt über den Markt günstiger ist. Näheres zu diesen Überlegungen finden Sie im nächsten Kapitel.

Selbst wenn der Kurs für den Bezug der Aktien spricht, bleibt Ihnen als Alternative immer noch die Möglichkeit, die Optionsscheine zu versilbern, indem Sie sie vor dem Optionstermin über die Börse an einen anderen Interessenten verkaufen.

Ihr Anlagerisiko ist bei Optionsanleihen auf den Gegenwert der Optionsscheine beschränkt. Als letzte Sicherheit bleibt Ihnen immer die hundertprozentige Rückzahlungsgarantie der Anleihe. Wie bei Wandelanleihen müssen Sie sich dafür aber mit im Vergleich zu normalen Schuldverschreibungen deutlich niedrigeren Festzinsen zufriedengeben. Deshalb gilt auch hier wieder, daß sich der Kauf einer Optionsanleihe nur anbietet, wenn Sie bewußt auf einen steigenden Kurs der Aktie spekulieren.

2.6.4.5 Optionsscheine

Wie bereits erwähnt, werden Optionsscheine auch selbständig an der Börse gehandelt. Anders als bei einer Anlage in Optionsanleihen handelt es sich beim Handel mit Optionsscheinen jedoch um eine hochspekulative Anlageform ohne Netz und doppelten Boden. Dies verdeutlicht auch die Tatsache, daß Kreditinstitute gesetzlich verpflichtet sind, Kunden, die solche Geschäfte tätigen wollen, ausführlich über die damit verbundenen Risiken aufzuklären. Letztlich müssen Sie Optionsscheingeschäfte als eine Art Finanzwette mit hohen Gewinn- und Verlustmöglichkeiten betrachten, für die es kein „todsicheres" Erfolgsrezept gibt. Weshalb dies so ist, sollen Ihnen die folgenden Ausführungen verdeutlichen.

Neben den immer gemeinsam mit Optionsanleihen ausgegebenen Aktienoptionsscheinen werden an der Börse Optionsscheine gehandelt, die von vornherein als völlig eigenständige Wertpapiere emittiert werden. Im Fachjargon spricht man von „nackten" Optionsscheinen. Diese Scheine verbriefen ihren Inhabern das Recht, bestimmte Wertpapiere oder Währungsbeträge zu festen Terminen oder während bestimmter Fristen zu einem festgelegten Kurs erwerben oder verkaufen zu können. Bei einem Bezugsanspruch spricht man dabei von einem „Call"-Optionsschein, bei einem Verkaufsanspruch von einem „Put"-Optionsschein.

Je nach der Art des Spekulationsgegenstandes unterscheiden die Börsianer zwischen verschiedenen Optionsscheinarten, die in den Kurstabellen gesondert ausgewiesen werden. Die aus der Ausgabe von Optionsanleihen resultierenden Aktienoptionsscheine sind Ihnen bereits bekannt. Im Bereich der „nackten" Optionsscheine verbriefen Ihnen „covered warrants" (gedeckte Optionsscheine) das Recht auf den Bezug von Aktien, die in einem Sperrdepot fest hinterlegt sind.

Beinhalten die Optionsscheine einen Anspruch auf den Kauf oder Verkauf von festverzinslichen Wertpapieren, so werden sie als Zinsoptionsscheine bezeichnet. Möchten Sie dagegen auf den Verlauf einer bestimmten Währung spekulieren, müssen Sie die entsprechenden Währungsoptionsscheine kaufen. Außerdem werden Indexoptionsscheine gehandelt, mit denen Sie auf die Entwicklung bestimmter Aktienindizes – meist des Deutschen Aktienindex (DAX) – setzen können.

Welche Überlegungen bei einer Anlage in Optionsscheinen zu treffen sind und wann sich die Sache lohnt, soll Ihnen das folgende Beispiel einer Anlage in Aktienoptionsscheinen verdeutlichen.

Beispiel

Angenommen, Sie gehen davon aus, daß der Kurs einer bestimmten Aktie in Zukunft kräftig steigen wird, und kaufen an der Börse zu einem Preis von 20 DM einen Call-Optionsschein, der zum Bezug dieser Aktie berechtigt. Der Basiskurs, zu dem Sie die Aktie zum Optionstermin kaufen können, beträgt 260 DM. Bei Ausübung des Optionsrechtes würde Sie eine Aktie somit insgesamt 280 DM (Basiskurs + Preis des Optionsscheins) kosten.

Liegt zum Optionstermin der aktuelle Aktienkurs über der Summe von Basiskurs und Optionsscheinpreis, etwa bei 320 DM, lohnt sich die Ausübung des Optionsrechtes. Sie bekommen die Aktie auf diesem Wege billiger – im Beispiel um 40 DM – als im direkten Ankauf über die Börse. Verkaufen Sie die Aktie sofort nach dem Bezug zum Tageskurs, können Sie den Kursgewinn kassieren – wobei davon natürlich die anfallenden Abwicklungskosten abgehen.

Beträgt der Kurs genauso wie der Basispreis 260 DM, ist es letztlich egal, ob Sie die Option ausüben oder nicht. Es entsteht Ihnen in jedem Fall ein Verlust in Höhe des Optionspreises von 20 DM. Haben Sie sich gründlich verkalkuliert und der aktuelle Aktienkurs zum Op-

tionstermin beträgt zum Beispiel nur 200 DM, lohnt es sich nicht, das Bezugsrecht auszuüben, da dies für Sie nur einen Mehraufwand von 80 DM pro Aktie gegenüber einem Direktkauf bedeuten würde. Das Verfallenlassen des Optionsscheins schlägt dagegen nur mit 20 DM negativ zu Buche.

Für Pessimisten, die mit fallenden Kursen rechnen, bietet der Markt die Möglichkeit, mit Put-Optionsscheinen auch am negativen Trend zu verdienen. Diese Scheine verbriefen das Recht, bestimmte Wertpapiere oder Währungsbeträge an den Ausgeber zu einem festen Kurs verkaufen zu können. Hier beginnt die Gewinnzone, wenn die aktuellen Kurse unter den Betrag fallen, der sich ergibt, wenn Sie den gezahlten Optionsscheinpreis vom festgelegten Basiskurs abziehen. Put-Optionsscheine bekommen Sie allerdings nur als Zins-, Währungs- oder Indexoptionsscheine. Optionsscheine auf Aktien werden lediglich als Call-Optionsscheine für Kursoptimisten ausgegeben.

Call-Optionsscheine für Kursoptimisten
Put-Optionsscheine für Kurspessimisten

Den meisten Käufern von Optionsscheinen geht es jedoch – obwohl eigentlich diese Rechte gehandelt werden – weniger darum, Wertpapiere oder Währungsbeträge tatsächlich kaufen oder verkaufen zu können. Im Vordergrund steht vielmehr das Ziel, durch Optionsscheinspekulationen eine schnelle Mark mit einem relativ geringen Kapitaleinsatz zu machen.

Dies verdeutlichen vor allem die Geschäfte mit Indexoptionsscheinen. Hier besteht erst gar keine Möglichkeit mehr, tatsächlich Wertpapiere zu beziehen oder zu verkaufen. Sie schließen vielmehr mit dem Herausgeber des Optionsscheins eine Wette darüber ab, daß der Wert des Index sich während der Laufzeit des Scheins über oder unter einen bestimmten Basiswert entwickeln wird. Ihr Einsatz ist der gezahlte Optionspreis, der häufig nur wenige Mark beträgt. Liegen Sie mit Ihrer Einschätzung richtig, können Sie den Optionsschein jederzeit beim Herausgeber einlösen. Dieser zahlt Ihnen dann je nach den Ausgabebedingungen die Differenz zwischen dem aktuellen Indexwert und dem vereinbarten Basiswert oder einen Bruchteil davon in DM aus.

Erfolgreiche Anleger profitieren davon, daß, wenn sich die Kurse der Optionsgegenstände in die gewünschte Richtung entwickeln, gleichzeitig auch die Optionsscheine teurer werden. Durch einen „Hebeleffekt" lassen sich dabei Gewinne erzielen, die im Verhältnis zum eingesetzten Kapital weit über den Gewinnen einer Direktanlage liegen.

Beispiel

Der im vorigen Beispiel eines Call-Optionsscheins bei einem aktuellen Kurs von 320 DM erzielte Schnitt von 40 DM, bezogen auf den eingesetzten Optionsscheinpreis von 20 DM, würde immerhin einen Gewinn von 100 % bedeuten. Hätten Sie anstatt eines Optionsscheins die Aktien direkt zu einem Preis von beispielsweise 260 DM gekauft, wäre der Kursgewinn pro Aktie mit 60 DM (es fallen keine Kosten für den Optionsschein an) absolut zwar höher, bezogen auf das eingesetzte Kapital wären dies aber lediglich rund 23 % Gewinn.

Dieser Hebeleffekt wird um so stärker, je niedriger der Preis des Optionsscheins im Verhältnis zum aktuellen Kurs der Aktie ist. Die Kehrseite der Medaille besteht darin, daß der Hebel natürlich auch umgekehrt wirkt und sich Kursverluste, bezogen auf den eingesetzten Optionspreis, ebenfalls überproportional auswirken. Einen Totalverlust des Anlagebetrages müssen Sie deshalb immer einkalkulieren.

Eine Anlage in Optionsscheinen setzt unbedingt den vollen Durchblick durch die Abwicklung, die Chancen und Risiken des Optionsgeschäftes sowie eine permanente Verfolgung der aktuellen Entwicklungen auf den Kapitalmärkten voraus. Daß bereits das Verstehen, wie die Sache funktioniert und wann sich zum Beispiel die Ausübung einer Option oder der vorzeitige Verkauf des Optionsscheins lohnen, nicht leicht ist, zeigen Ihnen die – noch recht einfach gestalteten – obigen Beispiele. Sollten Sie Probleme mit dem Verständnis haben, ist das kein Grund, an Ihrer Intelligenz zu zweifeln. Viele Bankangestellte, die nicht gerade auf diesen Bereich spezialisiert sind, dürften ebenfalls ihre liebe Not mit der Erklärung solcher Zusammenhänge haben.

Für Sie sollten Verständnisprobleme ein deutliches Zeichen dafür sein, das Spekulieren mit Optionsscheinen lieber den Profis zu überlassen. Hier wie für alle anderen Anlagegeschäfte gilt der Grundsatz: Lassen Sie sich niemals auf Anlageformen ein, deren Verlauf und Risiken Sie nicht völlig durchschauen!

Optionsscheinspekulationen nur für erfahrene Anleger!

Interessieren Sie sich dennoch stark für diesen Anlagebereich, sollten Sie überlegen, ob es nicht sinnvoll wäre, erst einmal zu üben, bevor Sie einen Teil Ihrer Ersparnisse ins Feuer schicken. So bieten Wirtschaftszeitschriften wie „Capital" und „DM" Ihren Lesern von Zeit zu Zeit die Möglichkeit, gegen eine geringe Teilnahmegebühr an Börsenspielen teilzunehmen. Hier können Sie unter realistischen Bedingungen unter anderem auch mit Optionsscheinen spekulieren und konkret erfahren, wie diese Geschäfte funktionieren und – nicht zuletzt – ob Ihre Nerven das überhaupt aushalten.

2.6.4.6 Genußscheine

Zunehmend populärer bei den Kapitalanlegern sind in den vergangenen Jahren die Genußscheine geworden, die von Insidern auch kurz als „Genüsse" bezeichnet werden. Der Hauptgrund für die Attraktivität dieser Papiere ist die im Vergleich zu Anleihezinsen und Aktiendividenden durchweg höhere Rendite. Allerdings müssen als Gegenleistung auch gewisse Anlagerisiken in Kauf genommen werden, denn die Sicherheit von Genußscheinen ist stark abhängig von der Bonität der Herausgeber, bei denen es sich überwiegend um Kreditinstitute und Wirtschaftsunternehmen handelt, die frisches Kapital benötigen.

Eine direkte Zuordnung von Genußscheinen zu einer bestimmten Wertpapierkategorie ist nicht möglich. Sie stellen vielmehr ein Zwischending zwischen Anleihen und Aktien dar. Je nach der Ausgestaltung der verbrieften Rechte lassen sich Genußscheine entweder mehr den Anleihen oder mehr den Aktien zurechnen. „Den" typischen Genußschein gibt es dabei mangels einer verbindlichen gesetzlichen Regelung nicht. Fast alle an der Börse gehandelten Scheine unterscheiden sich in den Teilrechten, die sie ihren Inhabern gewähren. Deshalb sollten interessierte Anleger die Ausgabeprospekte der verschiedenen Genußscheine immer sehr genau studieren.

Prospekte genau studieren!

Gemeinsam sind den meisten Genußscheinen – ähnlich wie bei Anleihen – der Anspruch des Inhabers auf Rückzahlung des Anlagebetrages zum Nennwert sowie ein grundsätzliches Anrecht auf eine jährliche Zinsausschüttung.

Wie sicher der Rückzahlungsanspruch ist, entscheidet letztlich aber die Zuverlässigkeit des Herausgebers der Genußscheine. Im „Falle eines Falles", der Pleite des Unternehmens, haben Sie als Genußscheininhaber relativ schlechte Karten, Ihr Kapital zurückzubekommen. Sie sind erst

dann an der Reihe, wenn andere Gläubiger, zum Beispiel die Inhaber von Anleihen, ihr Geld bereits zurückerhalten haben. Lediglich Aktionäre müssen in dieser Situation noch länger zittern. Daß eine solche Krisensituation durchaus eintreten kann, hat der Fall des Handelshauses Klöckner & Co. im Jahr 1988 gezeigt, bei dem in einer wirtschaftlich schweren Situation des Unternehmens das Anlagekapital der Genußscheininhaber nur durch eine Rettungsaktion der Deutschen Bank erhalten werden konnte. Da die meisten an der Börse gehandelten Genußscheine heute jedoch von großen Kreditinstituten herausgegeben werden – die meist selbst dann noch kräftig verdienen, wenn es anderen Branchen schlecht geht -, dürfte das Risiko eines Kapitalverlustes bei einer Anlage in diesen Papieren zur Zeit relativ gering sein.

Oftmals unsicher ist dagegen, wie hoch Ihre jährlichen Erträge aus der Genußscheinanlage auf Dauer ausfallen. Anders als bei Anleihen hängen die Zinszahlungen hier nämlich vom erzielten Gewinn des Emittenten ab. Nur in Ausnahmefällen erhalten Sie selbst dann eine Gutschrift, wenn das Unternehmen rote Zahlen schreibt.

Welchen Ertragsanspruch die verschiedenen Genußscheine genau verbriefen, regeln im einzelnen wieder die Ausgabebedingungen. Allerdings läßt sich in diesem Zusammenhang zwischen verschiedenen typischen Grundvarianten unterscheiden.

Die sicherste Verzinsung bieten grundsätzlich Genußscheine mit festem Zins. Auch hier werden häufig die Zinsen aber nur dann voll ausgezahlt, wenn das herausgebende Unternehmen entsprechende Überschüsse erwirtschaftet hat. Fällt der Gewinn magerer aus, müssen Sie sich entweder mit weniger zufriedengeben oder die Zinsgutschrift für das betreffende Jahr sogar komplett abschreiben. Einige Genußscheine sehen allerdings vor, daß solche Aus-

sicherste Variante: Genußscheine mit festem Zins

fälle in späteren „fetten" Jahren nachgezahlt werden. Trotz der bestehenden Ertragsrisiken ähneln Genußscheine mit festem Zins eher festverzinslichen Anleihen als Aktien. Auch der Kursverlauf der Papiere orientiert sich – solange keine Unternehmenskrise eintritt – vor allem am Rentenmarkt.

Wesentlich näher bei den Aktien sind dagegen Genußscheine einzuordnen, deren Verzinsung vollständig von der Gewinnentwicklung des Unternehmens abhängt. Maßstab für die Höhe der Ausschüttung ist hier entweder die jeweils an die Aktionäre gezahlte Dividende oder sogar unmittelbar die vom Herausgeber erwirtschaftete Rendite des gesamten Unternehmenskapitals oder des Eigenkapitals. In schlechten Jahren gehen Sie als Inhaber dieser Papiere komplett leer aus. Solche Genußscheine bieten also genauso wenig Planungssicherheit bei den Erträgen wie Aktien und sind deshalb eher etwas für risikofreudige Anleger.

Einen Kompromiß zwischen Genußscheinen mit festem Zins und völlig gewinnabhängiger Verzinsung bieten Genußscheine, die eine gewisse feste Mindestverzinsung vorsehen und den darüber hinausgehenden Ausschüttungsbetrag von der Höhe der an die Aktionäre ausgezahlten Dividende oder der Unternehmensrendite abhängig machen. In guten Zeiten können Sie so am Unternehmenserfolg teilhaben; läuft es schlecht, müssen Sie sich dagegen mit der Mindestverzinsung zufriedengeben.

Zusätzlich zu den unterschiedlichen Zinsansprüchen versehen einige Emittenten ihre Genußscheine mit dem Recht auf einen Umtausch in oder einem Optionsrecht auf den zusätzlichen Bezug von Aktien. Genau wie bei Wandel- oder Optionsanleihen sind das Wandlungsverhältnis bzw. der Bezugspreis der Aktien von vornherein festgelegt. Solche Genußscheine reagieren in ihrem Kursverlauf stark auf Veränderungen des Aktienkurses. Bei einer positiven Entwicklung der Aktie haben Sie so die Möglichkeit, von Kursgewinnen zu profitieren. Sinkt der Aktienkurs dagegen, bleibt Ihnen als Sicherheit die Verzinsung des Genußscheins, die gleichzeitig auch den Kursverfall des Wertpapieres in Grenzen hält.

Für welche Art von Genußscheinen Sie sich – wenn diese Anlageform für Sie überhaupt ein Thema ist – entscheiden, hängt letztlich von Ihrer Risikofreudigkeit ab. Wollen Sie soweit wie möglich auf Nummer Sicher gehen, kommen nur Genüsse mit festem Zins in Frage. Setzen Sie dagegen voll auf den wirtschaftlichen Erfolg des ausgebenden Unternehmens, bieten Ihnen die komplett ertragsabhängigen Papiere die größten Gewinnchancen. Falls Sie zwar mit steigenden Aktienkursen rechnen, aber dennoch nicht alles auf eine Karte setzen möchten, bleiben Ihnen immer noch die gemischt verzinsten oder mit einem Wandel- bzw. Optionsrecht versehenen Genußscheine.

Wie Ihre Entscheidung auch ausfällt, auf alle Fälle sollten Sie sich den Herausgeber der Papiere genau ansehen. Neben den an der Börse vertretenen Emittenten bieten übrigens auch andere Kreditinstitute – vor allem Sparkassen und Genossenschaftsbanken – und Unternehmen Genußscheine an, die nicht an der Börse gehandelt werden. Wichtige Informationen über den Herausgeber sind beispielsweise die Unternehmensergebnisse der vergangenen Jahre, die auf Genußscheine in der Vergangenheit ausgeschütteten Beträge sowie die allgemeine Einschätzung der Zukunft des Unternehmens. Solche Daten sollte jeder qualifizierte Anlageberater einer Bank oder Sparkasse parat haben. Als Anhaltspunkt für die Sicherheit der Anlage läßt sich außerdem die avisierte Verzinsung der Scheine zu Rate ziehen. Wie bei Anleihen gilt grundsätzlich auch hier: Je unsicherer der Kandidat, desto höher die angebotene Verzinsung!

Faustformel: Je höher avisierte Verzinsung, desto riskanter die Genußscheinanlage

Zum Kauf von Genußscheinen müssen Sie in der Regel ein Kreditinstitut einschalten, das Ihnen dann die Papiere entweder direkt beim Ausgeber oder über die Börse besorgt. Angeboten werden Genußscheine meist in einer Stückelung von 50, 100 oder 1000 DM. Die Laufzeiten liegen üblicherweise bei zehn und mehr Jahren, wobei insbesondere bei börsennotierten Werten aber die Möglichkeit eines jederzeitigen Verkaufs besteht. Einige Genußscheine werden sogar völlig unbefristet herausgegeben, sehen aber ein Kündigungsrecht vor.

Die Zinsgutschriften aus Genußscheinen erhalten Sie meist jährlich zu einem bestimmten Ausschüttungstermin. Eine Besonderheit der Papiere besteht darin, daß bei einem zwischen zwei Zinsterminen liegenden Verkauf nicht wie bei festverzinslichen Wertpapieren die anteiligen Stückzinsen abgerechnet werden. Bei Genußscheinen erhöht sich statt dessen kontinuierlich der Kurs um die aufgelaufenen Zinsen. Nach jedem Ausschüttungstermin sinkt der Kurs dann auf einen Schlag um den ausgezahlten Zinsbetrag. Für Steuersparer ergibt sich hierdurch eine interessante Möglichkeit, dem Fiskus ein Schnippchen zu schlagen. Da Kursgewinne von der Einkommensteuer befreit sind, wenn

Steuerspar-möglichkeit

Sie die Wertpapiere mindestens sechs Monate besessen haben, können Zinsen auf Genußscheine bei einem Verkauf kurz vor dem Ausschüttungstermin steuerfrei kassiert werden.

Die sehr unterschiedlichen Gestaltungsmöglichkeiten machen Genußscheine nicht gerade zu einer für jedermann leicht durchschaubaren Anlageform. Bevor Sie Ihr Geld in solche Papiere stecken, sollten Sie sich deshalb bis in alle Einzelheiten über die Ausgestaltung der verschiedenen Genußscheine sowie die Bonität des Emittenten informieren. Pflichtlektüre ist dabei vor allem der jeweilige Verkaufsprospekt. Nur so können Sie weitgehend sicherstellen, daß ein Besitz der Scheine auch tatsächlich zum „Genuß" wird.

2.7 Sonstige Sachwertanlagen

2.7.1 Gold

Viele Anlageberater empfehlen ihren Kunden traditionell, einen Teil von 5 bis 10 % des Vermögens in Gold anzulegen. Die Investition in das begehrte Edelmetall soll als Sachwertanlage vor allem vor Staats- und Wirtschaftskrisen sowie vor der schleichenden Geldentwertung durch die Inflation schützen. Als Goldanlageformen kommen dabei gleich mehrere Möglichkeiten in Frage. Neben dem direkten Kauf von Goldbarren und Goldmünzen, wie dem südafrikanischen „Krügerrand", dem kanadischen „Maple Leaf" oder dem amerikanischen „Eagle" können Sie zum Beispiel auch Goldzertifikate erwerben, die Ihnen das Eigentum an einer bestimmten Menge Gold oder Goldmünzen verbriefen. Außerdem bieten ausländische Banken „Golddepots" an – Konten, bei denen Ihnen als Inhaber kein Geldbetrag, sondern eine bestimmte von der Bank hinterlegte Goldmenge gutgeschrieben wird und bei denen Sie jederzeit Zu- oder Verkäufe veranlassen können. Auf keinen Fall verwechseln dürfen Sie solche Golddepots mit den „Goldkonten" ausländischer Anbieter. Hier erwerben Sie für Ihr Geld nur einen Anspruch auf die Lieferung einer entsprechenden Goldmenge, die allerdings nicht sofort von der Bank als Sicherheit hinterlegt werden muß. Insbesondere bei zweifelhaften Instituten kann dies im Extremfall dazu führen, daß nichts von Ihrem Kapital übrig bleibt. Um sich vor bösen Erfahrungen zu schützen, sollten Sie Edelmetallgeschäfte ohnehin nur mit über jeden Zweifel erhabenen Kreditinstituten tätigen. Nur so können Sie relativ sicher sein, daß Ihnen keine gefälschten Barren oder

„Golddepot" nicht mit ausländischen „Goldkonten" verwechseln

Münzen angedreht werden. Für sehr spekulativ veranlagte Gemüter bietet sich auch die Möglichkeit, anstelle eines direkten Edelmetallkaufs Aktien einer Goldminengesellschaft zu erwerben oder über den Kauf von Gold-Optionsscheinen auf die künftige Kursentwicklung zu wetten.

Unter Sicherheitsaspekten spricht tatsächlich für eine Goldanlage, daß Sie hier für Ihr Erspartes nicht nur eine Forderung, sondern einen realen Sachwert erhalten, dessen Werthaltigkeit nicht wie zum Beispiel bei Wertpapieren mit dem Erfolg und der Zuverlässigkeit eines Herausgebers steht und fällt. Das bedeutet aber leider nicht automatisch, daß Sie als Goldbesitzer gegen jegliche Anlagerisiken gefeit wären. Das Edelmetall wird an den internationalen Börsen gehandelt und unterliegt deshalb grundsätzlich auch den herrschenden Marktgesetzen von Angebot und Nachfrage. Hinzu kommen politische Einflüsse und schwer auszurechnende Anlegerreaktionen, die die Entwicklung des Goldpreises teilweise völlig unberechenbar machen. Selbst der immer wieder in den Vordergrund gestellte Schutz vor Inflation hat in den vergangenen Jahren nicht funktioniert. Anstatt parallel zum allgemeinen Preisniveau zu steigen, ist der Goldpreis seit dem „Goldrausch" im Jahre 1980 mit Ausnahme eines Zwischenhochs im Jahre 1983 kontinuierlich gefallen und hat sich erst 1993 wieder etwas erholt. Auch wenn Kursausschläge teilweise nicht so extrem ausfallen wie etwa bei Aktien, müssen Sie als Goldanleger immer damit rechnen, daß – insbesondere bei einem unglücklich gewählten Erwerbszeitpunkt – Ihr Kapital durch Kursverluste angegriffen wird. Eine solche Entwicklung trifft Sie bei dieser Anlageform um so mehr, weil Gold keine laufende Verzinsung abwirft, die Kursverluste zumindest teilweise ausgleichen könnte. Eine Rendite läßt sich aus Goldbeständen deshalb auch nur erzielen, wenn der Goldpreis sich im Zeitraum zwischen Kauf und Verkauf des Metalls entsprechend positiv entwickelt.

Goldanlage bietet keine laufenden Erträge!

Beim Kauf von Gold – vor allem in Form von Goldmünzen oder Medaillen – fallen außerdem unterschiedlich hohe Aufgelder an, die zur Deckung der Prägekosten dienen, aber zum Teil auch den über den reinen Materialwert hinausgehenden ideellen Wert der Anlagemöglichkeit wiedergeben. Das Problem der Aufgelder besteht darin, daß bei einem Verkauf häufig nur der reine Materialwert erzielt werden kann und somit weitere Einbußen entstehen. Wie hoch die Aufgelder beispielsweise bei einzelnen Goldmünzen ausfallen, können Sie im Börsenteil der großen Tageszeitungen an der Differenz zwischen den ausgewiesenen An- und Verkaufskursen ablesen. Meiden sollten Sie in diesem Zusammenhang vor allem Medaillen, die im Gegensatz zu Münzen keinen Nennwert einer bestimmten Währung verkörpern, denn deren Ausgabepreise sind meist mit sehr hohen Aufgeldern belastet.

Vorsicht ist auch bei den von einigen Kreditinstituten angebotenen und meist über luxemburgische Tochtergesellschaften abgewickelten Goldsparplänen geboten, bei denen die Bank für Ihre regelmäßigen Monatsraten Goldbarren oder -münzen kauft. Hier werden Ihnen von jeder Rate zusätzliche Gebühren in Höhe von 5 bis 10 % des Ratenbetrages abgezogen.

Der zu Beginn des Kapitels angesprochene Tip vieler Anlageberater ist angesichts der Entwicklung des Goldpreises in den letzten Jahren recht kritisch zu sehen. Zwar sollten Sie bei spekulativen Anlagen immer dann einsteigen, wenn der Tiefpunkt erreicht ist, diesen Zeitpunkt auch zu erwischen ist allerdings eine andere Sache. Eine Anlage in Gold kommt ohnehin nur dann in Frage, wenn Sie bereits über ein größeres Vermögen verfügen und einen geringen Anteil davon nicht in Sparanlagen oder Wertpapieren, sondern in leicht handelbare, relativ krisensichere Sachwerte investieren wollen. Sind Sie allerdings erst dabei, ein Vermögen aufzubauen, bietet sich als Alternative eher der Kauf festverzinslicher Wertpapiere zuverlässiger Herausgeber an, die Ihnen ohne große Risiken fest kalkulierbare laufende Erträge garantieren.

2.7.2 Immobilien

Etwas mehr Geld als zum Kauf einer Goldmünze müssen Sie schon mitbringen, wenn Sie als Sachwertanlage eher auf Immobilien setzen. Bei solchen Anlageplänen stellt sich zunächst die grundsätzliche Frage, ob Sie ein Objekt bauen oder kaufen wollen, um es selbst zu bewohnen, oder ob Sie lediglich Ihr Geld anlegen und als Ertrag Miete kassieren und Steuervorteile wahrnehmen wollen.

Der Bau oder Erwerb eines Eigenheimes stellt zwar letztlich auch eine langfristige Geldanlage dar, die Ihnen als Ertrag zum Beispiel hohe Mietbelastungen erspart. Meist dürfte der Entschluß für das eigene Häuschen aber wohl eher unter Gesichtspunkten wie der Wohnqualität oder dem Wunsch, endlich „der eigene Herr im Haus“ zu sein, gefällt werden und weniger aus rein wirtschaftlichen Gründen. Vor allem Anbieter von Baufinanzierungen rechnen ihren Kunden zwar in Hochglanzprospekten vor, wie vorteilhaft der Besitz eines Eigenheimes ist. Solche Berechnungen sollten Sie allerdings mit Vorsicht genießen. Häufig werden hier Milchmädchenrechnungen aufgemacht, die für die nächsten 30 Jahre die beim Verbleib in einer Mietwohnung zu erwartenden Mietkosten den mit einem Bau- oder Kaufvorhaben verbundenen Finanzierungskosten gegenüberstellen. Der Vergleich geht – wie nicht anders zu erwarten – zugunsten des Eigentums aus. Nicht berücksichtigt wird in diesem Zusammenhang in aller Regel, daß Sie als Mieter, der sein Erspartes gut anlegt, anstatt es in die eigenen vier Wände zu stecken, damit natürlich auch Erträge erwirtschaften. Diese müssen bei einer realistischen Wirtschaftlichkeitsbetrachtung als entgangene Einnahmen zu den Kosten des Eigentums gerechnet werden. Unter diesen Bedingungen können die Ergebnisse eines Vergleiches schnell ganz anders aussehen. Lassen Sie sich deshalb nicht von solchen Werbebeispielen blenden.

Da, wie angesprochen, die Entscheidung für ein Eigenheim von einer Reihe nicht wirtschaftlich erfaßbarer Gesichtspunkte beeinflußt wird, soll an dieser Stelle nur der allein zum Zweck der Kapitalanlage dienende Erwerb von Miet- oder Gewerbe-Immobilien ausführlicher behandelt werden.

Objektbewertung

Das A und O bei einer Anlage in Immobilien ist die sorgfältige Auswahl des richtigen Objektes. Hierbei gibt es eine Fülle von Punkten zu beachten, die Einfluß auf den Wert eines Objektes und den aus der Vermietung erzielbaren Ertrag nehmen. So müssen neben der Art der Immobilie, der baulichen Substanz, der Gestaltung und Ausstattung zum Beispiel auch der regionale Standort, die Lage des Grundstückes, die Verkehrsanbindung, die sonstige örtliche Infrastruktur sowie die Marktlage und das Mietpreisniveau für Immobilien am Standort bei der Bewertung berücksichtigt werden. Wie diese Kriterien im einzelnen zu gewichten sind, hängt dabei hauptsächlich von der Art des Objektes ab. So spielt es etwa bei einem Ladenlokal eine große Rolle, ob sich das Objekt in einer guten Lauflage befindet; bei einer Eigentumswohnung interessiert dagegen wohl eher, daß sie in einer ruhigen Gegend, aber dennoch verkehrsgünstig liegt.

Wie Ihnen die angesprochenen Bewertungspunkte zeigen, ist eine zutreffende Einschätzung des Wertes und der Ertragsmöglichkeiten aus einer Immobilie keine Sache für Laien. Besonders schwierig gestaltet sich die Bewertung bei Gewerbe-Immobilien, da hier zusätzliche, die potentiellen Mieter betreffende Aspekte wie die Konkurrenzsituation vor Ort und die Arbeitsmarktlage zu berücksichtigen sind. Sind Sie nicht zufällig ein intimer Kenner des Immobilienmarktes, sollten Sie auf keinen Fall irgendwelche Kaufentscheidungen treffen, ohne sich vorher unter Einschaltung neutraler Fachleute umfassend informiert zu haben. Ansprechpartner sind hierbei vor allem neutrale Wertsachverständige, deren Adressen Sie in der Regel bei den Industrie- und Handelskammern erfahren oder einfach im Telefonbuch finden. Auskunft über die üblichen Grundstückspreise geben Ihnen ebenfalls die Kommunen, die über Bodenrichtwertkarten verfügen, die die aktuellen Preise für bestimmte Wohngebiete aufzeigen. Auch Kreditinstitute kennen die ortsüblichen Preise, wobei diese Quelle allerdings nur in Frage kommt, wenn die Bank die Immobilie nicht selbst anbietet oder finanziert. Ein erster Eindruck über die Marktsituation läßt sich außerdem dadurch gewinnen, daß Sie intensiv die Immobilienseiten der Lokalpresse studieren.

Neutrale Fachleute hinzuziehen!

Unbedingt sollten Sie sich bei bereits errichteten Gebäuden die als Kapitalanlage angebotene Immobilie und deren Umgebung mit eigenen Augen ansehen. Allzu oft unterschreiben Anleger den Kaufvertrag, ohne das Objekt oder das Grundstück vorher besichtigt zu haben, und erleben hinterher bei einem beabsichtigten Wiederverkauf eine böse Überraschung.

Ebenfalls sehr wichtig ist die Einschaltung eines Steuerfachmannes zur Prüfung der steuerlichen Auswirkungen der Immobilienanlage, da die Rendite wesentlich von den erzielbaren Steuerersparnissen abhängt. Hier zeigt sich, daß eine solche Anlageform vor allem für Besserverdienende interessant ist, denn je höher die persönliche Steuerbelastung ausfällt, desto größer sind die Steuersparmöglichkeiten durch Abschreibungen und Werbungskosten.

Steuerliche Auswirkungen prüfen!

Erwerbermodelle

Aus steuerlichen Gründen wird der Kaufpreis häufig auch ganz oder teilweise durch Kredite finanziert. Bei solchen als „Erwerbermodelle" bezeichneten Angeboten ist allerdings äußerste Vorsicht geboten, denn es handelt sich meist um keine echte Kapitalanlage mehr, sondern um reine Steuersparmodelle. Eigentlich spricht aus Anlegersicht zwar nichts dagegen, dem Fiskus auf legale Weise ein Schnippchen zu schlagen, unseriöse Vertreiber machen sich diese steuerlichen Möglichkeiten aber zunutze, um arglose Kunden kräftig über den Tisch zu ziehen und dabei fette Provisionen zu kassieren. So werden im Rahmen von Erwerbermodellen oftmals auf dem freien Markt kaum absetzbare heruntergewirtschaftete Immobilien zu „Mondpreisen" verkauft und den Käufern als optimale Anlageform dargestellt. Typisch ist dabei, daß die Finanzierung zu 100 % über Kredite läuft und dem Anleger durch Tricks wie unrealistische Garantiemieten und hohe Disagien, die über einen begrenzten Zeitraum die laufenden Finanzierungskosten drücken, vorgegaukelt wird, er könne für eine langfristige monatliche Nettobelastung von zum Beispiel 100 oder 200 DM Eigentümer einer vermieteten Immobilie werden, die sich dann zu einem späteren Zeitpunkt mit kräftigem Gewinn weiterverkaufen läßt. Nach den Erfahrungen der Verbraucherverbände enden solche Aktionen aber allzu oft damit, daß sich die Belastungen nach Ablauf einer Frist von vier oder fünf Jahren plötzlich vervielfachen und dem Eigentümer über den Kopf wachsen. Ein Verkauf ist – wenn überhaupt – dann nur zu einem Bruchteil des gezahlten Preises möglich. Als Ergebnis bleiben am Ende häufig nichts als Schulden. Der einzige Unterschied zu den in den achtziger Jahren vor allem an wohlhabende Ärzte und Rechtsanwälte verkauften Bauherrenmodellen, die in der Regel ebenfalls in einer finanziellen Katastrophe endeten, besteht bei den Erwerbermodellen darin, daß die Verkäufer heutzutage noch nicht einmal mehr vor einfachen Arbeitern und kleinen Angestellten haltmachen.

Vorsicht bei vollfinanzierten Erwerbermodellen!

Erkennen lassen sich solche unseriösen Angebote meist schon am gewählten Vertriebsweg. In der Regel werden sie auf dem freien Kapitalmarkt durch sogenannte Strukturvertriebe an den Mann oder die Frau gebracht. Typisch dafür ist, daß Ihnen ein smarter „Finanzberater" eine „ein-

malige Steuersparmöglichkeit" entweder direkt anbietet oder Sie von nichtsahnenden Bekannten und Verwandten, die bereits selbst unterschrieben haben, auf einen „heißen Steuerspartip" hingewiesen werden. Oftmals wird den Kunden vom Verkäufer sogar eine Prämie angeboten, wenn sie ihm Adressen von Bekannten nennen. Versucht ein Vermittler, Sie bei einem solchen Angebot unter Druck zu setzen, weil es sich angeblich um die letzte Gelegenheit für einen Kauf handelt, sollten Sie dies ebenfalls als ein deutliches Anzeichen für unseriöse Machenschaften verstehen. Häufig werden Kunden innerhalb kürzester Zeit förmlich zum Notar „geschleift", um die beurkundeten Kaufverträge zu unterschreiben. Die notwendige Einschaltung eines Notars ist dabei keine Garantie dafür, daß die Sache auch mit rechten Dingen zugeht, denn er beurkundet lediglich das Geschäft und ist für den Inhalt der Verträge nicht verantwortlich. Falls auch Ihnen eines Tages eine solches Angebot ins Haus flattert, sollten Sie sehr mißtrauisch sein und keinesfalls irgend etwas unterschreiben, bevor Sie nicht mit Immobilienfachleuten oder Ihrer Hausbank Rücksprache gehalten und das Angebot auf Herz und Nieren geprüft haben.

Rendite der Immoblien-Anlage

Von den schwarzen Schafen aber wieder zurück zur Immobilie als seriöser Anlageform. Die Sicherheit einer Immobilienanlage wird vor allem von der Qualität des Objektes und der Marktlage bestimmt. Die Tatsache, daß Grundstücks- und Gebäudepreise sich normalerweise bei einem allgemein steigenden Preisniveau ebenfalls verteuern, schützt dabei vor Wertverlusten durch die Inflation. Kapitalverluste können allerdings eintreten, wenn das Objekt zu einem Zeitpunkt verkauft werden muß, in dem der Markt für diese Immobilie völlig am Boden liegt. Angesichts der derzeitigen Wohnungsnot dürfte dies vor allem bei Mietwohnungen in den nächsten Jahren aber wohl kaum zu erwarten sein. Wahrscheinlicher sind in der Zukunft leichte Preisrückgänge wohl eher bei Gewerbe-Immobilien, da hier in bestimmten Regionen das Angebot schon die Nachfrage übersteigt.

Entscheidenden Einfluß nimmt die jeweilige Marktsituation auch auf die Rendite der Immobilienanlage. Die Höhe des Ertrages wird nämlich vor allem von den steuerfreien Wertsteigerungsgewinnen des Objektes und von den erzielbaren Mieteinnahmen bestimmt. Hinzu kommen die durch Abschreibungen und die Absetzung von Werbungskosten entstehenden Steuervorteile. Allerdings fallen gleichzeitig auch Aufwendungen für die Verwaltung und Instandhaltung des Objektes an, die die Erträge mindern. Welche Rendite Ihnen eine solche Anlage bietet, ist im voraus nicht bestimmbar. Sie können allenfalls die Ergebnisse der Vergangenheit betrachten und darauf hoffen, daß die positive Entwicklung der letzten Jahre weiter anhält. Mit Spitzenrenditen ist dabei allerdings kaum zu rechnen, denn die Erträge aus Immobilienanlagen liegen üblicherweise unter denen, die sich etwa mit dem Kauf von festverzinslichen Wertpapieren erwirtschaften lassen. Beachten müssen Sie außerdem, daß sich ein Immobilienobjekt nicht wie an der Börse gehandelte Wertpapiere problemlos zu Geld machen läßt. Ein Verkauf ist, wenn überhaupt, nur mit größerem Aufwand und entsprechenden Abwicklungskosten möglich.

Interessant sind Immobilien deshalb vor allem als langfristige Anlageform für vermögende Anleger mit hohem Einkommen, wobei für diese vor allem die steuerliche Seite einen großen Anreiz bietet. Als Normalverdiener, dessen Vermögen sich noch im Aufbau befindet, sollten Sie lieber Ausschau nach sicheren Wertpapieranlagen halten, die Ihnen eine möglichst hohe fest kalkulierbare Verzinsung bieten. Dies gilt insbesondere dann, wenn Ihr steuerlicher Zinsfreibetrag noch nicht voll ausgenutzt wird und Sie die Zinsen somit ohne Abzug kassieren können. Reizt Sie die Immobilienanlage dennoch, wäre zu überlegen, ob ein Immobilienfonds nicht die bessere Alternative zu einem Direkteinstieg wäre. Mit dem Kauf von Fondsanteilen könnten Sie zunächst einmal mit geringem Einsatz und eingeschränktem Risiko in den Immobilienmarkt hineinschnuppern.

Alternative: Immobilienfonds

3 Angebote des „Grauen Kapitalmarktes"

Mehrere Milliarden DM Schaden entstehen nach Schätzungen von Experten in Deutschland jährlich durch betrügerische Kapitalanlagen. Mit einem Abebben der Betrügereien ist nach Ansicht des Bundeskriminalamtes trotz ständiger Warnungen, unter anderem auch von seiten der Verbraucherverbände, vorerst nicht zu rechnen. Der Tummelplatz für die unseriösen Kapitalanlagen ist der sogenannte „Graue Kapitalmarkt". Halbseidene Verkäufer, die sich hochtrabend „Finanz-", „Anlage-" oder „Vermögensberater" nennen, meist aber nur gut verkaufen können und selbst kaum Ahnung von Finanzgeschäften haben, drehen hier arglosen Anlegern oftmals betrügerische Anlageangebote an. Der Ort des Verkaufs ist in der Regel keine Börse oder Bankfiliale, sondern das Wohnzimmer oder das Telefon des Opfers.

3.1 Angebotsformen

Die Angebote des Grauen Kapitalmarktes haben gemeinsam, daß es sich hierbei nach Aussage des Verkäufers immer um „den" heißen Tip handelt, mit dem sich im Handumdrehen Traumrenditen erzielen lassen. Außerdem werden häufig kräftige Steuervorteile in Aussicht gestellt.

3.1.1 Options-, Termin- und Zinsdifferenzgeschäfte

Als Anlageformen werden gerne hochspekulative Options- und Termingeschäfte angeboten, bei denen durch die Ausnutzung von Kursverschiebungen an den internationalen Börsen innerhalb kürzester Zeit hohe Gewinne erzielt werden sollen. Gegenstand des Handels können sowohl bestimmte Rohstoffe oder Waren – wie Kupfer, Kaffee oder die bekannten „Schweinehälften an der Chicagoer Börse" – als auch Währungsbeträge oder Wertpapiere sein. Man spricht deshalb auch von „Warentermingeschäften" und „Finanztermingeschäften".

Beliebt sind auch Zinsdifferenzgeschäfte, bei denen unterschiedliche Zinsniveaus an den internationalen Börsen für Gewinne genutzt werden sollen. Häufig wird Ihr Kapital dabei zum Kauf von Wertpapieren verwendet, die wiederum bei einer ausländischen – meist schweizerischen – Bank als Sicherheit für einen über der Anlagesumme liegenden Kredit hinterlegt werden. Die ausgezahlte Kreditsumme dient dann zum Kauf weiterer Wertpapiere, die höhere Erträge als den zu zahlenden

Kreditzins abwerfen sollen, wie zum Beispiel australische Dollaranleihen. Auch wenn das auf den ersten Blick recht erfolgversprechend aussieht, führen die mit dieser Konstruktion verbundenen Risiken, insbesondere das Kursrisiko der Wertpapiere und der ausländischen Währung, sowie die vom Vermittler verlangten hohen Abwicklungsgebühren, oftmals zu großen finanziellen Verlusten.

Unabhängig davon, ob es sich um Options-, Termin-, Zinsdifferenzgeschäfte oder die in der Vergangenheit bei Anlagebetrügern ebenfalls beliebte Anlage in amerikanische „Penny Stocks" – zu Minipreisen erhältliche Aktien von Gesellschaften, die teilweise allein zum Zwecke des Abkassierens von Anlegern gegründet werden und schnell wieder von der Bildfläche verschwinden – handelt, enden solche Geschäfte in aller Regel damit, daß Sie Ihr Erspartes zum größten Teil oder sogar komplett abschreiben können. In nicht wenigen Fällen, in denen die Anleger zur zusätzlichen Kreditaufnahme gedrängt wurden, gehört darüber hinaus ein Schuldenberg zum Anlageergebnis. Die Ursache für die ungünstige Entwicklung ist nach Aussagen der Verkäufer – wenn sie überhaupt noch erreichbar sind – immer in der unvorhersehbar schlechten Marktentwicklung zu suchen. Viele besitzen sogar die Dreistigkeit, ihre Kunden mit der Begründung, daß man soviel Pech nur einmal haben könne, zu einer weiteren Einzahlung aufzufordern und gleich das nächste Geschäft anzubieten, das die Verluste angeblich wieder wettmachen soll.

häufiges Ergebnis: Kapitalverlust und Kreditschulden

Während einige Anbieter tatsächlich mit Ihrem Geld an den Börsen spekulieren, machen sich andere erst gar nicht die Mühe, wirklich Geschäfte zu tätigen, sondern kassieren das Geld gleich ab. Dem Kunden wird jedoch durch gefälschte Abrechnungen und Kontoauszüge ein echtes Geschäft vorgegaukelt – Branchenkenner sprechen hierbei zutreffend von „Luftgeschäften". Wird mit Ihrem Kapital tatsächlich spekuliert, kommen die Anbieter häufig dadurch auf ihre Kosten, daß sie den Kunden die erfolglosen Aktionen zuschieben und selbst die gewinnbringenden Geschäfte einstreichen. Teilweise kassiert man die Anleger aber auch ganz einfach über horrende Gebühren ab, die für jedes abgeschlossene Geschäft berechnet werden. Ihr Geld wird dann so lange hin und her geschoben, bis die Gebühren es aufgefressen haben.

3.1.2 Erwerbermodelle

Eine Angebotsform, die weniger mit dem Hinweis auf schnelle Gewinne verkauft wird, sondern dazu geeignet sein soll, Steuersparmöglichkeiten auszunutzen und gleichzeitig wertvolles Immobilienvermögen zu erwerben, sind die Erwerbermodelle. Daß hierbei oftmals einiges faul ist und was es bei solchen Angeboten zu beachten gibt, konnten Sie in diesem Kapitel bereits im Abschnitt „2.7.2 Immobilien" ausführlich lesen. Eine Wiederholung soll deshalb an dieser Stelle nicht erfolgen.

3.1.3 „Sparplan"-Angebote

Dubiose Geldanlageformen werden aber nicht nur an Anleger verkauft, die größere Geldbeträge zur Verfügung haben. In den letzten Jahren hat sich ein großer Teil der Bauernfänger darauf spezialisiert, getreu dem Motto „Kleinvieh macht auch Mist" langfristige Sparpläne mit relativ geringen monatlichen Ratenzahlungen zu konzipieren. Damit kommen auch Personen als Kunden – oder Opfer – in Frage, die bisher noch keine größeren Summen ansparen konnten. Beliebt sind in diesem Zusammenhang vor allem Beteiligungssparpläne, die – weil sie rein rechtlich die Voraussetzungen erfüllten – bis Ende 1993 sogar noch nach dem 936-DM-Gesetz gefördert wurden, was viele Kunden leider als untrügliches Kennzeichen für die Seriosität der Angebote ansahen.

Ähnliche Sparpläne werden ebenfalls für Sparbeträge angeboten, die keine vermögenswirksamen Leistungen sind. Die Grundlage hierfür ist unabhängig von der Art der Einzahlungen fast immer die Beteiligung an einem Unternehmen, das in der Regel allein zu diesem Zweck gegründet wurde. Daß mit solchen Beteiligungen große unternehmerische Risiken und eingeschränkte Kündigungsmöglichkeiten verbunden sind, wird von den Verkäufern natürlich nur sehr selten erwähnt. Überwiegend werden die Angebote als normaler Sparplan mit sehr guter Verzinsung dargestellt. Was genau mit Ihrem Geld geschieht, sagt häufig noch nicht einmal der Verkaufsprospekt. Bei solchen „blind pools" geben Sie Ihr Geld tatsächlich blind in der Hoffnung aus der Hand, daß schon alles mit rechten Dingen zugehen wird. Typisch für solche Verträge sind auch die hohen Kostenbelastungen durch Abschlußgebühren und Vergütungen für den Treuhänder, der eigentlich die Verwendung der Kundengelder überwachen soll, oft aber mit den Betreibern unter einer Decke steckt. Ein wesentlicher Vorteil für die Betreiber und Verkäufer solcher zweifelhafter Be-

typisch: hohe Abschluß- u. Treuhänder-gebühren

teiligungspläne besteht darin, daß die ersten Rückzahlungen an Kunden regelmäßig erst nach Ablauf des Einzahlungszeitraums, der meist zwischen sechs und zehn Jahren liegt, fällig werden. Erst dann zeigt sich, ob die Gelder überhaupt zurückgezahlt werden können und wenn ja, welche Verzinsung tatsächlich erzielt wurde. Die schwarzen Schafe fliegen somit erfahrungsgemäß erst mit einer gehörigen Zeitverzögerung auf und können bis dahin viele Kunden über den Tisch ziehen. Wenn die Stunde der Wahrheit naht, sind die Betreiber oftmals bereits über alle Berge. Da der Vertrieb dieser Angebote des Grauen Kapitalmarktes vor allem Mitte der achtziger Jahre richtig ausgebaut wurde, dürfte bei den genannten Laufzeiten wohl in den kommenden Jahren mit mehreren großen Pleiten und Zigtausenden von geschädigten Sparern zu rechnen sein.

3.1.4 Time-sharing-Beteiligungen

Ein weiteres in den vergangenen Jahren immer häufiger von unseriösen Vermittlern angebotenes Produkt sind die Time-sharing-Beteiligungen. Die Grundlage des Time-sharing-Konzeptes ist der Gedanke, eine Ferienwohnung nicht komplett an einen Käufer, sondern wochenweise an interessierte Anleger zu verkaufen. Mit der Unterzeichnung des Time-sharing-Vertrages erwerben Sie dann in der Regel das Recht, ein bestimmtes Appartement oder eine Ferienwohnung in vertraglich festgelegten Jahreswochen mietfrei nutzen zu können. Einige Anbieter praktizieren auch ein Punktesystem, bei dem Sie kein festes Wohnrecht an einer bestimmten Wohnung erwerben, sondern für Ihren Anlagebe-

trag jährlich eine bestimmte Anzahl von Punkten erhalten, mit denen Sie für die Unterbringung in einer dem Unternehmen angeschlossenen Wohnanlage zahlen können. Attraktive Reiseziele kosten dabei natürlich auch mehr Punkte. Die Preise bewegen sich je nach der Attraktivität des Urlaubsziels und der Ausstattung der Wohnanlage in etwa zwischen 10.000 und 40.000 DM für zwei Ferienwochen in der Hauptsaison. Teilweise kann der Kaufpreis auch ratenweise gezahlt werden.

Unseriöse Anbieter nutzen durch den Verkauf von Time-sharing-Beteiligungen den Wunsch vieler Menschen nach einem unkomplizierten und günstigen Urlaub aus, um sich selbst gesundzustoßen. So wurden in der Vergangenheit schon Beteiligungen an Ferienwohnanlagen verkauft, die entweder überhaupt nicht existierten oder bei denen es sich um nur noch zum Abriß geeignete Bauruinen handelte. Allerdings gibt es auch einige seriöse Time-sharing-Anbieter, die dieses Geschäft bereits seit Jahren betreiben.

Selbst wenn der Anbieter seriös ist, stellt sich aber immer noch die Grundfrage, ob Time-sharing eine sinnvolle Anlageform ist. Die Stiftung Warentest kommt aufgrund von Vergleichsrechnungen in der Ausgabe 6/1991 der Zeitschrift „Finanztest" zu dem Ergebnis, daß Time-sharing-Beteiligungen schon rein wirtschaftlich gesehen in den meisten Fällen nicht zu empfehlen sind, da der Urlaub auf diesem Wege durch zusätzliche Kosten, zum Beispiel für die Instandhaltung der Wohnanlage und die selbst zu organisierende An- und Abreise, unter dem Strich teurer kommt als eine ganz normale Pauschalreise mit gleichem Reiseziel.

meist teurer als Pauschalreise

Interessieren Sie solche Angebote dennoch, sollten Sie sich, bevor Sie einen Vertrag unterschreiben, unbedingt umfassend darüber informieren, wie lange und mit welchen Ergebnissen das Unternehmen bereits im Geschäft ist und in welchem Zustand sich die Wohnanlagen befinden. Ansprechpartner können hier zum Beispiel andere Kunden sein, die schon eigene Erfahrungen gesammelt haben und die Anlagen bereits kennen. Sie sollten in diesem Zusammenhang allerdings darauf achten, daß diese Personen nicht in irgendeinem engen Verhältnis zum Anbieter stehen oder sogar neue Kunden vermitteln.

Niemals sollten Sie einen Time-sharing-Vertrag direkt im Reiseland abschließen. Viele schwarze Schafe holen sich ihre Opfer nämlich direkt von der Strandpromenade und überreden sie an Ort und Stelle zur Unterschrift. Sind Sie dann einem Betrüger aufgesessen, können Sie rechtliche Schritte oftmals nicht in Deutschland, sondern nur direkt im Urlaubsland einleiten – was die ganze Sache natürlich noch komplizierter macht.

3.2 Vertriebsformen

Ein wichtiges Erkennungsmerkmal für unseriöse Angebote des Grauen Kapitalmarktes ist die praktizierte Vertriebsform. In der Regel wird der erste Kontakt telefonisch hergestellt. Diese Form der Kundenansprache ist zwar gesetzlich verboten, wenn sie nicht mit dem ausdrücklichen oder stillschweigenden Einverständnis des Kunden erfolgt, die meisten Verkäufer scheren sich allerdings in keiner Weise darum.

Keine Telefongeschäfte tätigen!

3.2.1 Telefonverkauf

Besonders aggressiv treten nach den Erfahrungen der Verbraucherverbände die Verkäufer von Options- oder Termingeschäften auf. Da kann es Ihnen durchaus passieren, daß Sie ein Unbekannter am Telefon plötzlich mit der Frage überrascht, ob Ihnen klar wäre, daß Sie in den vergangenen Wochen 5.000 DM verloren hätten. Ihre Verwirrung löst der Anrufer dann dadurch auf, daß er Ihnen erzählt, Sie hätten das Geld gewinnen können, wenn Sie ein bestimmtes Anlagegeschäft mit seiner Firma – die häufig einen klangvollen englischen Namen aufweist – getätigt hätten. So versucht man, die oft wahllos aus dem Telefonbuch herausgegriffene potentielle Kundschaft neugierig zu machen. Die einzige Qualifikation, die solche Verkäufer aufzuweisen haben, ist in der Regel dann auch eine Schulung über die psychologischen Tricks, mit denen man Kunden herumkriegen kann. Dies bestätigt auch das Ergebnis einer Großrazzia der Staatsanwaltschaft Essen im Frühjahr 1993, bei der gleich eine ganze Gruppe von Betrügerfirmen ausgehoben wurde. Die festgenommenen Mitarbeiter waren vor allem Arbeitslose und Vorbestrafte, die von den verkauften Optionsgeschäften nicht die geringste Ahnung hatten. Daß als entstandener Schaden dennoch ein dreistelliger Millionenbetrag vermutet wird, spricht für die „Verkaufsqualitäten" der Mitarbeiter. Deren Tätigkeit spielt sich meist ausschließlich am Telefon ab. Hat ein „Opfer" erst einmal angebissen, läßt man es einen Geldbetrag von üblicherweise einigen tausend Mark auf ein genanntes Konto überweisen. Nach diesem Einstiegsgeschäft beginnt häufig aber erst der richtige „Telefonterror". Man bearbeitet den Kunden so lange, bis er weitere Beträge einzahlt und teilweise sogar Kredite dafür aufnimmt. Ist bei ihm nichts mehr zu holen, bricht der Telefonkontakt meist sehr schnell ab, und der Verkäufer ist bei Nachfragen in der Anlagefirma nicht mehr erreichbar.

3.2.2 Strukturvertrieb

Eine weitere Vertriebsschiene, die gerne für den Verkauf unseriöser Geldanlageangebote genutzt wird, ist der sogenannte Strukturvertrieb. Es handelt sich hierbei um Vertriebsorganisationen, die streng hierarchisch aufgebaut sind. Innerhalb der Hierarchie gilt das Prinzip „Je weiter oben man steht, desto mehr läßt sich verdienen". Das Fußvolk der haupt- und nebenberuflichen Verkäufer kommt bei diesem Geschäft mit recht bescheidenen Provisionen am schlechtesten weg und muß deshalb entsprechend hohe Umsätze machen, um überhaupt leben zu können. Das wichtigste Kapital in dieser Branche sind deshalb die Adressen von potentiellen Kunden. Um an diese heranzukommen, lassen sich die Verkäufer eine ganze Menge einfallen. Häufig werden die Altkunden ausgequetscht oder sogar mit Prämien für jede weitergegebene Adresse gelockt. Oft wird auch versucht, die Kunden gleich als nebenberufliche Mitarbeiter zu gewinnen. Gelockt wird dabei vor allem mit angeblich möglichen Spitzenverdiensten und der Aussicht auf die Einnahme einer Führungsposition im Unternehmen. In den dann erfolgenden Schulungen wird alles unternommen, um möglichst viele Kundenadressen zu bekommen. Eine beliebte Aufgabe bei Anfängerseminaren ist es daher, die neuen Mitarbeiter dazu aufzufordern, zunächst einmal die Namen aller Bekannten und Verwandten aufzuschreiben, die für eine „Beratung" in Frage kommen könnten. Diese werden später von den Verkäufern abgegrast, wobei der Neueinsteiger entweder den Kontakt zwischen Bekannten und Anbieter selbst herstellt oder der Hinweis auf eine mit ihm bestehende Geschäftsbeziehung als Türöffner dient.

In diesem Zusammenhang können Sie auch beobachten, daß aus einer Ihnen bekannten Person, die vorher zum Beispiel als Handwerker oder einfache Angestellte tätig war und keine besonderen Kenntnisse in Finanzangelegenheiten hatte, innerhalb kürzester Zeit ein „Vermögens-" oder „Anlageberater" bzw. eine „-beraterin" wird. Das den meisten Anlegern unbekannte Problem besteht darin, daß es sich hierbei um keine geschützte Berufsbezeichnung handelt und sich somit jeder im Prinzip so nennen kann, ohne irgendwelche Konsequenzen fürchten zu müssen. Eine Beratung in finanziellen Fragen, die diese Bezeichnung tatsächlich verdient, erfordert dagegen vom Berater eine fundierte Ausbildung sowie möglichst langjährige Erfahrungen. Eine von den meisten Strukturvertrieben praktizierte, hauptsächlich auf den schnellen Verkaufserfolg ausgerichtete Schnellausbildung vermittelt solche Fachkenntnisse nicht. Da Sie wohl auch kaum eine komplizierte Elektroinstallation von einem in Schnellkursen angelernten Bankkaufmann durchführen lassen würden, sollten Sie konsequenterweise Ihre Geldangelegenheiten ebenfalls nicht in die Hände solcher schlecht ausgebildeter Anlagevermittler legen.

Jeder kann sich „Vermögensberater" nennen!

Selbst wenn Ihnen der Vermittler glaubhaft nachweist, daß er selbst sein Geld in die angebotene Anlageform investiert hat, spricht das nicht unbedingt für ein seriöses Angebot. Oftmals sind die nichtsahnenden Verkäufer selbst den Betrügern aufgesessen und werden von diesen als Werkzeug für weitere Geschäfte mißbraucht. Da sie von dem, was sie anbieten, absolut überzeugt sind und Gewissensbisse deshalb nicht den Verkauf behindern können, sind solche Mitarbeiter für die Betreiber des Strukturvertriebes häufig besonders wertvoll.

3.2.3 „Lockvogel-Methode" und „Schneeballsysteme"

An der gleichen Stelle setzt auch die Verkaufsmethode an, neue Anleger durch denn gezielten Einsatz von „Lockvögeln" zu gewinnen. Man sucht sich einen Kunden mit möglichst großem und wohlhabendem Bekanntenkreis, dem die angebotene Anlageform aufgeschwatzt wird. In der Folgezeit zahlt der Betreiber dann tatsächlich die in Aussicht gestellten hohen Erträge. Den Rest besorgt das Stammtischgespräch. Der Kunde gibt den heißen Tip an seine Freunde und Bekannten weiter, die natürlich ebenfalls einsteigen. Hat die Anlagefirma genug eingesammelt, setzen sich die Betreiber ab und hinterlassen die geprellte Kundschaft.

Nach dem gleichen Prinzip funktionieren Schneeballsysteme. Hier werden die zur Auszahlung kommenden hohen Renditen der Altkunden größtenteils aus den Einzahlungen der Neukunden gespeist. Das System bricht erst zusammen, wenn nicht mehr genug neue Anleger gewonnen werden

Schneeballsysteme: Zinsen aus Neuanlagegeldern gezahlt

können. Zu diesem Zeitpunkt sind die Anlagebetrüger meist mit den kassierten Abschlußprovisionen und dem verbliebenen Anlagekapital über alle Berge. Zurück bleiben vor allem die arglosen Verkäufer, die häufig nichtsahnend ihre Freunde und Verwandten um deren Ersparnisse gebracht haben und sich nun mit den rechtlichen Konsequenzen auseinandersetzen müssen.

Ein „gutes" Beispiel für den Schaden, den solche Schneeballsysteme anrichten können, ist der Fall der Firma „Ambros S.A.". Die von deutschen Anlagehaien gegründete Gesellschaft mit Sitz in Panama und Liechtenstein sammelte in etwas mehr als vier Jahren über deutsche Vertriebsgesellschaften von rund 55.000 Anlegern mehr als 800 Millionen DM an Anlagegeldern ein. Den Anlegern wurden traumhafte Renditen von bis zu 6 % pro Monat versprochen, die durch hochspekulative Options- und Termingeschäfte erzielt werden sollten. Als die Betreiber das Spielerglück verließ und nur noch Verluste eingefahren wurden, begann man, die angeblich erzielten Anlageerträge der Altkunden mit den Einzahlungen der Neukunden zu finanzieren. Nach dem Zusammenbruch des Schneeballsystems landeten die Ambros-Macher zwar hinter Gittern, für die betroffenen Anleger verblieben in diesem größten Anlageskandal der letzten Jahre allerdings nur noch etwas mehr als 8 Millionen DM, die auf einem Bankkonto sichergestellt werden konnten.

Wie Sie sehen, geht es auf dem Grauen Kapitalmarkt nicht gerade zimperlich zu. Vielleicht kennen Sie sogar jemanden, der solche Erfahrungen schon am eigenen Leib gemacht hat. Auf keinen Fall sollten Sie sich darauf verlassen, daß es so etwas in Ihrer Umgebung nicht geben kann. Der Anlagebetrug ist ebenfalls kein Phänomen, das lediglich in typischen Finanzstädten auftritt. Gerade Kleinstädte und Dörfer bilden mit ihren vielen Beziehungen unter den Einwohnern oft den idealen Nährboden für unseriöse Anlagemodelle. So sind von einigen Firmen schon halbe Dörfer um ihr Erspartes gebracht worden.

Schützen können Sie sich vor solchen Erfahrungen nur, wenn Sie eine ganze Reihe von Vorsichtsmaßnahmen beachten und vorliegende Angebote genauestens prüfen. Eine Nachfrage bei Ihrer Bank kann dabei oft sehr hilfreich sein. Vor allem eins sollten Sie sich immer wieder klarmachen: Die meisten Anlagebetrügereien funktionieren nur, weil die Anleger völlig den Blick dafür verlo-

Auf „realistische" Renditen achten!

ren haben, welche Renditen mit seriösen Anlageformen realistisch erzielbar sind. Die Gier nach den in Aussicht gestellten utopischen Erträgen ist der denkbar schlechteste Anlagegrund.

3.3 Checkliste zur Erkennung unseriöser Anbieter und Angebote

Die Kriminalpolizei in Düsseldorf, die sich immer wieder mit Fällen von Anlagebetrug auseinandersetzen muß, hat ihre Erfahrungen in einer „Checkliste für Kapitalanleger" zusammengefaßt. Diese erlaubt es, vorliegende Angebote nach bestimmten Merkmalen – die zum Teil bereits ausführlich dargestellt wurden – relativ schnell zu überprüfen. Weist ein Angebot eines oder mehrere Negativmerkmale auf, sollten Sie sehr vorsichtig sein und keine voreiligen Entscheidungen treffen.

Informationen zu unseriösen Anlagefirmen bietet außerdem die Verbraucher-Zentrale Berlin mit ihrer regelmäßig aktualisierten „Liste der unseriösen Geldanlageangebote", die unter der Adresse „Bayreuther Str. 40, 10787 Berlin" angefordert werden kann.

Checkliste für Kapitalanleger

1. Wie wurde der Erstkontakt mit Ihnen hergestellt?

Kein seriöser Anbieter von Finanzdienstleistungen wird Ihnen seine Produkte am Telefon anbieten, schon weil wettbewerbsrechtliche Gründe dem entgegenstehen.

Legen Sie Ihr Geld nie bei einer Firma oder Institution an, die sich telefonisch bei Ihnen gemeldet hat.

2. Wie hoch ist die in Aussicht gestellte Rendite?

Nehmen Sie die aktuelle Verzinsung zehnjähriger Bundesanleihen als Maßstab. Liegt die versprochene Rendite höher, so ist das Produkt auch mit höheren Risiken behaftet. Weder aufwendige Prospekte noch repräsentative Büroräume und moderne Kommunikationsmittel sind eine Gewähr für seriöse Abwicklung.

Je höher das Gewinnversprechen, desto unwahrscheinlicher ist der Gewinn.

3. Wird Ihnen ein kleines Geschäft zum Einstieg angeboten?

Der Trick ist einfach: Zum Einstieg wird Ihnen ein sogenanntes Erstgeschäft mit einem minimalen Betrag angeboten. Damit sollen Sie die Leistungsfähigkeit des Vermittlers testen. Wenn Sie dann Vertrauen gefaßt haben, werden Sie gnadenlos „abgezockt".

Lassen Sie sich auf gar keinen Fall zu einem noch so kleinen Erstgeschäft überreden.

4. Denken Sie etwa an eine „Schwarzgeld-Anlage"?

Wer Ihnen augenzwinkernd ganz tolle Angebote in diesem Bereich offeriert, könnte Sie einmal erpressen. Bedenken Sie außerdem: Die Ermittlungsverfahren gegen die Verantwortlichen solcher Unternehmen werden auch durch die Steuerfahndung geführt. So müssen Sie unter Umständen Ihr verlorenes Kapital nachträglich versteuern und zusätzlich mit einer Strafe und Geldbuße rechnen.

Machen Sie sich nicht erpreßbar; Steuerehrlichkeit zahlt sich immer aus.

5. Werden Sie unter Zeitdruck gesetzt?

Bei unseriösen Vermittlungsgesellschaften gibt es eigentlich immer nur einen, der unter Zeitdruck handelt, das ist die Vermittlungsgesellschaft selbst. Sie muß aus einem Kunden möglichst viel Geld in möglichst kurzer Zeit herauspressen. Denn es besteht immer die Gefahr, daß der Kunden ihr auf die Schliche kommt.

Lassen Sie sich bei Geldanlagen nie unter Zeitdruck setzen.

6. Wer ist der Anbieter?

Fragen Sie nach früheren Geschäften des Anbieters und dabei möglicherweise aufgetretenen Unregelmäßigkeiten. Schöpfen Sie alle Informationsquellen insbesondere auch dann aus, wenn Verwandte oder Bekannte Ihnen ein solches Geschäft anbieten.

Gerade auf dem freien Kapitalmarkt tummeln sich mit Vorliebe Dilettanten und Ganoven.

7. Wo ist der Geschäftssitz des Anbieters?

Denken Sie von vornherein an Ihre Telefonrechnung und an eine immerhin mögliche gerichtliche Auseinandersetzung. Würden Sie gerne in Großbritannien oder Spanien klagen?

Geschäftssitze in Panama, Chanel Islands, Bahamas und Liechtenstein sind äußerst bedenklich.

8. Wo liegt das Investitionsobjekt?

Würden Sie in ihrem Heimatort ein Haus kaufen, ohne es vorher anzusehen? Wohl kaum. Auf eine genaue Ortsbesichtigung sollten Sie auch bei entfernteren Objekten nur unter den widrigsten Umständen verzichten. Verzichten Sie lieber auf die Investition.

Die drei wichtigsten Qualitätsmerkmale einer Immobilie sind: die Lage, die Lage und die Lage!

9. Wer ist der Treuhänder?

Der Treuhänder muß eine vom Anbieter unabhängige Person oder Institution sein, die bis zur Investition alleinigen Zugriff auf die Kasse hat. Sonst ist Ihr Geld in Gefahr.

Vertrauen in Treuhänder ist gut. Kontrolle ist besser.

10. Wie sieht die Investitionsrechnung aus?

Sie sind kein Bittsteller, sondern der Investor. Lassen Sie sich nicht mit ein paar pauschalen Angaben abspeisen. Verlangen Sie eine detaillierte Kostenaufstellung.

Informationen zu angebotenen Kapitalanlagen sind eine Bringschuld des Anbieters.

C Besteuerung von Kapitaleinkünften

Für reichlich Wirbel hat die vom Bundesfinanzminister – als Reaktion auf ein Urteil des Bundesverfassungsgerichtes – durchgesetzte Neuregelung der Besteuerung von Kapitalerträgen durch die Einführung der Zinsabschlagsteuer zum 1. Januar 1993 gesorgt. Die Angst vieler schlecht oder falsch informierter Sparer vor dem automatischen Steuerabzug ließ dabei die Tatsache, daß die Änderungen für diejenigen, die auch bereits vor dem Stichtag ihre Kapitaleinkünfte ordentlich versteuert haben, große Vorteile gebracht hat, leider in den Hintergrund treten. Dieses Kapitel soll nun Licht ins Dunkel der Besteuerung von Anlageerträgen bringen und Ihnen zeigen, wie diese grundsätzlich funktioniert, welche Auswirkungen die Zinsabschlagsteuer hat und wie Sie die erhöhten Steuerfreibeträge richtig nutzen können. Die Besteuerung des Kapitalbesitzes, zum Beispiel durch Vermögensteuer und Grundsteuer, wird dabei nicht angesprochen, weil dies den Rahmen des Kapitels sprengen würde.

1 Einkünfte aus Kapitalvermögen

Welche Einnahmen zu den „Einkünften aus Kapitalvermögen" im steuerlichen Sinne gehören, regelt § 20 des Einkommensteuergesetzes in einem ganzen Katalog von Unterpunkten. Die wichtigsten Positionen für den „normalen" Sparer sind die „Zinsen aus sonstigen Kapitalforderungen". Darunter werden zum Beispiel alle Zinseinnahmen aus Einlagen und Guthaben bei Kreditinstituten sowie aus Anleiheforderungen und Dividenden und sonstige Bezüge aus Aktien, Genußscheinen und sonstigen Unternehmensbeteiligungen verstanden. Alle aus den in § 20 Einkommensteuergesetz aufgezählten Quellen erzielten Einnahmen müssen Sie im Rahmen Ihrer Einkommensteuererklärung angeben, und zwar in einem als „Anlage KSO" bezeichneten Vordruck. Diesen Bogen muß übrigens jeder Steuerpflichtige ausfüllen und unterschreiben, egal ob er solche Einkünfte hat oder nicht. Durch die Unterschrift wird dokumentiert, daß der Unterzeichnende darüber informiert ist, daß sämt-

liche vereinnahmten Kapitalerträge aufzuführen sind. Die in der Vergangenheit bei verschwiegenen Kapitaleinkünften benutzte Ausrede gegenüber dem Finanzamt, man sei sich der Steuerpflicht nicht bewußt gewesen, zieht somit heute nicht mehr. Wer bei einer „Steuerverkürzung" erwischt wird, muß mit entsprechenden Nachzahlungen und Strafen rechnen.

Der Ansatz ganz normaler Zinseinnahmen, zum Beispiel aus einer Anlage in Festgeldern, Sparbriefen oder festverzinslichen Wertpapieren, erfolgt in der Steuererklärung einfach in voller Höhe des Auszahlungsbetrages. Etwas komplizierter gestaltet sich die Versteuerung von Dividendenerträgen aus Aktienanlagen. Die Aktiengesellschaft muß zunächst von dem zur Ausschüttung vorgesehenen Teil des Bilanzgewinns (Bruttodividende) die Körperschaftsteuer in Höhe von 36 % (bis zum 31. Dezember 1993) bzw. von 30 % (ab dem 1. Januar 1994) direkt an das Finanzamt abführen. Von der verbleibenden Bardividende zieht dann das Kreditinstitut nochmals 25 % Kapitalertragsteuer ab und zahlt Ihnen die verbleibende Nettodividende aus. Über die einbehaltenen Steuerbeträge erhalten Sie eine Bescheinigung. Die darin ausgewiesenen – bereits einbehaltenen – Steuern werden Ihnen im Rahmen der Steuererklärung als Guthaben auf Ihre tatsächliche Steuerschuld angerechnet. Diese Abwicklungsweise führt dazu, daß Sie trotz der erst einmal vorgenommenen pauschalen

Bruttodividende
-Körperschaftssteuer
Bardividende
-Kapitalertragsteuer
Nettodividende

Steuererhebung letztlich nur soviel Steuern zahlen, wie es Ihren persönlichen Einkommensverhältnissen entspricht. Wurden Ihnen vorab mehr Steuern abgezogen, als Sie eigentlich zahlen müssen, erhalten Sie eine Rückerstattung des zuviel einbehaltenen Betrages. Von vornherein vermeiden läßt sich der Steuerabzug durch die Erteilung eines entsprechenden Freistellungsauftrages (siehe Seite 157 ff.).

Zur Verdeutlichung ein Beispiel, das bereits den ab dem 1. Januar 1994 geltenden niedrigeren Körperschaftsteuersatz auf ausgeschüttete Gewinne von 30 % berücksichtigt:

Beispiel

Sie besitzen einige Aktien der XY-AG, auf die das Unternehmen eine Bruttodividende von 100 DM aus dem erwirtschafteten Bilanzgewinn ausschüttet. Hiervon muß die AG 30 % als Körperschaftsteuer an das Finanzamt abführen. Es verbleibt eine „Bardividende" von 70 DM. Bevor diese an Sie ausgezahlt wird, behält allerdings Ihr Kreditinstitut nochmals 25 % Kapitalertragsteuer (= 17,50 DM) davon ein. Auf Ihrem Konto wird somit nur eine Nettodividende von 52,50 DM verbucht. Über die abgezogenen Steuerbeträge von insgesamt 47,50 DM erhalten Sie eine Steuerbescheinigung.

Im Rahmen Ihrer Einkommensteuererklärung wird später die tatsächlich von Ihnen zu tragende Steuerbelastung ermittelt. Sie müssen deshalb die volle Bruttodividende von 100 DM als Einkünfte angeben. Beträgt Ihr persönlicher Grenzsteuersatz beispielsweise 30 % und haben Sie Ihren Sparerfreibetrag bereits anderweitig voll ausgenutzt, so beläuft sich Ihre auf die Dividendeneinnahmen zu zahlende Einkommensteuer auf 30 DM. Diese müssen Sie allerdings nicht mehr zahlen, sondern sie wird mit den bereits einbehaltenen Steuerbeträgen von insgesamt 47,50 DM verrechnet. Es ergibt sich somit ein Steuerguthaben von 17,50 DM, das Ihnen als Steuererstattung ausgezahlt wird. Ihr Ertrag aus der Aktienanlage beträgt unter dem Strich 52,50 DM Nettodividende plus 17,50 DM Steuererstattung, insgesamt also 70 DM. Fällt die Bruttodividende noch unter Ihren Sparerfreibetrag, können Sie sogar die vollen 100 DM als Einnahme verbuchen.

Als Inhaber von Anteilen eines Wertpapierfonds oder eines offenen Immobilienfonds erhalten Sie ebenfalls eine spezielle Ausschüttungsbescheinigung. Diese weist genau aus, welche Anteile des Ausschüttungsbetrages aus dem Fonds steuerpflichtig sind und welche nicht. Außerdem finden Sie, insoweit das Fondsvermögen Aktien enthält, wiederum Angaben über anrechenbare Körperschaft- oder ausländische Steuern. Die Daten können Sie dann in die Anlage KSO übertragen. Die Ausschüttungsbeträge sind übrigens auch bei „thesaurierenden" Fonds, die diese Gelder sofort wieder zum Erwerb weiterer Anteile verwenden, jährlich zu versteuern.

Haben Sie Ihre gesamten Einkünfte aus Kapitalvermögen aufgelistet, ermittelt das Finanzamt – unter Berücksichtigung der Sparerfreibeträge von 6.100 DM für Ledige bzw. 12.200 DM für Verheiratete – die zu versteuernden Einkünfte aus Kapitalvermögen und rechnet sie Ihrem Gesamteinkommen zu. Liegen Ihre Kapitaleinkünfte innerhalb der Freibeträge, fällt keinerlei Einkommensteuer dafür an. Sie können die Erträge ohne Beteiligung des Fiskus voll zu Ihren Gunsten verbuchen.

Zinsen niedriger als Freibeträge → keine ESt.

Soviel zur grundlegenden Regelung der Besteuerung von Kapitaleinkünften, die auch nach der Einführung der Zinsabschlagsteuer zum 1. Januar 1993 in ihrem Grundprinzip gleichgeblieben ist.

2 Zinsabschlagsteuer

Geändert hat sich durch die Einführung der Zinsabschlagsteuer allerdings die Art der Erhebung der Einkommensteuer auf Kapitaleinkünfte. Der Fiskus vertraut nun nicht mehr wie in der Vergangenheit ausschließlich darauf, daß alle Sparer und Kapitalanleger ihre gesamten Zins- und Dividendeneinnahmen ganz ehrlich in der Steuererklärung angeben. Er bedient sich vielmehr zunächst einmal direkt an der Quelle – meist bei den Kreditinstituten – mit einem pauschalen Steuerabzug. So müssen Banken und Sparkassen grundsätzlich von allen Zinserträgen ihrer Kunden, für die kein Freistellungsauftrag erteilt wurde, 30 % abziehen und an das Finanzamt überweisen. Bei Erträgen aus Tafelpapieren, bei denen die Wertpapierurkunden vom Kunden selbst verwahrt und die Zins- und Dividendenscheine an der Kasse bar eingelöst werden, beträgt der Zinsabschlag sogar 35 %. Bei Dividendenerträgen aus Aktien, Genußscheinen, Wandelanleihen und Gewinnschuldverschreibungen bleibt anstelle der Zinsabschlagsteuer auch weiterhin der bereits in der Vergangenheit praktizierte Kapitalertragsteuerabzug von 25 % bestehen.

Eine Ausnahme vom Zinsabschlag gibt es nur in einigen Sonderfällen, zum Beispiel bei Zinsen aus Guthaben auf Girokonten und Bausparverträgen, wenn der Zinssatz nicht mehr als 1 % beträgt, und generell bei Guthabenzinsen, die jährlich nicht mehr als 20 DM betragen. Ebenfalls kein Abzug erfolgt bei Zinsen aus Bausparverträgen, wenn der Bausparer für das gleiche Jahr oder das Jahr davor eine Wohnungsbauprämie bekommt oder im gleichen Jahr einen Anspruch auf Arbeitnehmersparzulage hat. Ungeschoren bleiben auch die Erträge aus Kapitallebensversicherungen, wenn deren Laufzeit mindestens zwölf Jahre beträgt. Nur noch bis Ende 1993 bleiben dagegen Stückzinsen und Zinserträge aus dem Verkauf von auf- und abgezinsten Wertpapieren vom Zinsabschlag unbehelligt. Bei der vorzeitigen Rückgabe der Bundesschatzbriefe des Typs B mit Zinsansammlung wird schon im Jahr 1993 der Zinsabschlag fällig.

Ausnahmen vom Zinsabschlag

Keine deutsche Zinsabschlagsteuer wird außerdem auf Zins- und Dividendenerträge erhoben, die durch ausländische Banken oder im Ausland beheimatete Tochtergesellschaften deutscher Kreditinstitute ausgezahlt werden. Dies bedeutet allerdings nicht, daß solche Einnahmen steuerfrei sind. Sie müssen genauso wie alle anderen Einkünfte bei der Steuererklärung angegeben werden.

3 Freibeträge und Freistellungsauftrag

Die Einführung des unliebsamen automatischen Zinsabzuges ist jedoch nur die eine Seite der Neuregelung der Besteuerung von Kapitaleinkünften. Auf der Habenseite können alle Sparer und Kapitalanleger die wesentliche Erhöhung der Sparerfreibeträge verbuchen. Konnten Sie in der Vergangenheit als ledige Person nur 700 DM und als Ehepaar nur 1.400 DM an Kapitaleinkünften steuerfrei erzielen, wurden diese Beträge mit dem Inkrafttreten der Neuregelung zum 1. Januar 1993 auf 6.100 DM bzw. 12.200 DM aufgestockt. Damit kann wohl der größte Teil der Sparer seine Zins- und Dividendeneinkünfte ohne jegliche Steuerabzüge kassieren. Welche Summen Sie bei bestimmten Zinssätzen steuerfrei anlegen können, zeigt die folgende Tabelle.

Vorteile durch erhöhte Freibeträge

Steuerfreier Anlagebetrag in DM

Zinssatz	Ledige	Verheiratete
3 %	203.333	406.666
4 %	152 500	305.000
5 %	122.000	244.000
6 %	101.166	203.333
7 %	87.142	174.285
8 %	76.250	152.500
9 %	67.777	135.555

Beispiel

Erzielen Sie als Ehepaar für Ihr Erspartes einen durchschnittlichen Zins von 6 %, können Sie über ein Kapital von 203.333 DM verfügen – ohne eine Mark Einkommensteuer auf die anfallenden Zinserträge zahlen zu müssen.

Damit Sie von den Freibeträgen bereits bei der Auszahlung der Erträge profitieren können, besteht die Möglichkeit, an die auszahlenden Stellen – vor allem die Kreditinstitute – einen Freistellungsauftrag zu erteilen. Dieser bewirkt, daß von Kapitalerträgen bis zur Höhe des jeweils erteilten Freistellungsbetrages keine Zinsabschlagsteuer einbehalten wird. Bei Fälligkeit der Zinsen erhalten Sie so den vollen Betrag ausgezahlt. Inhaber von Dividendenpapieren haben mittels eines Freistellungsauftrages die Möglichkeit, dem Kapitalertragsteuerabzug zu entgehen. Beim Besitz von Aktien kann die Dividende außerdem vom Abzug der Körperschaftsteuer freigestellt werden, so daß Ihnen sofort die volle Bruttodividende gutgeschrieben wird.

Vergeben können Sie Freistellungsaufträge maximal bis zu einem Gesamtbetrag in Höhe Ihres Sparerfreibetrages. Beziehen Sie sämtliche Zins- und Dividendeneinnahmen vom gleichen Kreditinstitut, können Sie diesem einfach einen Freistellungsauftrag über den gesamten Freibetrag erteilen. Etwas kom-

Freistellungsaufträge max. bis Freibetrag

plizierter wird es, wenn Sie Ihre Erträge aus mehreren Quellen beziehen. In diesem Fall müssen Sie den Sparerfreibetrag auf die verschiedenen Institute entsprechend den zu erwartenden Einnahmen verteilen. Die dafür notwendigen Formulare erhalten Sie bei den jeweiligen Kreditinstituten.

Unbedingt zu beachten ist, daß die Gesamtsumme Ihrer Freistellungsbeträge den Sparerfreibetrag nicht überschreiten darf. Zwar kontrolliert die Finanzverwaltung nicht die einzelnen Kapitaleinkünfte jedes Steuerpflichtigen, geplant sind aber stichprobenartige Überprüfungen der von den Sparern erteilten Freistellungsbeträge. Sollten Sie hierbei dadurch auffallen, daß die Gesamtsumme Ihrer Freistellungsbeträge den Steuerfreibetrag überschreitet, müssen Sie mit unangenehmen Nachforschungen des Finanzamtes rechnen.

Um solche Situationen zu vermeiden, empfiehlt es sich grundsätzlich, möglichst genau zu ermitteln, welche Erträge Sie in welcher voraussichtlichen Höhe in dem Jahr, für das Sie die Freistellungsaufträge erteilen wollen, vereinnahmen werden. Als ersten Schritt sollten Sie dabei alle Ihre Spar- und Anlageformen zunächst einmal detailliert mit Bezeichnung und Laufzeit sowie den Zins- und Dividendeneinnahmen des laufenden Jahres auflisten und diese den einzelnen Kreditinstituten zuordnen. Die Aufstellung könnte beispielsweise wie die Tabelle auf der folgenden Seite aufgebaut werden.

Haben Sie die Einnahmen des laufenden Jahres erfaßt, wäre zu prüfen, welche Anlagen im folgenden Jahr, für das die Zinsfreistellung beantragt werden soll, unveränderte Erträge bringen, bei welchen sich diese Beträge voraussichtlich durch Konditionenverschiebungen verändern werden und welche Erträge wahrscheinlich neu hinzukommen. Außerdem sollten Sie kontrollieren, ob zum Beispiel durch abgezinste Anlageformen Zinseinnahmen zu erwarten sind, die in den Vorjahren nicht geflossen sind, oder ob Festzinsanlagen auslaufen und mit welchen Erträgen voraussichtlich bei einer Neuanlage zu rechnen ist. Bei Aktiendividenden müssen Sie darauf achten, daß sich die Freistellung auch auf das Körperschaft- und Kapitalertragsteuerguthaben beziehen muß, um die volle Auszahlung der Bruttodividende zu erreichen. Eine Aufstellung der kalkulierten Zukunftserträge können Sie ebenfalls in der oben gezeigten Form durchführen. Anhand der Tabelle läßt sich dann ablesen, wie hoch die Freistellungsbeträge für die verschiedenen Kreditinstitute in etwa ausfallen müssen, damit Sie im Jahr der Freistellung alle Einnahmen ohne Steuerabzüge gutgeschrieben bekommen. Die

Erfassung von Zins- und Dividendenerträgen für das Jahr 1994

Kredit-institut	Anlage-form	Anlage-betrag	Zinssatz	Laufzeit	Erträge laufend	Erträge endfällig	Summe Erträge Kreditinst.	Freistel-lungs-beträge
Sparkasse	Sparbuch	4.000 DM	2,5 %	—	100 DM	—	—	—
	Zertifikat	10.000 DM	7,5 %	bis 1.6.95	750 DM	—	850 DM	1.000 DM
XY-Bank	40 AEG-Aktien	ca. 6.400 DM [1]	—	—	ca. 200 DM [2]	—	—	—
	abgezinster Sparbrief	15.000 DM [3]	8,0 %	bis 15.2.94	—	3.975 DM	4.175 DM	4.200 DM
Bundes-schulden-verwaltung	Bundes-schatzbrief Typ A	10.000 DM	6,0 % für lfd. Jahr	bis 30.3.99	600 DM	—	—	—
	Bundes-anleihe	20.000 DM	8,5 %	bis 30.6.01	1.700 DM	—	2.300 DM	2.500 DM
Summe		ca. 65.400 DM			ca. 3.350 DM	3.975 DM		7.700 DM

1) aktueller Kurswert
2) Bruttodividende inklusive Körperschaft- und Kapitalertragsteuer
3) Nennbetrag

Höhe der jeweils erteilten Freistellungsaufträge sollten Sie in die rechte Spalte der Tabelle eintragen, um für das Folgejahr den Überblick darüber zu behalten, welche Freibeträge bei welchem Institut bereits bestehen.

Wie genau Sie eine solche Aufstellung durchführen, hängt vor allem von der Höhe Ihrer Kapitaleinkünfte ab. Nutzen Sie den Sparerfreibetrag fast vollständig aus, sollten Sie darauf achten, einzelne Freistellungsbeträge nicht zu hoch anzusetzen. Haben Sie dagegen innerhalb des Freibetrages noch eine Menge Luft, können Sie ruhig die jeweiligen Freistellungsaufträge im Hinblick darauf, daß sich Ihre Zinseinnahmen durch Ihren Sparfleiß in Zukunft noch erhöhen werden, etwas höher ausstellen. Das erspart Ihnen die Arbeit, jedes Jahr wieder neue Freistellungsaufträge mit höheren Beträgen an die verschiedenen Institute erteilen zu müssen, weil die Erträge gestiegen sind. Eine Veränderung der Freistellungsaufträge ist übrigens jederzeit möglich, allerdings wollen einige Kreditinstitute hierfür in Zukunft jeweils eine Bearbeitungsgebühr kassieren.

Keinen Freistellungsauftrag können Sie bei Erträgen aus Tafelpapieren erteilen. Hier sind immer zunächst 35 % des Auszahlungsbetrages als Zinsabschlag fällig. Abschreiben müssen Sie diesen Anteil deshalb allerdings nicht, denn im Rahmen der Steuererklärung wird er als Steuerguthaben verrechnet. Liegen Ihre Kapitaleinkünfte insgesamt innerhalb des Freibetrages, erhalten Sie den Zinsabschlag in voller Höhe zurück.

keine Freistellung für Tafelpapiere

Das gleiche gilt für den Fall, daß Sie mit Ihren Einnahmen zwar innerhalb des Freibetrages liegen, aber – weil Sie zum Beispiel einen zu niedrigen oder gar keinen Freistellungsauftrag erteilt haben – es dennoch zum Zinsabschlag kommt. Die konkrete Abrechnung erfolgt dann durch die Steuererklärung. Unterläuft Ihnen ein solcher Fehler, ist Ihr Geld somit nicht für immer an den Fiskus verloren, sondern Sie erhalten es lediglich erst später im Rahmen der Steuererstattung zurück.

Liegen Ihre Kapitaleinkünfte über den Sparerfreibeträgen, wird von den Zins- und Dividendengutschriften, für die kein Freistellungsauftrag mehr erteilt werden kann, die dreißigprozentige Zinsabschlagsteuer einbehalten. Konkret wird Ihre Steuerschuld aber auch hier erst bei der Steuererklärung berechnet. Mit einer teilweisen Gutschrift der einbehaltenen Steuer können Sie immer dann rechnen, wenn Ihr persönlicher Grenzsteuersatz unter 30 % liegt. Ist Ihre

Steuersatz unter 30% → Steuer-Gutschrift

Steuerbelastung höher, müssen Sie über den Abschlag hinaus noch weitere Einkommensteuern auf Ihre gesamten Einnahmen zahlen. Wie hoch Ihr persönlicher Grenzsteuersatz ist, kann Ihnen ein Steuerfachmann berechnen.

Falls Ihre Zins- und Dividendenerträge den Sparerfreibetrag übersteigen, gibt es jedoch immer noch eine Möglichkeit, dem Zinsabschlag zu entgehen – die „Nichtveranlagungsbescheinigung", kurz auch „NV-Bescheinigung" genannt. Legen Sie diese Bescheinigung bei Ihrem Kreditinstitut vor, werden Ihnen sämtliche Zins- und Dividendenerträge ohne jeglichen Steuerabzug ausgezahlt. Eine NV-Bescheinigung erhalten beim Finanzamt auf Antrag alle Einzelpersonen und Verheiratete, die nicht zur Einkommensteuer veranlagt werden. Das ist der Fall, wenn das Einkommen zumindest teilweise aus lohnsteuerpflichtigen Einkünften besteht und das zu versteuernde Einkommen bei Ledigen bzw. Ehepaaren nicht mehr als 27.000 DM bzw. 54.000 DM pro Jahr beträgt. Außerdem dürfen die einkommensteuerpflichtigen Einkünfte aus anderen Einkommensquellen nicht über einem Betrag von 800 DM jährlich liegen. Werden die Einkommensgrenzen eingehalten und ansonsten keine anderen Nebeneinkünfte erzielt, dürfen Ihre Zins- und Dividendenerträge als Voraussetzung für die Ausstellung einer NV-Bescheinigung somit nochmals um 800 DM über den Steuerfreibeträgen liegen.

Eine solche Bescheinigung erhalten Sie ebenfalls, wenn Ihre steuerpflichtigen Einkünfte so niedrig sind, daß sie den einkommensteuerfreien Grundbetrag nicht überschreiten und deshalb keinerlei Einkommensteuer zu zahlen ist. Der Grundbetrag beträgt für Ledige 5.669 DM und für Verheiratete 11.339 DM. Unter diesem Einkommen bleiben vor allem Rentner, da deren Rente steuerlich nicht mit ihrem vollen Betrag angesetzt wird, sondern nur mit dem sogenannten Ertragsanteil. Dessen Höhe richtet sich danach, in welchem Lebensalter des Rentenempfängers die Rentenzahlung beginnt. Kommen Sie zum Beispiel mit 65 Jahren zum ersten Mal in den Genuß Ihrer Rente, dann beträgt der Ertragsanteil 24 %. Das bedeutet: Es werden nur 24 % der Rente vom Finanzamt als Einkünfte angerechnet. Überschreitet die Summe des Ertragsanteiles und der über den Sparerfreibetrag hinausgehenden Kapitalerträge nicht den einkommensteuerfreien Grundbetrag und werden keine weiteren Nebeneinkünfte erzielt, stellt das Finanzamt auch eine NV-Bescheinigung aus, die immer für drei Jahre gültig ist. Ändern sich innerhalb dieses Zeitraumes allerdings die Einkommensverhältnisse, muß das Finanzamt darüber informiert werden.

4 Steuersparmöglichkeiten

Nach wie vor gibt es einige legale Möglichkeiten, die Steuerbelastung auf Kapitaleinkünfte zu drücken. Die Verschiebung der Spargelder ins Ausland zählt allerdings nicht dazu, denn auch die daraus fließenden Erträge müssen – wollen Sie sich nicht der Steuerhinterziehung schuldig machen – ordnungsgemäß versteuert werden.

Kursgewinne

Steuerfrei können Kursgewinne aus dem Verkauf von Wertpapieren wie Anleihen, Aktien oder Genußscheinen kassiert werden, wenn zwischen Ankauf und Verkauf mehr als sechs Monate vergangen sind. Diese Regelung begünstigt somit Wertpapiere, die bei einem relativ niedrigen laufenden Zins satte Kursgewinne versprechen.

Bei Immobilien muß der Zeitraum zwischen Erwerb und Verkauf mehr als zwei Jahre betragen, um den Wertsteigerungsgewinn ohne Beteiligung des Fiskus verbuchen zu können. Werden diese „Spekulationsfristen" nicht eingehalten, sind die Gewinne aus dem Verkauf von Wertpapieren und Immobilien als sonstige Einkünfte aus Spekulationsgeschäften nach § 23 Einkommensteuergesetz voll zu versteuern.

Aufschub von Zinseinnahmen

Vereinzelt lassen sich auch durch Anlageformen mit Zinsansammlung und die damit verbundene Verlegung der Zinseinnahmen in die Zukunft Steuern sparen. Interessant ist dies immer dann, wenn sich in nicht allzu ferner Zukunft Ihr steuerpflichtiges Einkommen wesentlich verringern wird, sei es durch den Eintritt ins Rentenalter oder durch den Wegfall eines Verdienstes bei Doppelverdienern. Solche Gedanken sollten Sie sich allerdings nur machen, wenn Ihr Sparerfreibetrag durch eine laufende Verzinsung überschritten würde. Ansonsten ist es günstiger, die Zinsen regelmäßig zu kassieren und die jährlichen Freibeträge auszunutzen, um nicht den vollen Ertrag erst am Ende der Laufzeit versteuern zu müssen und dabei eine Überschreitung des Freibetrages zu riskieren.

Steuervorteile bei Kapitallebensversicherungen

Steuerfrei lassen sich die Erträge aus Kapitallebensversicherungen vereinnahmen, wenn die Laufzeit des Versicherungsvertrages mindestens zwölf Jahre beträgt. Interessant ist diese Anlageform deshalb vor allem dann, wenn Sie Ihren Sparerfreibetrag bereits anderweitig voll ausnutzen und alle weiteren Erträge voll versteuern müssen. Darüber hinaus können die Versicherungsbeiträge während der Laufzeit grundsätzlich im Rahmen des Sonderausgabenabzuges steuermindernd abgesetzt werden, was aufgrund der begrenzten Abzugsbeträge in der Regel allerdings nur bestimmten Personengruppen wie etwa Beamten und Selbständigen, die die Höchstbeträge nicht bereits durch ihre Sozialversicherungsbeiträge ausschöpfen, tatsächlich noch möglich ist. Arbeitnehmer und Rentner können dagegen keinen Pfennig privaten Versicherungsaufwand bei der Einkommensteuer geltend machen, wenn ihr sozialversicherungspflichtiges Bruttoeinkommen pro Jahr mehr als 31.920 DM (Verheiratete: 63.840 DM) beträgt. Das Ausfüllen der entsprechenden Positionen in der Steuererklärung können Sie sich in diesem Fall schenken.

Was über die steuerliche Seite hinaus bei der Geldanlage in einer Kapitallebensversicherung unbedingt beachtet werden sollte, sagt Ihnen Abschnitt 1.9 im Kapitel B.

Werbungskosten

Im geringeren Umfang lassen sich Steuern auch durch die Absetzung von anfallenden Werbungskosten sparen. In den Steuerfreibeträgen von 6.100 DM bzw. 12.200 DM für Ledige bzw. Verheiratete ist schon der jedermann zustehende „Werbungskosten-Pauschbetrag" von 100 DM bzw. 200 DM pro Jahr enthalten. Liegen Ihre tatsächlich im Zusammenhang mit den Kapitaleinkünften anfallenden Werbungskosten höher, können Sie diese bei entsprechendem Nachweis ebenfalls von den Zins- und Dividendenerträgen abziehen. Als Werbungskosten in Frage kommen dabei vor allem Depotgebühren, die Mietkosten von Bankschließfächern, im Zusammenhang mit der Anlage entstehende Telefonkosten sowie die Ausgaben für spezielle Fachzeitschriften und Kapitalanlage-Computerprogramme. Unter bestimmten Umständen werden sogar die Zinsen für ein Darlehen, das zur Finanzierung eines Anlagegeschäftes dient, vom Finanzamt als Werbungskosten anerkannt. Allerdings müssen dann auf Dauer die Erträge aus der Anlage höher sein als die Kreditzinsen – was aufgrund der wirtschaftlichen Zusammenhänge zwischen Anlage- und Kreditmarkt in der Regel aber nur schwer erreichbar sein dürfte. Ein Angebot, für das mit solchen Steuervorteilen geworben wird, sollten Sie deshalb immer genau prüfen. Sie könnten hierbei zum Beispiel Ihr Kreditinstitut und einen Steuerfachmann um deren Einschätzung der Anlage bitten.

Vermögensübertragung auf Kinder

Eltern bietet sich die Möglichkeit, legal Steuern zu sparen, indem sie einen Teil des Anlagekapitals auf die Kinder übertragen, denn auch diese können – selbst wenn sie noch minderjährig sind – einen eigenen Sparerfreibetrag beanspruchen. Zusammen mit dem steuerfreien Grundfreibetrag können Kinder, die keine sonstigen Einkünfte erzielen, sogar bis zu 11.877 DM Zinsen jährlich steuerfrei kassieren. Allerdings ist hierbei Vorsicht geboten. Eine nur pro forma erfolgende Übertragung erkennt das Finanzamt nämlich nicht an. Das Kapital muß tatsächlich an das Kind übertragen werden. Zwar können die Eltern darüber verfügungsberechtigt sein, sie müssen das Geld aber wie fremdes Kapital verwalten und dürfen keine Beträge für eigene Zwecke abheben oder für den Unterhalt des Kindes verwenden. Außerdem ist zu beachten, daß Kinder, die ein eigenes Einkommen von über 530 DM pro Monat erzielen, aus der kostenlosen Mitversicherung bei der Krankenversicherung herausfallen und selbst versichert werden müssen. Die Beiträge zehren dann an den Steuervorteilen.

Die mit Steuervorteilen verbundene Übertragung von Geldern auf Kinder, die dennoch wohl nur in bestimmten Fällen sinnvoll sein dürfte und deshalb vorab unbedingt mit einem Steuerfachmann durchgesprochen werden sollte, zeigt, daß nicht allein der Steuerspargedanke bei solchen Entscheidungen ausschlaggebend sein sollte. Es müssen auch die damit verbundenen Konsequenzen genau durchdacht werden. Sie sollten

steuerliche Aspekte zwar nicht außer acht lassen, es empfiehlt sich aber, anderen Anlagezielen – wie etwa der Sicherheit der Anlage – bei Ihrer Entscheidungsfindung einen höheren Stellenwert einzuräumen. Denn was nützt es Ihnen, dem Fiskus ein Schnippchen geschlagen zu haben, wenn Sie im Endeffekt bei einem Steuersparmodell trotzdem schlechter als bei anderen Anlagemöglichkeiten abschneiden.

D Spar- und Anlagestrategien für verschiedene Zielsetzungen

In den bisherigen Kapiteln wurde unter anderem immer wieder angesprochen, für welchen Anlagezweck sich die unterschiedlichen Anlageformen eignen können. Im folgenden werden – ausgehend von typischen Zielsetzungen und Ausgangssituationen von Sparern und Anlegern – die im jeweiligen Fall in Frage kommenden Angebotsformen gezeigt. Befinden Sie sich in einer solchen Situation, bleibt es Ihnen somit erspart, sämtliche Kapitel nach Informationen durchforsten zu müssen, die für Ihre persönliche Bedarfslage interessant sein könnten.

Natürlich sollen hier nicht noch einmal alle bisher bereits gegebenen Informationen zu den einzelnen Anlageformen wiederholt werden. Sie werden vielmehr konkrete Hinweise auf die jeweils sinnvollen Anlageformen finden. Die ausführlichen Angaben über deren Konzeption und Besonderheiten können Sie bei Bedarf in den entsprechenden Abschnitten des Kapitels B nachlesen.

Die für Ihren konkreten Bedarf geeignete Spar- oder Anlageform können Sie unter Verwendung der bekannten Hauptkriterien „Rentabilität“, "Sicherheit" und „Liquidität“ sowie eventuell der weiteren Aspekte „Ethik“ und „Steuerersparnis“ aus dem Katalog der in den folgenden Kapiteln angesprochenen Möglichkeiten herausfiltern. Sämtliche denkbaren Ausgangslagen und Zielsetzungen lassen sich in diesem Rahmen leider nicht behandeln. Die im weiteren angesprochenen, nach Erfahrungen der Verbraucherverbände für viele Sparer und Anleger typischen Situationen dürften jedoch den größten Teil der Fragestellungen abdecken.

1 Sie wollen über einen längeren Zeitraum regelmäßig sparen

1.1 Sparen für größere Anschaffungen oder zur Bildung finanzieller Rücklagen

Falls Sie in Zukunft konsequent jeden Monat einen festen Betrag zurücklegen wollen – um sich endlich den Traum vom neuen Auto oder der Weltreise erfüllen zu können oder weil Sie sich einfach einen gewissen finanziellen Rückhalt schaffen möchten –, stellt sich natürlich die Frage, welche Anlageform Ihnen die höchste Belohnung – sprich: die beste Verzinsung – für Ihre Bemühungen bietet.

Bei allen in Frage kommenden Sparformen sollte grundsätzlich die Sicherheit vor Zinsschwankungen und vor allem vor Kapitalverlusten gegeben sein, da ansonsten das Erreichen Ihres Sparziels von vornherein gefährdet wäre. Gehen Sie in der Hoffnung auf eine überdurchschnittliche Rendite bestimmte mit einigen Anlageformen verbundene Risiken bewußt ein, müssen Sie diese in Ihren Planungen unbedingt berücksichtigen. Dubiose Anlageformen von der im Abschnitt 3 des Kapitels B beschriebenen Sorte sollten Sie jedoch in jedem Falle meiden.

Eine wichtige Rolle bei der Auswahl der in Frage kommenden Spar- und Anlageformen spielt ebenfalls der von Ihnen angepeilte Zeithorizont, denn nur wenige Angebote eignen sich für die unterschiedlichsten Laufzeiten.

Sparzeitraum von einem Jahr bis zu vier Jahren

Gesetzt den Fall, Sie suchen eine Sparmöglichkeit für einen Zeitraum von lediglich einem Jahr bis zu vier Jahren, so ist die Anzahl der Alternativen relativ gering.

Das normale Sparbuch mit dreimonatiger Kündigung können Sie sowohl bei diesen Laufzeiten als auch bei einer längerfristigen Planung als vernünftige Anlageform vergessen, denn die darauf gewährte Verzinsung gleicht in der Regel noch nicht einmal den durch die Inflation entstehenden Kaufkraftverlust Ihrer Ersparnisse aus.

Interessant können einige von Banken und Sparkassen angebotene Sondersparverträge sein, bei denen entweder von vornherein ein höherer Zinssatz als bei normalen Sparbüchern gezahlt wird, der Zins mit zunehmender Laufzeit steigt oder zum Vertragsende ein zusätzlicher Bonus gutgeschrieben wird. Laufzeiten von nur ein oder zwei Jahren sind bei solchen Verträgen allerdings relativ selten; meist müssen Sie sich für mindestens vier oder mehr Jahre binden.

Neben Sparverträgen mit fester Ratenvereinbarung bieten einige Kreditinstitute sowie die Postbank auch Sparbücher an, bei denen – unter der Voraussetzung, daß das Konto ein bestimmtes Mindestguthaben von meist 2.000 oder 3.000 DM aufweist – ein Zins gezahlt wird, der in etwa 2 bis 3 % über dem Zinssatz für normale Sparbücher liegt. Ein gewisses Grundkapital müssen Sie hierbei also bereits mitbringen, um in den Genuß der Sonderkonditionen zu kommen.

Indem Sie per Dauerauftrag die monatliche Überweisung eines bestimmten Betrages von Ihrem Girokonto auf ein solches Sparbuch veranlassen, können Sie schnell Ihren eigenen Sparvertrag konstruieren. Gegenüber den „Fertigverträgen" hat dies meist die Vorteile, daß Sie ohne irgendwelche Nachteile mit einer dreimonatigen Kündigungsfrist über Ihr Erspartes verfügen und außerdem einen monatlichen Freibetrag von 3.000 DM ohne vorherige Kündigung abheben können.

Täglich verfügbar wird Ihr Guthaben sogar, wenn Sie es auf eines der nur von wenigen Kreditinstituten angebotenen Telefon-Sonderkonten oder auf ein Guthabenkonto bestimmter Kreditkartengesellschaften überweisen lassen. Allerdings gibt es dafür auch einen gegenüber den vergleichbaren Sparbuchangeboten etwas (ca. 0,5 bis 1 %) niedrigeren Guthabenzins, der aber immer noch deutlich über dem normalen Sparbuchzinssatz liegt.

Ein Nachteil der bisher genannten Sparmöglichkeiten liegt darin, daß die Zinssätze in der Regel variabel sind und bei größeren Kapitalmarktveränderungen an das herrschende Zinsniveau angepaßt werden – was bei allgemein steigenden Zinsen natürlich auch Vorteile bringen kann. Um über solche möglichen Veränderungen informiert zu sein, sollten Sie vor der Entscheidung für einen bestimmten Sparvertrag immer die jeweiligen Anlagebedingungen eingehend prüfen. Dies gilt insbesondere für die Sondersparverträge der Kreditinstitute, die häufig sehr undurchsichtig sind. Die entsprechende Checkliste finden Sie auf Seite 32.

Keine unliebsamen Überraschungen müssen Sie dagegen bei einer Anlage in Bundesschatzbriefen fürchten. Diese unterliegen festen Bedingungen und bieten für die gesamte Laufzeit festgelegte Zinssätze, die üblicherweise über den Renditen der genannten Sparangebote der Banken und Sparkassen liegen. Die reguläre Laufzeit der „Bundesschätzchen" liegt zwar bei sechs bzw. sieben Jahren, aber Sie haben gleichzeitig die Möglichkeit, die Papiere bereits nach einem Jahr wieder zurückzugeben. Bei einem Mindestanlagebetrag von 100 DM je Schatzbrief läßt sich so durchaus bei einer etwas längeren Spardauer von drei bis vier Jahren ein eigener Wertpapier-Sparvertrag aufbauen, der bessere Renditen als Bankangebote verspricht. Allerdings funktioniert das nur mit einer gehörigen Portion Eigeninitiative, denn Schatzbriefe können Sie leider nicht per Dauerauftrag erwerben.

Regelmäßig Bundesschatzbriefe kaufen!

So müssen konsequent jeden Monat neu Papiere hinzugekauft werden, um das Sparziel zu erreichen. Außerdem sollten die letzten Schatzbriefe bereits ein Jahr vor dem anvisierten Auszahlungstermin gekauft werden, um die Rückgabefrist einhalten zu können. Die letzten Monatsraten müßten Sie dann zum Beispiel auf ein Sparbuch mit Zusatzverzinsung oder ein anderes Konto mit günstigem Zins und guter Verfügbarkeit einzahlen.

Ist Ihnen der Aufwand eines monatlichen Wertpapierkaufs zu hoch, so bietet sich als Alternative auch die Ansparung eines größeren Betrages auf einem der obengenannten Konten und zum Beispiel der vierteljährliche Kauf von festverzinslichen Wertpapieren an. Mit den so zur Verfügung stehenden größeren Beträgen könnten dann beispielsweise Finanzierungsschätze gekauft werden, die von vornherein über eine feste ein- oder zweijährige Laufzeit verfügen und in Beträgen zu 1.000 DM herausgegeben werden. Auch hier müssen die Wertpapierkäufe dann auf die geplante Anlagedauer abgestimmt werden.

Höheren Arbeitsaufwand berücksichtigen!

Die durch solche eigenständigen Anlagestrategien erzielbaren besseren Renditen lassen sich letztlich nur durch einen höheren Arbeitsaufwand erkaufen. Für Ansparzeiträume von einem Jahr bis zu zwei Jahren lohnt sich dieser Mehraufwand in der Regel nicht, da die Ertragsunterschiede bei kurzen Laufzeiten weniger stark zum Tragen kommen. Hier bietet sich eher der Abschluß eines kurzfristigen Sondersparvertrages oder die Eröffnung eines Sparbuches oder Sonderkontos mit gehobenem Zins an.

Als risikoreichere Ansparalternative käme grundsätzlich noch der Abschluß eines Investmentsparvertrages in Frage. Selbst wenn Sie die damit verbundenen Unwägbarkeiten in Kauf nehmen wollen, lohnt sich das Investmentsparen bei Planungszeiträumen von ein bis vier Jahren nur, wenn Sie sehr viel Glück mit der Wertentwicklung des Fonds haben. Um eine vernünftige Rendite zu erzielen, muß der Kursverlauf bei solch kurzen Laufzeiten ohnehin immer überdurchschnittlich positiv sein, denn die nicht gerade geringen Ausgabeaufschläge zehren kräftig am Anlageergebnis. Deshalb sollten Sie bei dieser Ausgangslage lieber auf Nummer Sicher gehen und die Hände von Investmentanlagen lassen.

Sparzeitraum von fünf bis zwölf Jahren

Planen Sie eine regelmäßige Ansparung über einen längerfristigen Zeitraum von fünf bis zwölf Jahren, bieten sich weitgehend die gleichen Angebotsformen wie im kürzerfristigen Bereich an.

■ Sondersparverträge

Die bequemsten Sparmöglichkeiten ohne Risiken sind auch hier die Sondersparverträge der Kreditinstitute, deren Rendite in der Regel jedoch allenfalls durchschnittlich ist. Bei entsprechender Risikobereitschaft kommen in diesem Laufzeitbereich auch Investmentfonds für eine Ansparung in Frage. Auf einen festen Auszahlungszeitpunkt oder -betrag sollten Sie Ihre Planungen dann aber nicht abstellen, da eine gezwungenermaßen erfolgende Rückgabe der Zertifikate in Zeiten niedriger Wertpapierkurse oder sinkender Immobilienpreise zu kräftigen Ertrags- oder gar Kapitaleinbußen führen kann. Zwar versprechen offene Immobilienfonds grundsätzlich mehr Kontinuität in der Wertentwicklung als Wertpapierfonds, von einer festen Verzinsung sind aber auch diese weit entfernt. Ein echtes zielgerichtetes Sparen ist mit solchen Verträgen deshalb nicht möglich.

■ Vermögenswirksame Anlage

Auf Laufzeiten von üblicherweise sieben Jahren sind Verträge zur regelmäßigen Ansparung von vermögenswirksamen Leistungen ausgelegt. Im Rahmen des 936-DM-Gesetzes können Sie sowohl die Zuschüsse Ihres Arbeitgebers als auch eigene Lohn- oder Gehaltsanteile einzahlen und bei Einhaltung der Einkommensgrenzen (Ledige 27.000 DM, Verheiratete 54.000 DM zu versteuerndes Einkommen) bei bestimmten Vertragsarten zusätzlich sogar noch eine staatliche Arbeitnehmersparzulage von 10 oder 20 % (ab 1994 voraussichtlich einheitlich 10 %) kassieren. Da die Förderung auf einen Einzahlungsbetrag von 936 DM pro Jahr und Arbeitnehmer be-

Vermögenswirksame Leistungen nutzen!

grenzt ist, eignen sich solche Verträge bei angestrebten größeren Sparzielen wohl eher als zusätzliche Sparform mit vorgegebener Mindestlaufzeit. Einige Varianten beinhalten außerdem trotz staatlicher Förderung nur schwer kalkulierbare Ertrags- und Verlustrisiken. Insbesondere gilt dies für die auf dem freien Kapitalmarkt angebotenen Verträge. Mehr zum Komplex der Anlage von vermögenswirksamen Leistungen sagt Ihnen Abschnitt 1.5 im Kapitel B.

Beteiligt sich Ihr Arbeitgeber nicht an Ihrer Vermögensbildung und überschreiten Sie außerdem die Einkommenshöchstgrenzen der Förderung, ist der Abschluß vermögenswirksamer Sparverträge nur dann sinnvoll, wenn sie im Vergleich zu anderen nichtgeförderten Sparformen konkurrenzfähige Renditen bieten – was jedoch selten der Fall ist.

Wenig lukrativ ist auch die Einzahlung von vermögenswirksamen Leistungen in Kapitallebensversicherungsverträge mit einer Laufzeit von mindestens zwölf Jahren. Interessant kann deren Abschluß allenfalls dann werden, wenn Sie Ihren Sparerfreibetrag durch die Erträge anderer Sparformen bereits voll ausnutzen. Nur die Überschüsse aus der Kapitallebensversicherung können dann noch zusätzlich steuerfrei kassiert werden. Ansonsten sind die Renditen solcher Verträge recht mager. Außerdem müssen Sie sich über eine relativ lange Laufzeit binden. Ein vorzeitiger Ausstieg wäre nur bei Inkaufnahme von kräftigen Ertragseinbußen möglich.

Eigene Anlagestrategie

Die Alternative zu den genannten Ansparmöglichkeiten ist wiederum die Betreibung einer eigenen Anlagestrategie, die auf den Erwerb von festverzinslichen Wertpapieren ausgerichtet ist. Sie kann im Prinzip genauso wie die im Planungsbereich von einem Jahr bis zu vier Jahren angesprochene eigenständige Vorgehensweise aufgebaut werden. Im Unterschied dazu können im langfristigeren Bereich neben Finanzierungsschätzen und Bundesschatzbriefen auch Wertpapiere mit längeren Laufzeiten gekauft werden, zum Beispiel Anleihen oder Bundesobligationen. Die Anschaffung solcher Papiere empfiehlt sich vor allem in Zeiten hoher Kapitalmarktzinsen, da deren vorzeitiger Verkauf bei später sinkenden Zinssätzen neben den hohen laufenden Erträgen zusätzliche Kursgewinne verspricht. Sind die aktuellen Zinssätze dagegen

hohes Zinsniveau
→ langfristige Papiere
niedriges Zinsniveau
→ kurzfristige Papiere

niedrig, sollten Sie mit den Sparbeträgen lieber kürzerfristige Wertpapiere wie Finanzierungsschätze kaufen.

Bei Fälligkeit der Papiere nach ein oder zwei Jahren können Sie die freiwerdenden Anlagebeträge wieder neu anlegen und von einem dann eventuell wieder gestiegenen Zinsniveau profitieren. Wie Sie Ihre Anlagestrategie im einzelnen gestalten, liegt letztlich daran, wieviel Arbeit Sie bereit sind, in Ihren Kapitalaufbau zu investieren. Auch hier gilt wie im kürzerfristigen Ansparbereich das Motto „Ohne Fleiß kein Preis!“

Ebenso beeinflußt der monatliche Sparbetrag die Konzeption, denn für den Erwerb bestimmter Wertpapiere wie öffentlicher Anleihen und Finanzierungsschätze müssen Sie mindestens 1.000 DM mitbringen. So werden Sie aufgrund von Mindestanlagebeträgen sowie wohl auch aus Gründen der Bequemlichkeit noch eine Anlageform für die Zwischenansparung der entsprechenden Summen finden müssen. Hier bieten sich wieder die bereits erwähnten Sparbücher und sonstigen Konten mit Sonderverzinsung an, auf die per Dauerauftrag regelmäßig von Ihrem Girokonto eingezahlt werden kann. Eine allein über solche Angebote erfolgende längerfristige Ansparung wäre allerdings nicht empfehlenswert, da hier zwar bessere Konditionen als bei normalen Sparbüchern geboten werden, die Verzinsung im Vergleich zu den Renditen von Wertpapieren aber relativ niedrig ist.

Eine langfristige Anlagestrategie könnte beispielsweise wieder so aussehen, daß Sie monatlich einen bestimmten Betrag auf ein solches Konto überweisen und die dort aufgelaufenen Beträge in regelmäßigen Abständen, etwa viertel- oder halbjährlich oder nur einmal im Jahr, zum Ankauf von festverzinslichen Wertpapieren verwenden. Werden die bereits erworbenen Papiere nach einigen Jahren fällig, müßten diese Beträge wieder neu angelegt werden. Welche Wertpapiere Sie jeweils erwerben, sollte dabei von der jeweiligen Zinssituation und der Einschätzung zukünftiger Kursrisiken abhängen. Wie die verschiedenen Wertpapierformen unter Sicherheitsaspekten einzuordnen sind, können Sie im Kapitel B nachlesen.

Wollen Sie keinerlei Kurs- oder sonstige Verlustrisiken eingehen, sollten Sie Bundesschatzbriefe, Finanzierungsschätze oder entsprechende andere zins- und kurssichere Bankangebote als Anlageform wählen. Sie müssen sich also nicht unbedingt auf Wertpapiere als längerfristige Anlageform beschränken. Bei entsprechenden Konditionen können sich ebenfalls Sparsonderformen mit einmaliger Einzahlung oder Sparbriefe als Anlage eignen. Hierbei müssen Sie allerdings auf die häufig eingeschränkte Verfügbarkeit achten.

Daß sich eine solche Anlagestrategie lohnen kann, zeigt das folgende Rechenbeispiel.

> *Beispiel*
>
> *Angenommen, Sie wollen über einen Zeitraum von zwölf Jahren an jedem Monatsersten einen Betrag von 200 DM auf die hohe Kante legen, um sich einen gewissen finanziellen Rückhalt zu verschaffen. Zahlen Sie die Monatsraten auf ein Sonderkonto mit einer laufenden Verzinsung von 5 % p. a. ein, verfügen Sie am Jahresende über einen Betrag von 2.465 DM. Investieren Sie diese Summe nun sofort wieder in eine längerfristige Anlageform, die Ihnen eine laufende Verzinsung von 7,5 % p. a. (in diesem Bereich liegt der durchschnittliche langfristige Zins für öffentliche Wertpapiere) einbringt, hat sich nach zwölf Jahren ein Endguthaben von 45.414 DM angesammelt. Die erzielte Rendite würde rund 7,3 % p. a. betragen.*

Steuerliche Betrachtungen – wie zum Beispiel einen anderweitig bereits ausgenutzten Sparerfreibetrag – einmal außen vor gelassen, liegt die auf diesem Weg erzielbare Rendite damit deutlich über dem, was Ihnen vergleichbare Sparverträge oder Kapitallebensversicherungen in aller Regel bieten können. Zwar kann es durch extreme Zinssituationen in der Realität natürlich zu besseren oder schlechteren Anlageergebnissen kommen, vom langfristigen Durchschnitt ausgehend ist das Beispiel aber durchaus realistisch. Eine verläßlichere Vorausbetrachtung können Ihnen auch Kreditinstitute und Versicherungsgesellschaften im Rahmen ihrer meist optimistisch geprägten Berechnungen nicht bieten.

Der persönliche Arbeitsaufwand der im Beispiel beschriebenen Strategie ist relativ gering, da Sie lediglich jeweils zum Jahresende die angesparten Beträge eigenständig in eine besserverzinsliche Anlageform umschichten müssen. Bei einer schnelleren Übertragung der Anspargelder, zum Beispiel im Vierteljahresrhythmus, würde sich die Rendite weiter auf 7,44 % verbessern. Als weitere Aufgabe müssen Sie bei fortgeschrittener Laufzeit die Wiederanlage fälliger Anlagebeträge veranlassen. Die Strategie funktioniert deshalb auch nur in vollem Umfang, wenn Sie sowohl bei den Monatsraten und den jährlichen Umschichtungen als auch bei

schnellere Umschichtung → höhere Rendite

der Wiederanlage fälliger Beträge nicht schludern. Außerdem müssen Sie „krumme" Anlagebeträge entweder zumindest auf volle 100 DM auffüllen oder einen entsprechenden Rest auf dem Ansparkonto belassen, um damit Wertpapiere in den vorgegebenen Stückelungen kaufen oder etwa einen Sparbrief erwerben zu können.

Im oben gezeigten Beispiel müßte deshalb der jährliche Ansparbetrag genaugenommen entweder auf 2.500 DM aufgefüllt oder auf 2.400 DM abgerundet werden. Auf die Rendite hätte dies jedoch keinen Einfluß.

Mit zusätzlichen Kosten muß das Betreiben einer solchen Anlagestrategie trotz der damit verbundenen Wertpapierkäufe sowie deren Verwahrung nicht verbunden sein, da die Bundesschuldenverwaltung diese Leistungen bei öffentlichen Wertpapieren kostenlos anbietet und auch der Abschluß festverzinslicher Sparformen bei Kreditinstituten in der Regel kostenlos ist.

1.2 Sparen für den Immobilienerwerb

Die Tatsache, daß Ihr Ansparziel nicht in der Anschaffung irgendwelcher Gegenstände oder der Bildung von Kapitalreserven besteht, sondern Sie sich lieber den Traum von den eigenen vier Wänden erfüllen wollen, führt nicht automatisch zu völlig abweichenden Anlagestrategien. Auch in diesem Fall gilt es, bis zum angestrebten Zeitpunkt der Durchführung Ihres Vorhaben – also dem Kauf oder dem Baubeginn – mit den zur Verfügung stehenden Monatsraten ein möglichst hohes Eigenkapital zu erwirtschaften. Der Unterschied zu den oben beschriebenen

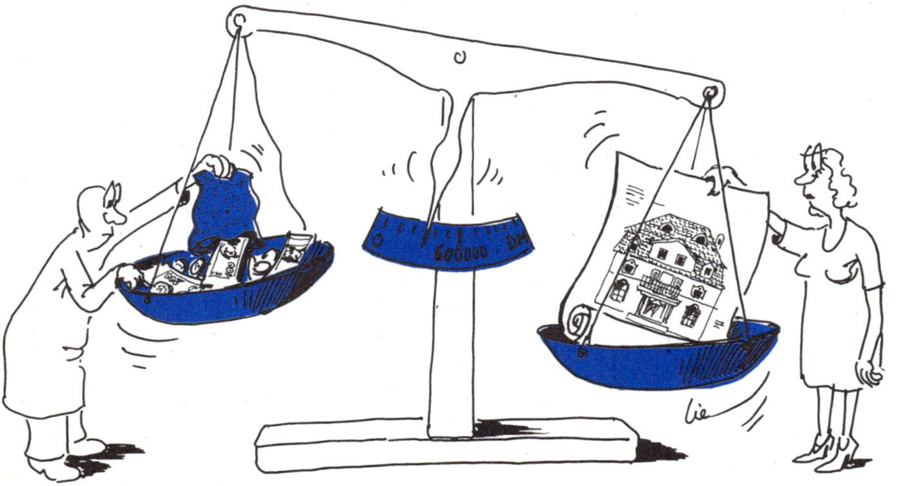

Ausgangssituationen dürfte wohl vor allem darin bestehen, daß als Grundstock zur Verwirklichung eines solchen Vorhabens der monatliche Sparbetrag schon etwas höher als 100 oder 200 DM liegen muß. Bei Preisen von oftmals 400.000 bis 500.000 DM für ein ganz normales Reihenhaus müssen Sie als Normalverdiener schon einiges an Eigenkapital mitbringen, damit Ihnen die Belastungen aus dem über Darlehen zu finanzierenden Restbetrag des Kaufpreises bzw. der Baukosten nicht über den Kopf wachsen. Außerdem sollten Sie bei dieser Zielvorstellung noch mehr Wert auf die Sicherheit der in Frage kommenden Anlageformen legen, denn ein Scheitern Ihres fest geplanten Bau- oder Kaufvorhabens wegen unerwarteter Anlageverluste dürfte weitreichendere Konsequenzen als etwa der Aufschub eines Autokaufs haben.

Ansonsten stehen Ihnen für die regelmäßige Ansparung zum Zwecke des Immobilienerwerbs die gleichen Möglichkeiten zur Verfügung wie zur Ansammlung des nötigen Kleingeldes für sonstige Anschaffungen. Über die zweckmäßigsten Sparstrategien für unterschiedliche Planungszeiträume können Sie sich im vorigen Abschnitt informieren. Dabei dürfte der kürzerfristige Ansparzeitraum von nur einem Jahr bis zu vier Jahren angesichts der erforderlichen Eigenmittel wohl nur für diejenigen Sparer realistisch sein, die bereits über ein entsprechendes Grundkapital verfügen oder die aufgrund ihres hohen Einkommens regelmäßig entsprechend große Beträge zurücklegen können.

Bausparvertrag

Als Alternative zu den bisher genannten Ansparformen bietet sich Ihnen als zukünftigem Hausherrn bzw. zukünftiger Hausherrin außerdem der Abschluß eines Bausparvertrages an. Wie diese traditionsreiche Kombination aus Kapitalansparung und Fremdfinanzierung grundsätzlich funktioniert, wurde bereits im Abschnitt 1.5.2 des Kapitels B erklärt und soll deshalb an dieser Stelle nicht noch einmal wiederholt werden. Der Vorteil eines Bausparvertrages liegt in dem mit der Ansparung gekoppelten Anspruch auf ein relativ niedrig verzinsliches Bauspardarlehen mit meist von vornherein feststehenden Zins- und Tilgungsbelastungen. Die Nachteile bestehen darin, daß Sie eine Abschlußgebühr von 1 oder 1,6 % der Vertragssumme zahlen müssen, während der Ansparphase des Vertrages nur sehr magere Guthabenzinsen von meist 2,5 oder 3 % erhalten und Ihnen darüber hinaus aufgrund der nicht verläßlich kalkulierbaren Wartezeit niemand genau sagen kann, wann Ihnen Ihr Guthaben nebst Bauspardarlehen einmal ausgezahlt wird. Außerdem müssen Sie in der Darlehensphase mit im Vergleich zu normalen Hypothekendarlehen höheren Tilgungsbelastungen rechnen, da Bauspardarlehen üblicherweise innerhalb von nur zehn bis zwölf Jahren zurückzuzahlen sind.

Benötigen Sie die Vertragssumme schon vor der Zuteilung des Vertrages, müssen Sie eine teure Zwischenfinanzierung beanspruchen, bei der sogar Darlehenszinsen auf Ihr bereits angespartes Guthaben fällig werden. Das Zwischendarlehen wird dann später durch den zugeteilten Bausparvertrag auf einen Schlag zurückgezahlt. Da Bausparverträge normalerweise erst nach acht bis zehn Jahren die Zuteilung erreichen, wird bei kürzeren Planungszeiträumen mit großer Wahrscheinlichkeit eine Zwischenfinanzierung notwendig. Je länger diese dauert, desto teurer wird die Bausparfinanzierung, und Sie zahlen im Vergleich zu anderen Anspar- und Finanzierungsmöglichkeiten oftmals kräftig drauf.

Verkürzen läßt sich die Ansparphase allenfalls durch höhere Monatsraten oder zusätzliche größere Einmalzahlungen. Planen Sie die Durchführung Ihres Bau- oder Kaufvorhabens bereits in den nächsten Jahren und können Sie nicht bereits beim Abschluß des Bausparvertrages einen größeren Betrag sofort einzahlen, sollten Sie lieber eine andere Ansparform wählen, denn eine längerfristige Zwischenfinanzierung wäre ansonsten vorprogrammiert.

Eigene Ansparstrategie

Die günstigste Alternative zum Bausparvertrag ist dabei wieder die auf der Ansparung monatlicher Raten und deren regelmäßiger Umschichtung in höherverzinsliche Anlageformen aufbauende selbständige Anlagestrategie. Ziehen Sie diese konsequent durch, lassen sich während der Ansparphase wesentlich bessere Renditen als bei der Ansparung eines Bausparvertrages erzielen. Zum angestrebten Bau- oder Kaufzeitpunkt verfügen Sie dann über ein höheres Eigenkapital und müssen deshalb nur einen geringeren Teil der Kosten durch teure Fremdmittel finanzieren. Allerdings kommen Sie diese Darlehen in aller Regel teurer zu stehen als das Bauspardarlehen, da sich die von den Bausparkassen gebotenen Konditionen nur in extremen Niedrigzinsphasen auch bei normalen Banken und Sparkassen beschaffen lassen.

Entscheidungsfindung

Wie Sie sehen, hängt die Beantwortung der Frage, mit welcher Alternative Sie am besten fahren, von einer Reihe von Faktoren ab, die sich im voraus leider nie ganz zuverlässig festlegen lassen. Die Unsicherheitsfaktoren sind hierbei einerseits die Dauer der Wartezeit bis zur Zuteilung des Bausparvertrages und andererseits die im Rahmen einer selbständigen Anlagestrategie erzielbare Rendite sowie die Höhe des Zinssatzes, den Sie später für die Bankdarlehen zahlen müssen. Erfolgt die Ansparung des Eigenkapitals während einer Hochzinsphase und können Sie Ihre Fremdmittel dann in einer Niedrigzinsphase zu günstigen Konditionen beschaffen, hat der Bausparvertrag keine Chance. Unter umgekehrten Vorzeichen kann dagegen der Bausparvertrag die richtige Wahl sein: Die Zinseinbußen würden während der Ansparphase im Vergleich zum ebenfalls niedrigen erzielbaren Anlagezins relativ gering ausfallen. Das Bauspardarlehen wäre in einer anschließenden allgemeinen Hochzinsphase wesentlich günstiger als vergleichbare Bankfinanzierungen.

Welche Entscheidung Sie letztlich treffen, hängt somit größtenteils davon ab, wie Sie sowohl die zukünftige Zinsentwicklung als auch die Geschäftsentwicklung bei den für einen Vertragsabschluß in Frage kommenden Bausparkassen einschätzen. Allerdings erfordert eine solche Einschätzung, daß Sie mit diesen Märkten und ihrer Entwicklung einigermaßen vertraut sind. Gewisse Tendenzen lassen sich unter Umständen schon erkennen, wenn Sie über einen längeren Zeitraum einmal den Wirtschaftsteil einer Tageszeitung oder die häufig auch in öffentlichen Bibliotheken ausliegenden Wirtschaftsmagazine studieren. Ansonsten bliebe wohl nur die Möglichkeit, sich auf die Einschätzungen der Anlage- und Finanzierungsberater der Kreditinstitute zu verlassen.

Im Rahmen Ihrer Entscheidungsfindung für die geeignete Ansparstrategie sollten Sie ebenfalls genau prüfen, ob Sie sich die konsequente Durchführung einer eigenständigen Vorgehensweise zutrauen. Sehen Sie in diesem Punkt größere Probleme, wird Ihnen wohl kaum eine andere Wahl als der Abschluß eines Bausparvertrages bleiben, wenn Sie Ihr Ziel überhaupt erreichen wollen. Bei der Auswahl des richtigen Angebotes sollten Sie darauf achten, daß Sie einen „Standardtarif" auswählen, bei dem Sie lediglich 40 % der Vertragssumme ansparen müssen. Sie erhalten dadurch bei geringeren Einzahlungsleistungen ein höheres Bauspardarlehen als bei Verträgen mit fünfzigprozentiger Mindestansparung. Um flexibler

wenn Bausparvertrag, dann Standardtarif

zu bleiben, empfiehlt es sich ebenfalls, keine zu hohen Vertragssummen abzuschließen. Es gilt das Motto: „Lieber vier Verträge mit einer Bausparsumme von 15.000 DM als einen über 60.000 DM".

Außerdem sollten Sie sich verdeutlichen, daß eine Finanzierung allein über Bausparverträge kaum möglich ist, weil die damit verbundenen Belastungen sehr hoch sind. Da Bauspardarlehen üblicherweise spätestens nach zehn bis zwölf Jahren vollständig getilgt sein müssen, fallen die monatlichen Raten trotz niedrigerem Zins höher als bei normalen Hypothekendarlehen mit längerer Laufzeit aus.

Sollten Sie weitere Fragen zur finanziellen Planung und Durchführung eines Immobilienerwerbs haben, möchten wir Sie auf unser Buch „Baufinanzierung" verweisen, das sich mit dieser Problematik intensiv auseinandersetzt und weitere Informationen zum Thema Bausparen enthält.

2 Sie wollen einen bestimmten Betrag für einen bestimmten Zeitraum anlegen

Wenn Ihre Ansparbemühungen bereits vom Erfolg gekrönt worden sind und trotz eventuell geplanter Anschaffungen noch ein größerer Geldbetrag auf der hohen Kante liegt, stellt sich die Frage, wie Sie diesen so unterbringen, daß er für Sie effektiv arbeitet – Ihnen also möglichst hohe Erträge bringt.

Allerdings dürfen Sie die weiteren Zielfaktoren „Sicherheit" und „Liquidität" bei der Suche nach der geeigneten Anlageform nicht außer acht lassen. Die folgenden Abschnitte sollen deshalb nach dem Aspekt der Verfügbarkeit, also dem von Ihnen anvisierten Anlagezeitraum, gegliedert werden. Im Text finden Sie natürlich auch Anmerkungen zu den Risiken der verschiedenen Anlagemöglichkeiten.

2.1 Anlagedauer bis zu einem Jahr

Wenn Sie einen bestimmten zu einem späteren Termin benötigten Geldbetrag zwischenzeitlich anlegen wollen oder in einigen Monaten mit besseren längerfristigen Konditionen rechnen und deshalb nur eine kurzfristige Bindung wünschen, ist die Auswahl der geeigneten Anlageformen nicht allzu groß. In erster Linie bietet sich hier der Abschluß eines Festgeldes an, dessen Laufzeit Sie in der Regel mit einer Bank oder Sparkasse im Bereich von 30 Tagen bis zu sechs Monaten vereinbaren können. Mit Minibeträgen läßt sich hier allerdings nichts machen, denn meist verlangen die Kreditinstitute eine Mindestanlagesumme von 10.000 DM. Ist dies kein Problem, sollten Sie unbedingt auf die rechtzeitige Kündigung des Festgeldes achten, da ansonsten eine automatische Verlängerung eintritt und Sie zu einem eventuell angestrebten Zeitpunkt nicht mehr problemlos an Ihr Geld kommen. Um eine solche Situation von vornherein zu vermeiden, empfiehlt es sich, sofort beim Abschluß der Festgeldanlage eine Verlängerung auszuschließen.

Reicht der verfügbare Betrag für eine Festgeldanlage nicht aus, bieten sich als Alternative die von einigen Instituten angebotenen Sondersparbücher an. Die erforderlichen Mindestbeträge liegen hier bei meist 2.000 bis 3.000 DM. Die Mindestlaufzeiten liegen häufig bei sechs Monaten, teilweise muß jedoch lediglich eine dreimonatige Kündigungsfrist eingehalten werden. Auch in diesem Zusammenhang sollten Sie also wieder prüfen, ob die ausdrückliche Kündigung des Betrages zwingende Voraussetzung für eine Verfügung zum geplanten Termin ist. Die Rendite der Sondersparbücher liegt normalerweise unter den für Festgelder gezahlten Konditionen.

Nicht notwendig ist eine fristgerechte Kündigung bei den von einigen kleineren Kreditinstituten und den Telefonbanken angebotenen Telefon-Sonderkonten, deren Guthaben wie bei Girokonten täglich fällig sind. Die Mindesteinzahlung liegt zum Teil nur bei 1.000 DM, allerdings müssen Sie auch bei der Verzinsung gewisse Abstriche gegenüber den oben genannten Anlageformen machen. Das gleiche gilt für die von einigen Kreditkartengesellschaften angebotenen Guthabenkonten, bei denen ähnliche Zinssätze gezahlt werden. Ihr Geld hier anzulegen lohnt aber nur, wenn Sie ohnehin bereits die entsprechende Karte haben. Ansonsten würde die zusätzlich anfallende Kreditkartengebühr zu sehr an der Verzinsung zehren.

Lieben Sie es sehr riskant, käme beim angesprochenen Anlagezeitraum grundsätzlich noch der Kauf von Optionsscheinen in Frage. Hierbei handelt es sich allerdings weniger um eine normale Anlageform als um eine reine Form der Spekulation, die nur etwas für Spielernaturen ist. Für eine einigermaßen sichere Geldanlage bleiben Optionsscheingeschäfte jedoch völlig ungeeignet, weshalb sie hier auch nur der Vollständigkeit halber und nicht als ernsthafter Tip genannt werden sollen.

Am ehesten für eine kurzfristige Anlage geeignet ist sowohl unter Sicherheits- als auch unter Renditeaspekten das Festgeld. Reicht Ihr Anlagebetrag nicht zur Eröffnung eines Festgeldkontos aus, sollten Sie sich bei den Sparbuchangeboten mit Sonderverzinsung umsehen. Wollen Sie noch flexibler bleiben, als es die kurze Anlagedauer ohnehin schon zuläßt, werden Sie wohl bei den täglich verfügbaren Telefon-Sonderkonten fündig. Unabhängig davon, wie Sie sich letztlich entscheiden, gilt es jedoch immer, zunächst einmal die Konditionen der einzelnen Möglichkeiten genau zu studieren und zu vergleichen.

2.2 Anlagedauer zwischen einem Jahr und zwei Jahren

Soll die Dauer der Geldanlage nicht nur auf ein paar Monate beschränkt sein, sondern etwa zur Überbrückung eines momentanen Zinstiefs im Bereich von einem Jahr bis zu zwei Jahren liegen, kommt bereits der Kauf von Wertpapieren als Anlageform in Frage. Maßgeschneidert für solche Zwecke sind die Finanzierungsschätze des Bundes, die Sie in einer Stückelung von 1.000 DM mit Laufzeiten von ein oder zwei Jahren bei jedem Kreditinstitut ohne zusätzliche Kosten kaufen können. Die Verwahrung läßt sich kostenlos über die Bundesschuldenverwaltung abwickeln. Beachten müssen Sie bei diesen Papieren allerdings, daß die Laufzeiten voll eingehalten werden müssen, da ein vorzeitiger Börsenverkauf nicht möglich ist.

Jederzeit vorzeitig aussteigen können Sie dagegen bei einer Anlage in börsennotierten festverzinslichen Wertpapieren wie etwa Anleihen und Bundesobligationen. Ein gewisses Kursrisiko müssen Sie dann jedoch einkalkulieren. Eine solche Anlage sollten Sie deshalb auf kurze Frist nur tätigen, wenn sich der Markt auf Hochzinsniveau befindet. Sind die Zinsen bis zum Verkaufstermin wieder abgebröckelt, rechnet sich Ihr Engagement durch zusätzliche Kursgewinne gleich doppelt.

Bundesschatzbriefe eignen sich aufgrund der jederzeitigen Rückgabemöglichkeit nach Ablauf eines Laufzeitjahres zwar grundsätzlich ebenfalls für eine kürzerfristige Anlage. Die Tatsache, daß gerade in den ersten Laufzeitjahren die später ansteigenden Zinsen relativ gering sind, macht sie bei der gegebenen Ausgangslage von der Rendite her aber nicht sonderlich attraktiv. Sie bieten allerdings den Vorteil, daß Sie bei der Rückgabe keinerlei Kursrisiko haben.

Geringere Zinsen als die genannten Wertpapieranlagen bei einer eingeschränkten Verfügbarkeit bieten in der Regel der Kauf von Sparbriefen mit einer Laufzeit von ein oder zwei Jahren oder eine Anlage in einen Sondersparvertrag mit Einmalzahlung. Besonders bei letzteren sollten Sie prüfen, ob keine Kündigungsfristen eingehalten werden müssen und ob ein früher Ausstieg keine sonstigen Nachteile hat. In den meisten Fällen dürften Sie mit einem Kauf festverzinslicher Wertpapiere besser fahren. Um sicherzugehen, daß Ihnen nicht dennoch ein besonderes Schnäppchen einer Bank oder Sparkasse durch die Finger geht, könnten Sie aber Vergleichsangebote einholen. Diese dürften am ehesten in Zeiten niedriger Kapitalmarktzinsen konkurrenzfähig sein. In Hochzinsphasen laufen dagegen regelmäßig die Wertpapierrenditen den Bankofferten den Rang ab.

Gehören Sie zu den etwas risikofreudigeren Zeitgenossen, kommt eventuell auch eine Anlage in spekulativeren Papieren in Frage. Dies könnten zum Beispiel Aktien, Genußscheine oder Investmentzertifikate sein. Allerdings müssen Sie sich dabei immer verdeutlichen, daß überdurchschnittlichen Gewinnmöglichkeiten ebensolche Verlustrisiken gegenüberstehen, was insbesondere für eine Direktanlage in Aktien gilt. Etwas abgemildert, aber nicht ausgeschlossen wird diese Problematik bei Genußscheinen oder Investmentfondsanteilen. Bei letzteren fallen außerdem hohe Ausgabeaufschläge an, die zu den ohnehin bei Börsenkäufen zu zahlenden Kosten wie Courtage und Bankprovision hinzukommen und im Kurzfristbereich die Rendite stark beeinflussen. Eine Fondsbeteiligung ist bei dieser Ausgangslage deshalb kaum empfehlenswert.

kurzfristige Aktienanlage hochspekulativ

An Aktien sollten Sie sich nur heranwagen, wenn Sie bereits Erfahrungen mit dieser Anlageform gesammelt haben oder über einen entsprechenden Durchblick auf dem Aktienmarkt verfügen. Angesichts des kurzen Anlagezeitraums von maximal zwei Jahren wird diese Anlage noch spekulativer, als sie ohnehin schon ist. Das gilt insbesondere für den Fall, daß Sie den Anlagebetrag bereits für einen bestimmten Fälligkeitstermin fest verplant haben. Eine Möglichkeit, ein eventuell bestehendes Kurstief „auszusitzen“, bietet sich Ihnen dann nicht.

Etwas weniger aufregend wird in aller Regel eine Anlage in Genußscheinen verlaufen, insbesondere wenn Sie solche mit einer festen oder einer garantierten Mindestverzinsung wählen. Um über die Ausschüttungsbedingungen richtig informiert zu sein, sollten Sie vor einem Kauf immer genauestens den Prospekt der jeweiligen Marktangebote studieren. Einheitliche Ausgabe- und Ertragsbedingungen existieren bei dieser Wertpapierart nicht. Selbst wenn der Erwerb von Genußscheinen im spekulativen Anlagebereich grundsätzlich eine bedenkenswerte Kompromißlösung darstellt, ist sie im angesprochenen Laufzeitbereich kaum empfehlenswert.

Unter dem Strich bieten sich für „Otto-Normal-Anleger" nach allem Abwägen der Kauf kurzlaufender festverzinslicher Wertpapiere oder die Wahrnehmung vergleichbarer Bankangebote mit konkurrenzfähigem Zins am ehesten als Möglichkeiten einer gesicherten Geldanlage für ein bis zwei Jahre an.

2.3 Anlagedauer zwischen drei und fünf Jahren

Falls Sie Ihr Erspartes für längere Zeit, aber nicht auf ganz lange Frist festlegen wollen, finden Sie auf dem Markt eine recht große Auswahl an Anlagemöglichkeiten. Im Wertpapierbereich bietet der Finanzminister Bundesobligationen an, die zwar eine fünfjährige Laufzeit aufweisen, bei einem unvorhergesehenen Finanzbedarf aber jederzeit zum aktuellen Tageskurs an der Börse verkauft werden können. Das gleiche gilt für die mit Laufzeiten von meist zehn Jahren ausgestatteten Anleihen und Schuldverschreibungen von öffentlichen Herausgebern und Unternehmen. Angesichts des mit einem Börsenverkauf verbundenen Kursrisikos sollten Sie solche Papiere allerdings nicht in Niedrigzinsphasen kaufen, da ansonsten später Kursverluste drohen.

Planen Sie dagegen von vornherein eine Anlagedauer von fünf Jahren ein, sind zumindest Bundesobligationen eine sichere Wahl, denn die Rückzahlung bei Fälligkeit erfolgt garantiert zu 100 %. Als sichere Alternative bei nicht absolut feststehender Anlagedauer bietet sich grundsätzlich der Kauf von Bundesschatzbriefen an, deren Rückgabe in diesem Laufzeitbereich jederzeit ohne Kursrisiko möglich ist. Allerdings müssen Sie vor allem bei einer kürzeren Laufzeit von drei oder vier Jahren Abstriche bei der Verzinsung machen, da die besten Zinssätze erst am Ende der regulären Schatzbrieflaufzeiten von sechs bzw. sieben Jahren gezahlt werden.

5 Jahre fest → Bundesobligationen

Nehmen Sie eine meist eingeschränkte Liquidität in Kauf, können Sie eventuell auch bei den Hausangeboten von Banken und Sparkassen fündig werden. Deren Angebotspalette für diesen Anlagebedarf besteht überwiegend aus Sparbriefen, Sparschuldverschreibungen, Sondersparverträgen mit Einmalzahlung und Sparzertifikaten. Da es hierbei von Bank zu Bank trotz gleichartiger Produktbezeichnungen durchaus Unterschiede in den jeweiligen Anlagebedingungen geben kann, sollten Sie diese insbesondere im Hinblick auf Kündigungsmöglichkeiten und die damit verbundenen Auswirkungen genau prüfen. Ob Sie sich letztlich für einen Wertpapierkauf oder hauseigene Bankangebote entscheiden, wird wohl in erster Linie von den Renditen der einzelnen Anlageformen sowie von Ihren Vorstellungen in bezug auf die Verfügbarkeit des Anlagebetrages abhängen. Die Sicherheit vor Kapitalverlusten ist – mit der genannten Einschränkung beim vorzeitigen Verkauf von Wertpapieren – bei den aufgeführten Anlagemöglichkeiten gegeben, so daß Sie Ihr Erspartes auch für die Zukunft fest einplanen können.

Spekulativer läßt sich Ihr Geld in Aktien, Genußscheinen, Optionsanleihen oder Investmentzertifikaten anlegen. Von einer größeren Direktanlage in bestimmte Aktien sollten Sie als Laie auf diesem Gebiet jedoch lieber die Finger lassen – es sei denn, Sie können in der Hoffnung auf größere Kursgewinne bei einer ungünstigen Entwicklung auch einen eventuellen Teilverlust Ihres Anlagebetrages verschmerzen. Wenn Sie dieser Markt interessiert, empfiehlt es sich eher, mit kleineren Beträgen zunächst einmal in das Aktiengeschäft mit seinen Möglichkeiten und Risiken hineinzuschnuppern.

Geringere Risiken als eine Direktanlage in bestimmte Papiere birgt in aller Regel eine Anlage in Investmentzertifikaten. Sie können hierbei je nach Risikobereitschaft zwischen den verschiedenen im Abschnitt 2.6.3 des Kapitels B beschriebenen Wertpapierfondsarten wählen. Eine solche Kapitalanlage sollte allerdings grundsätzlich immer längerfristig angelegt sein, um eventuell eintretende Tiefs „aussitzen" zu können. Ihr Planungszeitraum sollte sich deshalb zumindest im Fünfjahresbereich bewegen. Nur wenn Sie von kürzerfristigen Aufwärtsbewegungen auf dem für die Fondsentwicklung maßgeblichen Wertpapiermarkt überzeugt sind, kommt auch eine kürzere Anlagedauer in Frage. Nicht vergessen sollten Sie dabei immer den bei kurzen Laufzeiten verstärkten Einfluß des Ausgabeaufschlages auf die Rendite.

Immobilienfonds sind für eine Anlage über drei bis fünf Jahre eher ungeeignet, da die Gewinne durch Wertsteigerungen und erhöhte Mieteinnahmen der Fondsobjekte im Normalfall auf lange Frist eintreten und sich somit durch kurzfristige Beteiligungen kaum lukrative Renditen erzielen lassen.

2.4 Anlagedauer länger als fünf Jahre

Wollen Sie Ihr Erspartes oder andere zur Verfügung stehende Geldbeträge langfristig festlegen, haben Sie die Qual der Wahl zwischen einer ganzen Reihe von Anlagemöglichkeiten mit unterschiedlichen Laufzeiten. Bevor Sie eine Auswahl treffen, sollten Sie allerdings prüfen, ob ein solch langer Planungszeitraum auch tatsächlich realistisch ist oder ob nicht doch eine vorzeitige Verfügung des Anlagekapitals notwendig werden könnte. Nicht alle Anlageformen bieten diese Möglichkeit.

Außerdem wäre zu überlegen, ob der Zeitpunkt für eine langfristige Anlage auch richtig gewählt ist. Empfehlenswert ist eine solche Anlagestrategie vor allem dann, wenn Sie sich zu einem günstigen Ausgangszeitpunkt – zum Beispiel in einer Hochzinsphase – die überdurchschnittlichen Konditionen langfristig sichern wollen. Befinden sich die Zinsen dagegen im Keller, sollten Sie lieber keine allzu lange Bindung eingehen und versuchen, das Tief so gut wie möglich mit kürzerfristigen Angeboten mit maximal ein- oder zweijähriger Laufzeit zu überbrücken.

Sichere Anlageformen

Die Sicherung günstiger Ausgangskonditionen funktioniert natürlich nur bei Anlageformen mit einem über die gesamte Laufzeit festen Zins. Festverzinsliche Wertpapiere bilden deshalb auch hier wieder einen großen Teil der empfehlenswerten Angebote. An der unteren Grenze des angesprochenen Laufzeitbereichs sind die Bundesschatzbriefe mit regulären Laufzeiten von sechs bzw. sieben Jahren eine sichere Anlage mit festem Zins. Bei der aufgezinsten Version Typ B sollten Sie die steuerlichen Folgen der Zinszahlungsweise beachten! Etwas mehr Ertrag springt in der Regel bei einer längerfristigen Bindung an Anleihen und Schuldverschreibungen heraus, die mit einer regulären Laufzeit von meist zehn Jahren und einer hundertprozentigen Rückzahlungsgarantie – vorausgesetzt, der Herausgeber geht nicht Pleite – ausgegeben werden. Beim Kauf in Hochzinsphasen ist auch ein vorzeitiger Verkauf der Papiere relativ risikolos, es winken im Gegenteil sogar Kursgewinne. Für den Kauf öffentlicher Anleihen sprechen im Vergleich zu Industrieanleihen in diesem Zusammenhang die Möglichkeit der gebührenfreien Verwahrung durch die Bundesschuldenverwaltung sowie die – trotz Staatsverschuldung – große Rückzahlungssicherheit. Ähnlich kostengünstig können Sie teilweise die von Banken und Sparkassen herausgegebenen Schuldverschreibungen verwahren lassen, wenn Sie diese beim herausgebenden Kreditinstitut selbst ins Depot geben. Die beste Wahl läßt sich dann einfach über die Wertpapierrendite bestimmen.

Bei den weiteren für diesen Laufzeitbereich in Frage kommenden Anlageformen der Geldinstitute handelt es sich meist um Sondersparverträge mit einmaliger Einzahlung, auf die eine Grundverzinsung sowie ein laufzeitabhängiger Bonus oder eine Zusatzverzinsung gezahlt werden. Im Vergleich zu den genannten Wertpapieranlagen sind solche Angebote aufgrund geringerer Renditen und schlechterer Verfügbarkeit jedoch kaum konkurrenzfähig. Sparbriefe oder Zertifikate werden seltener mit solch langen Laufzeiten angeboten. Wenn Sie den sicheren Weg gehen wollen, werden Sie somit im Rahmen einer langfristigen Geldanlage kaum um einen Kauf von festverzinslichen Wertpapieren herumkommen.

Festverzinsliche Papiere schlagen Sondersparverträge.

Risikoreiche Anlageformen

Der vorgegebene lange Planungszeitraum kommt aber auch einer Anlage in risikoreichere Anlageformen wie Aktien, Genußscheine und Investmentfonds entgegen, denn hierbei lassen sich mit etwas Glück und Geduld langfristige Aufwärtsbewegungen auf den Kapitalmärkten mitnehmen. Eine solche langfristige Anlagestrategie entspricht so auch viel eher dem Charakter dieser Anlagealternativen als etwa die vor allem bei der Aktienanlage immer wieder in den Vordergrund gestellte kurzfristige Spekulation mit entsprechend hohen Risiken. Über lange Zeiträume können Sachwertanlagen wie zum Beispiel eine Aktienbeteiligung ihre grundsätzlich bestehenden Stärken wie Inflationsbeständigkeit und Teilnahme am langfristigen Wirtschaftswachstum entfalten. In den vergangenen Jahrzehnten ging diese Rechnung meist auf, und es ließen sich über-

durchschnittliche Renditen erzielen. Die zukünftige Entwicklung auf dem nationalen und den internationalen Aktienmärkten läßt sich allerdings nun einmal nicht voraussehen. So bleibt auch bei einer langfristig angelegten Anlagestrategie ein Unsicherheitsfaktor bestehen.

Eine Direktanlage in Aktien ist dabei wesentlich riskanter als eine Beteiligung an einem Aktienfonds, denn hier beeinflussen nicht nur die allgemeine Marktentwicklung, sondern auch die Geschäftsentwicklung der einzelnen Aktiengesellschaft direkt den Wert Ihrer Beteiligung. Zwar bietet eine Reihe von im Fachjargon als „blue chips" oder „Standardwerte" bezeichneten Aktien bestimmter Gesellschaften – meist großer Industrieunternehmen, Banken oder Versicherungen – ebenfalls eine relativ gute Anlagesicherheit. Allerdings haben die Anteileihren Preis, so daß Sie mit kleineren Anlagebeträgen nur wenige Aktien erwerben können. Besser streuen lassen sich bei geringerem Kapitaleinsatz die Risiken im Rahmen eines Aktienfonds. Über das Anlageergebnis entscheidet hier neben der allgemeinen Marktentwicklung letztlich vor allem der gute – oder schlechte – Riecher der Fondsmanager. Als Alternative zu Aktien und Aktienfonds sollten Sie den Kauf von Genußscheinen in Betracht ziehen. Die bestehenden Angebote mit ihren unterschiedlichen Ausstattungen ermöglichen eine Wahl zwischen eher aktienähnlichen und näher bei festverzinslichen Wertpapieren angesiedelten Genußscheinangeboten.

Als weniger kursempfindliche Investmentanlage bietet sich grundsätzlich ebenfalls der Kauf von Rentenfondsanteilen an. Hier stellt sich allerdings immer die Frage, welchen Vorteil ein Fonds gegenüber einer Direktanlage in festverzinslichen Wertpapieren bietet. Zwar kennen sich die Fondsmanager wahrscheinlich besser als der Normalanleger auf dem Rentenmarkt aus, wie die eher bescheidenen Ergebnisse der Vergangenheit zeigen, können aber auch sie nicht zaubern. Die Vorteile des Fonds liegen im Vergleich zur Direktanlage vor allem in einer einfacheren Abwicklung der Kapitalanlage. So werden beispielsweise die ausgeschütteten Zinsen auf Wunsch sofort wieder zum Kauf neuer Investmentzertifikate benutzt und somit Zinseinbußen durch eine verspätete Wiederanlage vermieden.

Bei einer Direktanlage müssen Sie sich dagegen selbst um den Überblick über die gekauften Wertpapiere, deren Zinsfälligkeiten und die Wiederanlage der Erträge kümmern. Wer hiermit keine Probleme hat, kann sich allerdings gleichzeitig auch die von den Fondsgesellschaften erhobenen Ausgabeaufschläge und Verwaltungsgebühren sparen. Die

Renten: Direktanlage meist besser als Fonds

Rendite einer Direktanlage liegt deshalb oftmals über den Erträgen aus einer Rentenfondsbeteiligung. Als günstigste Ausgangssituation für einen Einstieg bietet sich sowohl für den Kauf einzelner festverzinslicher Wertpapiere als auch für den Erwerb von Fondsanteilen eine Hochzinsphase an. Im Zinstief sollten Sie diese Anlageformen dagegen mit Vorsicht genießen.

Eine weitere auf einen längeren Zeitraum ausgerichtete Anlagemöglichkeit stellen Immobilien dar. Einsteigen können Sie hier – falls Sie über eine entsprechende Anlagesumme verfügen – durch den direkten Kauf eines Objektes oder mit geringerem Kapitaleinsatz über die Beteiligung an einem offenen oder geschlossenen Immobilienfonds. Da Immobilien traditionell recht wertstabil sind und inflatorische Verluste im Normalfall durch entsprechende Wertsteigerungen der Objekte ausgeglichen werden, sind die Anlagerisiken eingeschränkt. Mit einer gewissen Unsicherheit müssen Sie aber wie bei allen anderen Anlageformen ohne feste Verzinsung leben. Auch sollten Sie sich keine Illusionen über die erzielbaren Erträge machen. Diese liegen oft unter der Verzinsung festverzinslicher Wertpapiere. Bei einer Direktanlage sowie der Beteiligung an einem geschlossenen Immobilienfonds läßt sich die Rendite allerdings durch diverse Steuervorteile aufbessern, was vor allem für besserverdienende Zeitgenossen interessant sein kann. Großen Wert sollten Sie bei diesen Anlagevarianten auf die Objektauswahl legen, denn damit – und nicht mit den Steuersparmöglichkeiten – steht und fällt der Erfolg Ihres Engagements. Dies zeigt sich auch bei den offenen Immobilienfonds. Je nachdem, wie geschickt die Manager die Anlegergelder investiert hatten, gab es in der Vergangenheit Renditeunterschiede von über 2 %. Zudem können bei den offenen Fonds Steuervorteile eine schlechte Wertentwicklung nicht abmildern, da die Erträge daraus ganz normal als Einkünfte aus Kapitalvermögen zu versteuern sind und somit keine besonderen Abschreibungsmöglichkeiten bieten. Dafür können Sie die Anteile an diesen Fonds jederzeit wieder zum Tageskurs zurückgeben, während der Verkauf einer Immobilie oder eines Anteils an einem geschlossenen Fonds mit einem ungleich größeren Aufwand verbunden ist – vorausgesetzt, es findet sich überhaupt ein Käufer.

Entscheidungsfindung

Ein Allheilmittel zur langfristigen Kapitalanlage ist, genauso wie einige andere Anlageformen, auch die Immobilie aufgrund der angesprochenen Probleme nicht. Verfügen Sie bereits über ein etwas größeres Vermögen, empfiehlt sich als Anlagestrategie am ehesten wohl der richtige Mix aus den verschiedenen in Frage kommenden Möglichkeiten. Ob Sie hier die Schwerpunkte bei festverzinslichen Wertpapieren, Immobilien, Aktien oder bestimmten Investmentfonds setzen, wird letztlich von Ihrer persönlichen Risikoneigung und Zukunftseinschätzung abhängen. Eventuell halten Sie es sogar für angebracht, die im Abschnitt 2.7.1 des Kapitels B angesprochenen Risiken in Kauf zu nehmen und einen kleineren Teil Ihres Kapitals in Gold anzulegen. Allgemein bleibt nur zu raten, bei allen kursabhängigen Anlageformen ohne feste Laufzeit möglichst niemals mit einem fest angestrebten Rückzahlungstermin zu kalkulieren. Ansonsten könnten Sie bereits ein vorübergehendes Kurstief oder ein zwischenzeitlicher Wertverfall beim Verkauf von Wertpapieren oder Immobilien teuer zu stehen kommen.

Bei kleineren Vermögensbeträgen sollten Sie aber ohnehin lieber auf Nummer Sicher gehen, was in den meisten Fällen wohl eine festverzinsliche Geldanlage bedeuten wird.

Bevor Sie sich endgültig für Ihre persönliche langfristige Anlagestrategie entscheiden, sollten Sie sich jedoch auf alle Fälle anhand der entsprechenden Kapitel nochmals eingehend mit den Besonderheiten der in Frage kommenden Anlageformen genauestens vertraut machen.

3 Sie wollen Ihre Altersversorgung sichern

Bereits heute läßt sich der während des Berufslebens bestehende Lebensstandard allein mit den Leistungen aus der gesetzlichen Rentenversicherung im Rentenalter nicht mehr halten. In Zukunft dürfte diese Situation angesichts knapper Rentenkassen und der zunehmenden Zahl von Rentenbeziehern wohl noch weitaus schwieriger werden. Da längst nicht alle Arbeitnehmer von ihren Brötchengebern durch eine betriebliche Zusatzversorgung zusätzlich abgesichert werden und auch diese häufig nicht die entstehende Lücke zwischen Rente und Arbeitseinkommen vollständig schließen kann, stellt sich natürlich die Frage, wie Sie auf eigene Faust Ihren Ruhestand finanziell absichern können. Eine Patentlösung für dieses Problem gibt es leider nicht, da hierbei eine ganze Reihe persönlicher Faktoren bei

keine Patentlösung

der Entscheidungsfindung zu berücksichtigen sind. Vor allem wäre vor der Prüfung verschiedener Lösungsmöglichkeiten grundsätzlich zu klären, wie groß Ihre Versorgungslücke überhaupt ist. Dazu müßten zunächst Ihre bereits bestehenden Rentenansprüche aus der gesetzlichen Versicherung ermittelt werden.

Wie Sie wohl bereits erahnen, handelt es sich bei dem Thema „Altersversorgung" um keine einfache Materie, die sich mal eben so in einem kurzen Kapitel abhandeln läßt. Deshalb kann in diesem Buch leider keine umfassende Behandlung der Problematik erfolgen. Sie werden lediglich einige Anmerkungen zu den verschiedenen Marktangeboten zur Alterssicherung finden. Intensiver wird sich mit dem Thema dagegen eine im Frühjahr 1994 erscheinende Broschüre der Verbraucherverbände zur Lebensversicherung beschäftigen.

3.1 Kapitallebensversicherung

Das am häufigsten als Möglichkeit der zusätzlichen Altersversorgung verkaufte Produkt ist die Kapitallebensversicherung. Ausführliche Informationen zu dieser Anlageform finden Sie im Abschnitt 1.9 des Kapitels B. Auf die dort beschriebenen Risiken und Nachteile sollten Sie bei einer so wichtigen Angelegenheit wie Ihrer finanziellen Alterssicherung Ihr ganz besonderes Augenmerk richten.

Interessant ist der Abschluß einer Kapitallebensversicherung als Form der zusätzlichen Altersversorgung vor allem dann, wenn Ihr Arbeitgeber mitspielt und für Sie eine „Direktversicherung durch Gehaltsumwandlung" abschließt. Sie müssen in diesem Zusammenhang mit Ihrem Brötchengeber eine Vereinbarung darüber treffen, daß dieser einen Teil Ihres Einkommens direkt als Prämie auf einen Lebensversicherungsvertrag überweist, der vom Arbeitgeber als Versicherungsnehmer für Sie als versicherte Person abgeschlossen wird. Damit Sie sicher sein können, daß die Versicherungsleistung Ihnen tatsächlich zufließen wird, muß der Arbeitgeber Ihnen oder Ihren Hinterbliebenen ein unwiderrufliches Bezugsrecht darauf einräumen. Besitzen Sie bereits eine Lebensversicherung, können Sie auch auf einen Neuabschluß verzichten und den bestehenden Vertrag in eine Direktversicherung umwandeln.

Der entscheidende Vorteil einer solchen Direktversicherung besteht nun darin, daß die Lohn- und Gehaltsanteile, die als Versicherungsprämie gezahlt werden, nicht wie das restliche Einkommen mit Ihrem normalen Einkommensteuersatz, sondern mit einem Pauschalsatz von 15 % versteuert werden müssen. Da Ihr persönlicher Steuersatz höher als 15 % ist, sparen Sie durch die Gehaltsumwandlung Einkommensteuern. Dabei gilt: Je höher Ihre Steuerbelastung, desto größer die Steuerersparnisse durch die Direktversicherung. Noch lukrativer wird die Sache, wenn sich Ihr Arbeitgeber zusätzlich bereit erklärt, die pauschale Steuer zu übernehmen, und die Beträge für Sie völlig steuerfrei auf das Versicherungskonto fließen. Allerdings hat der Fiskus der Ausnutzung dieses legalen Steuertricks auch eine Grenze gesetzt: Im Normalfall können maximal 3.000 DM pro Jahr pauschalbesteuert auf eine Direktversicherung eingezahlt werden.

Daß sich die Wahrnehmung dieser Möglichkeit auch innerhalb des Höchstbetrages lohnt, zeigt das nebenstehende Beispiel.

Rechnet man die aufgrund einer Gehaltsumwandlung anfallenden Steuervorteile zur normalen Verzinsung einer Kapitallebensversicherung hinzu, ergibt sich meist eine attraktive Rendite, die durch vergleichbare Anlagealternativen nur schwer zu schlagen ist. Zusätzliche Einsparungen können sich ergeben, wenn die Prämien für die Direktversicherung nicht aus dem laufenden Einkommen, sondern vom Arbeitgeber direkt aus Sonderzahlungen wie Weihnachts- oder Urlaubsgeld gezahlt werden. Für die pauschalbesteuerten Beträge werden dann außerdem keine Sozialabgaben fällig. Da die Sonderzahlungen meist nur einmal jährlich fließen, müßten

Beispiel

Angenommen, ein verheirateter Arbeitnehmer mit einem zu versteuernden Familieneinkommen von 70.000 DM pro Jahr vereinbart mit seinem Arbeitgeber den Abschluß einer Direktversicherung durch Gehaltsumwandlung, auf die monatlich 250 DM (Jahresbetrag: 3.000 DM) fließen sollen. Außerdem erklärt sich der Arbeitgeber zur Übernahme der Pauschalsteuer bereit. Durch die Umwandlung von 3.000 DM des Gehaltes verringert sich das steuerpflichtige Einkommen dann auf 67.000 DM, für die nach der Einkommensteuer-Splittingtabelle jährlich 12.544 DM Einkommensteuer fällig werden. Da vor dem Abschluß der Direktversicherung bei einem Einkommen von 70.000 DM pro Jahr 13.360 DM an den Fiskus zu zahlen waren, spart der Arbeitnehmer durch die Direktversicherung jährlich 816 DM an Steuern ein. Bei Berücksichtigung von 9 % Kirchensteuer erhöht sich die Einsparung sogar auf 889,44 DM.

Sie in diesem Zusammenhang für die Direktversicherung eine jährliche Prämienzahlung vereinbaren.

In den Genuß der beschriebenen Vorteile kommen Sie allerdings nur, wenn der Versicherungsvertrag nicht vor Ihrem 60. Lebensjahr endet, eine vorzeitige Kündigung ausgeschlossen ist und die Beiträge aus dem Einkommen eines ersten Dienstverhältnisses – also aus keinem Nebenjob – gezahlt werden. Ebenso dürfen bereits bestehende Ansprüche aus der Direktversicherung nicht übertragen, abgetreten oder beliehen werden. Diese Einschränkungen gelten jedoch nur so lange, wie das Beschäftigungsverhältnis zwischen Ihnen und Ihrem Arbeitgeber besteht.

Bei einem Wechsel der Arbeitsstelle können Sie, wenn Ihr neuer Arbeitgeber dazu bereit ist, die Versicherung als Direktversicherung fortführen oder auf eigene Rechnung weiterzahlen – letzteres allerdings ohne die Vorteile der Pauschalbesteuerung. Haben Sie kein Interesse an einer Fortführung, kann der Vertrag entweder beitragsfrei gestellt oder gekündigt werden, wobei insbesondere die negativen Folgen einer Kündigung zu beachten sind. Wollen Sie lediglich früher, als im Vertrag vorgesehe,n an Ihr Geld kommen, kann es auch ausreichen, die Laufzeit der Versicherung zu verkürzen.

Keine Möglichkeit der steuersparenden Gehaltsumwandlung durch den Abschluß einer Direktversicherung bietet sich für Beamte und Angestellte im Öffentlichen Dienst. Verfügt Ihr Betrieb bereits über eine obligatorische betriebliche Altersversorgung, zum Beispiel über Versorgungswerke oder Pensionskassen, können Sie allenfalls noch in eingeschränktem Maße von der Gehaltsumwandlung Gebrauch machen. Liegt die Summe der Beiträge für die Zusatzversorgung unter der Höchstgrenze von jährlich 3.000 DM, kann der Differenzbetrag noch pauschalbesteuert in eine Direktversicherung fließen.

Gehören Sie zu keinem der angesprochenen Personenkreise, sollten Sie prüfen, ob sich auf dem Wege der Direktversicherung durch Gehaltsumwandlung nicht eine günstige Ergänzung zu Ihrer gesetzlichen Altersversorgung aufbauen läßt. Den Abschluß eines Direktversicherungsvertrages – wobei Sie natürlich einen möglichst leistungsfähigen Versicherer wählen sollten – und alle weiteren Einzelheiten müßten Sie dann mit Ihrem Arbeitgeber vereinbaren.

3.2 Private Rentenversicherung

Ebenfalls als Direktversicherung können Sie die von der Versicherungswirtschaft zur Altersvorsorge angebotenen privaten Rentenversicherungsverträge, die auch als „Leibrentenversicherungen" bezeichnet werden, abschließen. Dies ist allerdings nur in wenigen Fällen sinnvoll. Im Gegensatz zur Kapitallebensversicherung sehen solche Verträge keinen Schutz für den Todesfall vor. Sie sind deshalb grundsätzlich nur für die Alterssicherung der versicherten Person, nicht jedoch für die Versorgung von Hinterbliebenen geeignet.

Variante 1: aufgeschobene Rente

Die auf eine langfristige Ansparung von Rentenansprüchen ausgelegte Variante der Leibrente wird als „aufgeschobene Rentenversicherung" bezeichnet. Hier zahlen Sie zunächst über eine bestimmte Laufzeit von zum Beispiel 25 Jahren monatliche Beiträge, deren Höhe sich vor allem danach richtet, wie hoch die spätere Rente ausfallen soll. Im Anschluß an die Einzahlungsphase überweist Ihnen die Versicherungsgesellschaft dann aus dem eingezahlten Kapital sowie den erwirtschafteten Überschußanteilen eine lebenslängliche Rente. Die aufgeschobene Leibrente bietet die steuerlichen Vorteile, daß einerseits die in der Einzahlungsphase gutgeschriebenen Überschüsse – wie bei Kapitallebensversicherungen – steuerfrei bleiben, wenn die Einzahlungsdauer mindestens zwölf Jahre beträgt, und andererseits die aus der Versicherung fließende Rente nur in Höhe des sogenannten Ertragsanteils versteuert werden muß. Der Ertragsanteil errechnet sich jeweils nach dem Alter, in dem der Rentenberechtigte die Rente erstmals bezieht, und beträgt bei einem oder einer 65jährigen zum Beispiel 24 % der Rente.

Sollten sich Ihre finanziellen Planungen nachträglich verändern, besteht meist die Möglichkeit, sich anstelle einer Rente zum Ende des Einzahlungszeitraums eine einmalige Kapitalabfindung auszahlen zu lassen. Auch hier sind die Erträge bei Einhaltung der zwölfjährigen Mindestlaufzeit steuerfrei. Hat die Rentenphase allerdings erst einmal begonnen, ist es für solche Veränderungen zu spät.

Bei der als „Sofortrente" bezeichneten Variante der privaten Rentenversicherung ist keine langfristige Kapitalansparung vorgesehen. Hier müssen Sie das große Geld bereits bei Vertragsabschluß mitbringen. Sie leisten eine bestimmte Einmalzahlung – zum Beispiel aus der Ablaufleistung einer Kapitallebensversicherung – und erhalten daraus eine lebenslängliche Rente, die ebenfalls nur mit ihrem Ertragsanteil zu versteuern ist. Es handelt sich bei der Sofortrente also

Variante 2: Sofortrente

eigentlich um nichts anderes als einen Auszahlungsplan mit einmaliger Einzahlung, dessen Laufzeit grundsätzlich von der Lebensdauer des Vertragsinhabers abhängt.

Die Höhe der Rentenzahlungen aus einer Leibrentenversicherung wird nicht nur von den eingezahlten Kapitalbeträgen sowie den erwirtschafteten Überschußanteilen beeinflußt, sondern auch von Ihrer statistischen Restlebenserwartung. Je jünger Sie beim Eintritt in die Rentenphase sind, desto größer ist natürlich die Wahrscheinlichkeit, daß Sie die Rente über einen langen Zeitraum beziehen werden. Die Versicherungsunternehmen reagieren auf dieses erhöhte geschäftliche „Risiko" mit einer niedrigeren Rentenzahlung.

Der entscheidende Nachteil privater Rentenversicherungen besteht in der Tatsache, daß die Rente grundsätzlich nur so lange gezahlt wird, wie Sie leben. Stirbt der Vertragsinhaber einer aufgeschobenen Rentenversicherung bereits während der Einzahlungsphase, wird außerdem nicht – wie bei Kapitallebensversicherungen – eine bestimmte Versicherungssumme fällig, sondern die Erben erhalten in der Regel lediglich die eingezahlten Beiträge zurück. Für den Fall eines frühen Todes in der Rentenphase können vorsorglich Zusatzvereinbarungen getroffen werden, nach denen die Rentenzahlung über einen bestimmten Mindestzeitraum von meist fünf oder zehn Jahren garantiert wird. Nutznießer dieser Regelung sind die Erben. Die Garantierente muß allerdings durch eine geringere laufende Rentenzahlung erkauft werden, wobei gilt: „Je länger die Garantie, desto niedriger die Rente".

Ob der Abschluß einer privaten Rentenversicherung sich unter dem Strich für einen Versicherungsnehmer rentiert, hängt in erster Linie davon ab, wie lange er die Rente tatsächlich bezieht. Kassiert er die Rente länger, als es die statistischen Sterbetafeln der Versicherungen beim Vertragsabschluß vorgesehen haben, hat sich das Ganze für ihn in aller Regel gelohnt. Segnet er dagegen recht früh das Zeitliche, kann sich die Assekuranzgesellschaft die Hände reiben und das verbliebene Kapital einstreichen. Die Bezeichnung „Leibrente" für die private Rentenversicherung ist also durchaus treffend, denn es gilt der Grundsatz „keine Rente ohne Leib".

Eine erwägenswerte Form der Altersversorgung ist der Abschluß einer Leibrentenversicherung nur in bestimmten Ausnahmefällen, beispielsweise wenn Sie keine Hinterbliebenen haben, die Sie versorgen wollen, oder wenn Sie die ungeliebten Erben nach Ihrem Tod in die Röhre schauen lassen möchten. Im Vergleich zur Kapitallebensversicherung bietet sie dann etwas bessere Ertragsaussichten, da von Ihren Beiträgen ja kein Risikoanteil abgezogen wird. Ansonsten sollten Sie sich insbesondere in jungen Jahren nicht voreilig an eine solche Versicherung binden. Eine eintretende Veränderung Ihrer Lebensverhältnisse, etwa durch die Gründung einer Familie, kann schnell zu einem entsprechenden Bedarf an Hinterbliebenenschutz führen. Zwar kann eine abgeschlossene aufgeschobene Rentenversicherung in aller Regel vor dem Beginn der Rentenzahlungen gekündigt werden, die von Ihren Einzahlungen einbehaltenen Abschlußprovisionen und Verwaltungskosten müssen Sie allerdings genauso wie bei der Kündigung einer Kapitallebensversicherung abschreiben.

3.3 Selbständige Altersvorsorge

Anstatt das für Ihre Altersversorgung benötigte Kapital über eine Kapitallebensversicherung oder eine aufgeschobene Leibrentenversicherung anzusparen, können Sie natürlich auch jede andere langfristige Anlagestrategie verfolgen. In der Regel verlangen diese jedoch etwas mehr Eigeninitiative, belohnen diese aber mit besseren Ertragsaussichten. Konkrete Anregungen hierzu finden Sie im Abschnitt 1.1 dieses Kapitels.

Ein Teil der Altersversorgung kann auch die rechtzeitige Schaffung von Wohneigentum sein, das Ihnen im Alter die finanzielle Belastung durch eine hohe Miete erspart. Allerdings sollten Ihr Haus oder Ihre Wohnung möglichst bis zum Eintritt ins Rentenalter schuldenfrei sein, da Ihr Haushaltsbudget ansonsten durch Zins- und Tilgungsleistungen belastet würde.

Spezielle Angebote zur Unterstützung Ihrer Alterssicherung bieten auch die Investmentgesellschaften an. So können Sie zum Beispiel über einen langfristigen Ansparplan regelmäßig Fondsanteile erwerben und sich später das so angesparte Fondskapital im Rahmen eines Auszahlungs- oder Entnahmeplanes wieder als Rente zurückzahlen lassen. Einen solchen Auszahlungsplan können Sie außerdem auf einen Schlag durch eine größere Einmaleinzahlung – meist müssen es mindestens 20.000 bis 30.000 DM sein – auffüllen. In bezug auf die Rückzahlung haben Sie dann die Wahl zwischen der Erhaltung des eingezahlten Kapitals, bei der Ihnen lediglich der jeweils erzielte Wertzuwachs ausgezahlt wird, oder einem Kapitalverzehr, bei dem Ihnen gleichzeitig mit den Erträgen Teile Ihres Anlagekapitals zufließen. Während bei der er-

Fonds-Auszahlungen: Kapitalerhaltung oder Kapitalverzehr?

sten Variante Ihr Anlagebetrag – einmal abgesehen von Wertveränderungen durch Kursverschiebungen – erhalten bleibt, ist bei der zweiten Erscheinungsform Ihr Geld irgendwann aufgebraucht. Wie lange die Rente bei einem Auszahlungsplan mit Kapitalverzehr fließt, hängt von der Wertentwicklung der Fondsanteile sowie vom gewünschten regelmäßigen Auszahlungsbetrag ab. Sie können die Rückzahlung aber auch flexibel handhaben und bei entsprechendem Bedarf zwischenzeitlich größere Anteilsverkäufe tätigen. Außerdem ist normalerweise eine Umschichtung zwischen verschiedenen Fonds der gleichen Gesellschaft möglich. Um ein möglichst hohes Maß an Planungssicherheit zu haben, sollten Sie einen Auszahlungsplan jedoch lieber nicht auf der Basis von Investmentfonds mit hohen Kursrisiken abschließen, sonst müssen Sie unter ungünstigen Bedingungen eventuell Ihre zusätzliche Alterssicherung bereits einige Jahre früher als geplant abschreiben. Für solche Vorhaben sollten Sie eher auf weniger schwankungsanfällige offene Immobilienfonds oder allenfalls Rentenfonds zurückgreifen. Ein gewisser Unsicherheitsfaktor ist jedoch bei allen Entnahmeplänen der Fondsgesellschaften gegeben.

Besser können Sie mit den Auszahl- oder Rentenplänen von Banken und Sparkassen kalkulieren, da hier keine sich auf das Anlagekapital auswirkenden Kursrisiken bestehen. Garantiert Ihnen das Kreditinstitut keinen über die Gesamtlaufzeit festen Zins, müssen Sie allerdings mit gewissen Ertragsschwankungen rechnen. Auch bei diesen Auszahlplänen bietet sich die Wahl zwischen Plänen mit einer Erhaltung oder dem Verzehr des Anlagekapitals. Ertragswunder dürfen Sie von den hauseigenen Bankangeboten allerdings nicht erwarten; die Verzinsung ist in der Regel geringer als die Rendite festverzinslicher Wertpapiere.

Ansprechpartner:
- Rentenberater
- Verbraucher-Zentralen

Die Entscheidung für eine bestimmte Form der zusätzlichen Altersvorsorge muß wegen ihrer großen Tragweite sehr sorgfältig getroffen werden. Sie sollten in diesem Zusammenhang die Vor- und Nachteile der einzelnen Möglichkeiten unter Berücksichtigung sowohl Ihrer persönlichen Ausgangslage als auch Ihrer Zukunftsplanung genau abwägen und sich nicht voreilig aufgrund irgendwelcher Vermittleraussagen an langfristige Verträge wie Lebens- oder private Rentenversicherungen binden. Hilfe bei der Ermittlung Ihres Versorgungsbedarfes und Ihrer Entscheidungsfindung können Ihnen die Berater der Träger der gesetzlichen Rentenversicherung sowie die Versicherungsberater der Verbraucher-Zentralen bieten.

E Konditionenvergleich verschiedener Spar- und Geldanlageangebote

Falls Sie aufgrund der in den bisherigen Kapiteln gelieferten Informationen bereits die Wahl für eine bestimmte Grundform der Spar- und Geldanlage getroffen haben, bleibt nun in einem letzten Schritt noch die Suche nach dem günstigsten Marktangebot. Informationen zu überregionalen Angeboten finden Sie häufig in den einschlägigen Wirtschafts- und Verbrauchermagazinen, die Konditionen von regional tätigen Geldinstituten müssen Sie sich auf telefonischem Wege oder durch persönliche Nachfragen vor Ort besorgen. Wichtig ist es im Rahmen der Angebotseinholung, daß Sie den Anbietern konkrete Vorgaben über die gewünschte Anlageform sowie den Anlagebetrag und die Laufzeit machen. Nur so sind die Offerten vergleichbar.

1 Vergleichsmaßstab: Rendite

Haben Sie eine Reihe konkreter Angebote gesammelt, bildet die Rendite – die auch als Effektivverzinsung bezeichnet wird – den wichtigsten objektiven Vergleichsmaßstab. Hinter diesem Begriff verbirgt sich der Ertrag, den eine Anlage pro Jahr, bezogen auf das eingesetzte Kapital, erbringt. Ausgewiesen wird die Rendite als Jahresprozentsatz. Ihre Berechnung erfolgt nach dem Prinzip, daß von den laufenden Erträgen einer Anlage wie etwa Zinsen, Dividenden oder Mieten die mit der Anlage verbundenen Kosten und Gebühren (zum Beispiel An- und Verkaufskosten sowie Depotgebühren bei Wertpapieren, Ausgabeaufschläge bei Investmentzertifikaten, Instandhaltungskosten bei Immobilien) abgezogen werden. Der verbleibende Reinertrag ergibt dann ins Verhältnis zum angelegten Kapital gesetzt den Renditewert.

Die konkrete mathematische Berechnung eines Renditewertes gestaltet sich jedoch in der Regel wesentlich komplizierter, da hierbei die Besonderheiten der verschiedenen Anlageformen berücksichtigt werden müssen. Darauf, daß die Anbieter Ihnen diese Arbeit abnehmen und mit ihren Offerten automatisch den korrekten Renditewert liefern, können Sie sich leider nicht verlassen. Die Institute sind nämlich nicht dazu verpflichtet, ihren Kunden die Effektivverzinsung ihrer Offerten auszuweisen. Diese Lücke im Gesetz hat in der Vergangenheit dann auch zu einem Wildwuchs bei den Rentabilitätsangaben geführt. So finden Sie in den Schaukästen der Geldhäuser häufig Begriffe wie „Wertzuwachs", „durchschnittliche Verzinsung" oder „Zins mit Zinseszins", die in aller Regel kein anderes Ziel haben, als weniger lukrative Angebote in ein gutes Licht zu rücken. Vorsichtig sollten Sie in diesem Zusammenhang vor allem bei Anlageangeboten sein, die keine laufende Zinsauszahlung, sondern eine Zinsansammlung während der Laufzeit vorsehen. Welche Unterschiede hier zwischen einem angegebenen Wertzuwachs und der wirklichen Rendite bestehen können, zeigt ein kurzes Beispiel.

Vorsicht bei Angeboten mit „Wertzuwachs" etc.!

Beispiel

Die Anlage von 10.000 DM in einem Sparbrief mit Zinsansammlung soll bei einer Bank am Ende der vierjährigen Laufzeit einen Auszahlungsbetrag von 13.200 DM erbringen. Die Bank wirbt für das Angebot mit der Angabe „Durchschnittlicher jährlicher Wertzuwachs: 8 %". Dem Kunden scheint diese Angabe auf den ersten Blick durchaus korrekt zu sein. Teilt man den Gesamtertrag von 3.200 DM durch die Laufzeitjahre, so ergibt sich ein jährlicher Ertrag von 800 DM, der, bezogen auf das Kapital von 10.000 DM, einen Zins von 8 % jährlich ausmacht. Diese Betrachtungsweise hat allerdings einen entscheidenden Fehler: Die Endauszahlung wird nämlich nicht allein aus dem ursprünglich eingezahlten Betrag erwirtschaftet, sondern auch die aufgelaufenen Zinsen werden während der Laufzeit auf das Kapital geschlagen und mitverzinst. Der so eintretende Zinseszinseffekt muß bei der Berechnung der effektiven Verzinsung, der Rendite, berücksichtigt werden. Die um diesen Effekt bereinigte echte Rendite beträgt deshalb lediglich 7,18 % pro Jahr und liegt somit immerhin um 0,82 % unter dem ausgewiesenen Wertzuwachs.

Wie Sie sehen, kann eine Orientierung an Zinsangaben, die nicht ausdrücklich als „Rendite" oder „Effektivzins" ausgewiesen werden, schnell zu falschen Entscheidungen führen. Sie sollten deshalb grundsätzlich immer die Angabe der Rendite vom anbietenden Institut fordern. Vorsichtshalber empfiehlt es sich hierbei, den angegebenen Wert schriftlich festhalten zu lassen, denn wie Stichproben der Verbraucher-Zentrale Nordrhein-Westfalen ergeben haben, ist zum Teil selbst Bankangestellten der Unterschied zwischen „Rendite" und „Wertzuwachs" oder „Durchschnittsverzinsung" nicht klar!

Allerdings sollten Sie auch bei als „Rendite" ausgewiesenen Werten immer genau hinschauen, denn im Zusammenhang mit bestimmten Anlagegeschäften – vor allem bei Steuersparmodellen – wird der Renditebegriff nochmals in Unterbegriffe aufgeteilt, die nicht identisch sind und deshalb bei einem Vergleich nicht einfach gegenübergestellt werden dürfen. So sprechen Fachleute zum Beispiel häufig von „Brutto-" und „Nettorenditen" bzw. der Rendite „vor Steuern" oder „nach Steuern". Das Unterscheidungskriterium ist hierbei die Frage, ob die auf die Anlageerträge entfallenden Steuerabzüge bei der ausgewiesenen Rendite bereits berücksichtigt wurden oder nicht. Die „Bruttorendite" bzw. die Rendite „vor Steuern" steht folglich für den Anlageertrag, den Sie ohne Berücksichtigung von steuerlichen Belastungen verbuchen können; nachdem das Finanzamt zugelangt hat, bleibt Ihnen dagegen lediglich noch die „Nettorendite" bzw. die Rendite „nach Steuern". Da sich die Nettorendite exakt nur individuell für jeden Anleger auf der Basis seiner persönlichen Einkommensverhältnisse ermitteln läßt, wird von Kreditinstituten in der Regel jedoch die Bruttorendite der jeweiligen Anlageform angegeben. Allenfalls bei besonderen Steuersparanlagen werben die Anbieter mit der Rendite nach Steuern. Solche Angaben erkennen Sie daran, daß der Renditewert in der Anzeige oder dem Prospekt mit einem Zusatz wie zum Beispiel „bei einem Grenzsteuersatz von 40 %" ausgewiesen wird. Ihre Nettorendite fällt allerdings niedriger aus, wenn Sie tatsächlich weniger Steuern zahlen, als in solchen Beispielsrechnungen angenommen wird. Wieviel die Anlage Ihnen persönlich unter Berücksichtigung steuerlicher Gesichtspunkte genau einbringt, kann Ihnen – falls Sie nicht Ihr eigener Experte sind – letztlich nur ein Steuerfachmann ausrechnen.

2 Renditevergleich bei Standardangeboten

Bei vielen standardisierten Anlageprodukten von Banken und Sparkassen können Sie im Rahmen einer konkreten Gegenüberstellung die steuerliche Seite jedoch außer acht lassen und die Bruttorendite als Vergleichsmaßstab verwenden. Dies gilt beispielsweise für Konditionenvergleiche bei Sparbüchern, Festgeldern oder Sparbriefen. Steuerlich betrachtet ist es egal, ob Sie das Festgeld oder den Sparbrief der Bank A oder B wählen, die Steuerbelastung auf die Zinsen ist gleich. Bei ab- oder aufgezinsten Sparbriefen oder sonstigen Angeboten mit Zinsansammlung sollten Sie allerdings sicherheitshalber prüfen, ob durch die Versteuerung sämtlicher aufgelaufener Zinsen im Jahr der Fälligkeit nicht Ihr Sparerfreibetrag überschritten wird und deshalb die Wahl einer normalverzinsten Anlageform sinnvoller wäre.

Relativ einfach gestaltet sich ein Konditionenvergleich bei standardisierten Anlageformen mit laufender Zinsausschüttung der Banken und Sparkassen. Hier entspricht der ausgewiesene Nominalzins unter der Voraussetzung, daß der Zinssatz während der gesamten Anlagedauer gleichbleibt und keinerlei Nebenkosten anfallen, der Anlagerendite. Wird etwa ein Sparbrief mit dreijähriger Laufzeit und jährlicher Zinsvergütung mit einem Nominalzins von 7 % angeboten, so liegt die Rendite ebenfalls bei jährlich 7 %. In gleicher Weise können Sie durch eine einfache Gegenüberstellung der Nominalzinssätze auch die Konditionen für Sparbücher und Festgelder vergleichen. Der höchste Zins steht für das lukrativste Angebot. Zu beachten ist allerdings, daß sich die Sparbuchzinsen in der Zukunft verändern können.

3 Renditevergleich bei Sondersparverträgen

Zinsgestaltung und Verfügbarkeit beachten!

Bei Sondersparverträgen mit Raten- oder Einmalzahlung müssen dagegen im Rahmen eines Renditevergleichs zusätzlich die Zinsgestaltung und die Verfügbarkeit berücksichtigt werden. Die oft nur schwer durchschaubaren Vertragsgestaltungen können ansonsten dazu führen, daß sie Angebote gegenüberstellen, die sich zwar von der Produktbezeichnung her ähneln, aber dennoch sehr verschieden sind. Häufig ist eine absolut sichere Renditeangabe aber ohnehin nicht möglich, weil die Grundverzinsung variabel ist. Für eine Beurteilung solcher Angebote wäre es dann hilfreich, sich vom Kreditinstitut einmal aufzeigen zu lassen, wie stark die Zinssätze in der Vergangenheit auf Veränderungen der Marktzinsen reagiert haben. Stellen Sie dabei fest, daß es bei bestimmten Angeboten mit dem Zins immer schnell abwärts, aber nur sehr langsam aufwärts gegangen ist, sollten diese allenfalls zur zweiten Wahl gehören. Grundsätzlich sollten Sie Verträge mit variabler Verzinsung aber ohnehin nur in Niedrigzinsphasen abschließen. Liegt das allgemeine Zinsniveau dagegen hoch, gilt es, sich die günstigen Konditionen durch Festzinssätze langfristig zu sichern. Wird ein über die Gesamtlaufzeit fester Zins gewährt, lassen sich Sondersparverträge unter der Voraussetzung, daß der Einzahlungsbetrag bzw. die laufenden Raten übereinstimmen und sämtliche anfallenden Kosten berücksichtigt werden, auch ganz einfach anhand der zum Vertragsende fälligen Auszahlungssumme vergleichen.

Kosten wie Depotgebühren oder An- und Verkaufsspesen können Sie beim Vergleich der Konditionen von Sparbüchern, Festgeldern, Sparbriefen und Sondersparformen in aller Regel außer acht lassen. Die obligatorische Frage nach solchen Zusatzausgaben sollte aber sicherheitshalber dennoch zu jeder Angebotseinholung gehören.

4 Renditevergleich bei Wertpapieren

Eine wesentlich wichtigere Rolle spielen die Nebenkosten dagegen bei einem Renditevergleich von Wertpapieranlageformen. Gerade bei niedrigen Anlagebeträgen können vor allem die von vielen Banken und Sparkassen berechneten Mindestdepotgebühren die Rendite beträchtlich schmälern. Einen Ausweg kann zumindest bei festverzinslichen Papieren der Kauf von Bundeswertpapieren und deren kostenlose Verwahrung bei der Bundesschuldenverwaltung bieten. Auch einige Kreditinstitute verzichten auf solche Gebühren, wenn sich der Kunde für hauseigene Papiere wie etwa Bankschuldverschreibungen entscheidet.

Bei einer Anlage in anderen Wertpapieren können Sie die Depotgebühren dagegen normalerweise nur durch die ebenfalls mit Zusatzkosten verbundene Aushändigung der Wertpapierurkunden umgehen. Allerdings sollten die Papiere dann – falls Sie keinen eigenen Safe besitzen – aus Sicherheitsgründen im Bankschließfach verwahrt werden, was wiederum Miete kostet. Letztlich bleibt die Verwahrung im Bankdepot trotz der damit verbundenen Gebühren deshalb wohl doch die vernünftigste Form der Unterbringung für die meisten Wertpapierarten.

Wieviel Sie der Kauf von Wertpapieren sowie deren Verwahrung kosten werden, sollten Sie sofort bei der Sammlung von Angeboten erfragen. Versäumen Sie dies, erfahren Sie häufig noch nicht einmal aus dem Abrechnungsbeleg eines Wertpapierkaufs, welche Provisionen und Maklergebühren angefallen sind. Viele Kreditinstitute praktizieren nämlich eine Nettoabrechnung, bei der die Gebühren nicht einzeln belastet, sondern einfach über einen höheren Ankaufskurs abgerechnet werden. Wieviel die Nebenkosten konkret ausmachen, verdeutlicht dann nur der direkte Vergleich mit dem tatsächlichen

Börsenkurs der Wertpapiere am Tag des Handels. Interessant ist in diesem Zusammenhang vor allem die von der Bank oder Sparkasse vereinnahmte eigene Provision. Die Höhe der auch als „Courtage" bezeichneten Gebühr des Börsenmaklers ist dagegen unabhängig vom Institut bei den einzelnen Wertpapierbörsen differenziert nach Wertpapierarten einheitlich geregelt.

Im Rahmen eines Angebotsvergleiches sollten die erfaßten Nebenkosten nun in die Rendite der Wertpapiere mit eingerechnet werden. In der Praxis werden Sie hier aber wohl auf massive Probleme stoßen, denn kaum ein Kreditinstitut wird etwa freiwillig die Depotgebühren bei der Renditeberechnung einer Anleihe berücksichtigen. Wollen Sie dem Nervenkrieg mit den Anlageberatern aus dem Weg gehen, können Sie als Alternative die Nebenkosten gesondert auflisten und diese Ergebnisse bei der Auswahl des besten Angebotes zusätzlich mit in Ihre Entscheidung einbeziehen.

Festverzinsliche Wertpapiere

Eine verläßliche Renditeberechnung ist ohnehin nur bei festverzinslichen Wertpapieren möglich, die bis zum Fälligkeitstermin gehalten werden sollen. Wie sich die Rendite bei festverzinslichen Wertpapieren vereinfacht ermitteln läßt, können Sie im Abschnitt 2.6.1 des Kapitels B nachlesen. Ohne eigene Rechenanstrengung finden Sie die – ohne Berücksichtigung von Nebenkosten – finanzmathematisch genau berechneten Renditen verschiedener festverzinslicher Wertpapiere aber auch im Kursteil großer überregionaler Tageszeitungen oder dem „Handelsblatt". Die aktuellen Renditen von Bundeswertpapieren erfahren Sie, wie bereits erwähnt, am einfachsten telefonisch unter der Nummer 069/19718 beim eigens dafür eingerichteten Informationsdienst.

Da jedes Kreditinstitut prinzipiell in der Lage sein sollte, Ihnen sämtliche Wertpapiere zu besorgen, haben Sie somit die Möglichkeit, auch ohne eine persönliche Beratung allein anhand von vorliegenden schriftlichen und telefonischen Renditeinformationen Ihre Wahl zu treffen und sich dann zur Beschaffung und Verwahrung der Papiere die Bank oder Sparkasse zu suchen, die die geringsten Gebühren verlangt.

Bei einer geplanten Anlage in festverzinslichen Wertpapieren können auch steuerliche Überlegungen eine Rolle spielen. Dies gilt vor allem dann, wenn Sie Ihren Sparerfreibetrag bereits weitgehend ausgenutzt haben und weitere Zinseinnahmen voll versteuern müssen. Da Kursgewinne bei Einhaltung einer Spekulationsfrist von sechs Monaten zwischen Anschaffung und Verkauf der Papiere steuerfrei sind, lohnt es sich unter Umständen, ein Wertpapier anzuschaffen, das zwar eine relativ geringe laufende Verzinsung aufweist, gleichzeitig aber hohe Kursgewinne bietet. Ein wesentlicher Teil der Rendite kann auf diesem Weg ohne Beteiligung des Fiskus kassiert werden. Die Rendite „nach Steuern" ist dann trotz gleicher Bruttorendite bei solchen Papieren höher als bei Angeboten mit hohem laufenden Zinssatz. Solche steuerlich interessanten „Restläufer" finden sich auf dem Rentenmarkt vor allem in Hochzinsphasen. In dieser Situation rutschen die Kurse älterer Anleihen und Schuldverschreibungen, deren Nominalzins unter dem aktuellen Zinsniveau liegt, in den Keller. Einen großen Teil der Rendite kassieren Sie dann über den steuerbegünstigten Kursgewinn.

Spekulativere Wertpapiere

Im Gegensatz zu festverzinslichen Wertpapieren ist bei spekulativeren Papieren ohne feste Verzinsung, zum Beispiel bei Aktien oder Investmentzertifikaten, ein echter auf die Zukunft gerichteter Renditevergleich nicht möglich. Hier können Sie allenfalls die Vergangenheitsrenditen der einzelnen Aktien und Fonds gegenüberstellen. Zwar läßt sich für Aktien zum Beispiel eine „Dividendenrendite" errechnen, indem die an die Aktionäre ausgeschüttete Bardividende zusammen mit der Körperschaftsteuergutschrift (bis zum 31. Dezember 1993 9/16 und ab dem 1. Januar 1994 3/7 der Bardividende) ins Verhältnis zu den Anschaffungskosten der Aktie gesetzt wird. Der Maßstab für eine Entscheidung zugunsten eines bestimmten Papiers sollte dieser Wert allerdings auf keinen Fall sein. Er gilt ebenfalls nur für die Vergangenheit und sagt nichts über die tatsächliche Rendite einer Aktienanlage aus, denn diese hängt weniger von der Dividendenausschüttung als vom eigentlichen Ertragsziel der Aktionäre ab: dem unkalkulierbaren Kursgewinn.

Auf die häufig in Wirtschaftsmagazinen und Börseninformationsdiensten geäußerten Expertenprognosen zur Kursentwicklung einzelner Aktienwerte können Sie einen Vergleich genauso wenig aufbauen, denn selbst die Spezialisten liegen mit ihren Einschätzungen häufig daneben.

Die gleichen Aussagen gelten für eine Anlage in Investmentfonds. Auch wenn hier Kursschwankungen einzelner Wertpapiere aufgrund der

Streuung der Anlegergelder nicht so extrem wie bei einer Direktanlage durchschlagen, sind verläßliche Renditeberechnungen für die Zukunft nicht möglich – egal, ob es sich um einen Renten-, einen Aktien- oder einen Immobilienfonds handelt. Möchten Sie die Vergangenheitsergebnisse einzelner Fonds gegenüberstellen, sollten Sie von den Anbietern immer die Angabe der unter Berücksichtigung von Ausgabeaufschlägen ermittelten Rendite verlangen und nicht allein die durchschnittliche Wertentwicklung vergleichen.

sichere Rendite nur bei Festzins und Rückzahlungsgarantie

Letztlich bleibt festzuhalten, daß Sie bei Wertpapieren, die keine feste Verzinsung und keine Rückzahlungsgarantie zum festen Kurs bieten, keinen sicheren Renditevergleich durchführen können. Sie haben lediglich die Möglichkeit, die Vergangenheitsergebnisse als Maßstab zu nehmen und darauf zu hoffen, daß sich diese Entwicklung so fortsetzen wird – oder Sie vertrauen allein auf den eigenen richtigen Riecher dafür, welche Papiere in Zukunft die Renner sein werden.

5 Renditevergleich bei Immobilien

Auch bei Anlageformen wie Immobilien oder Anteilen an geschlossenen Immobilienfonds, die meist nur relativ geringen Wertschwankungen unterliegen, sind zuverlässige Renditevergleiche für die Zukunft nicht durchführbar. Die Wertentwicklung und die laufenden Objekterträge unterliegen hier ebenfalls nicht verläßlich kalkulierbaren Marktveränderungen. Eine Rendite läßt sich bei solchen Investitionen ohnehin immer nur individuell aufgrund der persönlichen steuerlichen Bedingungen ermitteln. Empfehlenswerte Angebote sollten deshalb möglichst gute Ertrags- und Wertentwicklungsaussichten sowie gleichzeitig hohe steuerliche Vorteile in Aussicht stellen. Um die Einbeziehung eines Steuerfachmannes kommen Sie deshalb im Rahmen eines Angebotsvergleiches kaum herum. Zur Bewertung verschiedener Objekte empfiehlt es sich außerdem, einen unabhängigen Immobilienfachmann einzuschalten und die Objekte natürlich immer selbst in Augenschein zu nehmen.

6 Renditevergleich unterschiedlicher Anlageformen

Schwierig wird es auch, wenn Sie sich nicht von vornherein auf eine bestimmte Anlageform festlegen und deshalb einen Vergleich unterschiedlicher Anlageformen durchführen müssen. Hier laufen Sie schnell Gefahr, „Äpfel mit Birnen" zu vergleichen, indem Sie sehr unterschiedliche Anlagemöglichkeiten gegenüberstellen. Solche Quervergleiche werden auch gerne aus Werbegründen in Verkaufsunterlagen von Anbietern gemacht. So finden Sie teilweise Grafiken, in denen zum Beispiel für einen bestimmten Zeitraum die Wertentwicklung von Anlageformen wie festverzinslichen Wertpapieren, Aktienfonds und Immobilien gegenübergestellt wird, um für den Vertrieb von Fonds zu werben. Die ausgewiesenen Ergebnisse können vielleicht einmal ganz interessant für eine allgemeine Vergangenheitsbetrachtung sein, für einen aussagefähigen Vergleich eignen sie sich aber keinesfalls. Denn hier werden die ungewissen Zukunftsergebnisse einer Aktienfonds- oder Immobilienanlage der bei einer Anlage über die Gesamtlaufzeit absolut sicheren Rendite von festverzinslichen Papieren gegenübergestellt, ohne die äußerst unterschiedlichen Anlagerisiken zu bewerten. Unberücksichtigt bleiben bei solchen Gegenüberstellungen häufig – je nachdem, welches Angebot an den Mann bzw. die Frau gebracht werden soll – auch die unterschiedliche steuerliche Behandlung der Erträge sowie die Inflationsanfälligkeit der jeweiligen Anlage. Alle diese Aspekte müssen jedoch unbedingt in die Entscheidungsfindung einbezogen werden. Um die Vergleichskriterien richtig zu bestimmen, sollten Sie in allen Einzelheiten über die Besonderheiten, Vor- und Nachteile der verschiedenen Angebote informiert sein.

Ein Quervergleich verschiedener Geldanlagen führt letztlich nur dann zu einem verläßlichen Ergebnis, wenn sich die Anlageformen in den wichtigsten Gesichtspunkten wie Sicherheit, Laufzeit und steuerliche Behandlung weitgehend entsprechen. Strenggenommen können Sie deshalb allenfalls Angebote wie beispielsweise Bundesobligationen und vergleichbare fünfjährige Sparbriefe direkt gegenüberstellen – wobei selbst hier noch Unterschiede in der Verfügbarkeit bestehen.

F Haftung von Anlagegesellschaften, Anlageberatern und -vermittlern

Wie bereits viele Sparer und Geldanleger leidvoll erfahren mußten, ist auf die „guten Tips" von Anlageberatern und -vermittlern nicht immer Verlaß. Im ungünstigsten Fall kann eine schlechte Beratung nicht nur zu Zinseinbußen, sondern auch zum Totalverlust des mühsam ersparten Kapitals führen. Aus diesem Grund sollten Sie insbesondere bei Anlagegeschäften, mit denen Sie noch keine eigenen Erfahrungen gesammelt haben, sehr vorsichtig sein und keinem Berater oder Vermittler – auch wenn er noch so seriös und kompetent wirkt – blind vertrauen.

1 Rücktrittsrecht

Wenn es bereits zu spät ist und Sie schon einen Anlagevertrag abgeschlossen haben, gilt es zuerst einmal zu prüfen, ob Ihnen nicht das Recht auf einen Rücktritt vom Vertrag zusteht. Dies wäre nach § 13 a des Gesetzes gegen den unlauteren Wettbewerb (UWG) zum Beispiel der Fall, wenn Sie durch wesentliche unwahre und irreführende Werbeangaben zum Vertragsabschluß verleitet worden wären. Sie könnten dann innerhalb von sechs Monaten nach der Unterzeichnung des Vertrages davon zurücktreten. Allerdings muß der Rücktritt unverzüglich, nachdem Sie festgestellt haben, daß man Sie über den Tisch gezogen hat, erfolgen.

2 Prospekthaftung

Besteht keine Rücktrittsmöglichkeit wegen irreführender Werbung, wäre zu prüfen, inwieweit die Betreiber des Anlageangebotes und Ihr Anlageberater oder -vermittler für einen Ihnen entstehenden Schaden haftbar gemacht werden können. Enthält der Verkaufsprospekt der Anlage beispielsweise unrichtige oder unvollständige Angaben, haben Sie grundsätzlich die Möglichkeit, die Betreiber der Anlagegesellschaft aus Prospekthaftung in Anspruch zu nehmen. Als Haftungsgrund reicht es teilweise schon aus, daß der Prospekt noch nicht einmal objektiv falsche Angaben enthält, sondern zum

Prospekt richtig und vollständig?

Beispiel die Chancen und Risiken der Anlage nicht in einem der Realität entsprechenden Verhältnis darstellt. Haften müssen für solche Fehler neben den Betreibern der Anlagegesellschaft und den Herausgebern des Prospektes auch Personen wie Steuerberater, Wirtschaftsprüfer oder Rechtsanwälte, die durch ihre berufliche Stellung und ihre Mitwirkung beim Anleger Vertrauen erweckt haben. Eine Namensnennung im Prospekt ist dabei nicht einmal unbedingt erforderlich. Es reicht zum Beispiel bereits aus, wenn in den Prospektunterlagen einfach von dem Prüfbericht eines Wirtschaftsberaters die Rede ist, um diesen belangen zu können. Ist bei der Anlagegesellschaft selbst nichts mehr zu holen, können Sie sich in diesem Fall also immer noch an die Hintermänner halten.

3 Beratungshaftung

Ergibt sich aufgrund der Prospekthaftung keine Möglichkeit, den entstandenen Schaden ausgleichen zu können, bleibt zu prüfen, inwieweit gegenüber dem Anlageberater oder -vermittler Schadensersatzansprüche wegen einer Verletzung von Aufklärungspflichten geltend gemacht werden können. Allerdings existiert in diesem Zusammenhang keine gesetzliche Regelung, an der sich generell messen läßt, ob ein Berater korrekt gehandelt hat. Die rechtlichen Grundaspekte für eine Beratungshaftung müssen deshalb aus einer ganzen Reihe von einschlägigen Gerichtsurteilen abgeleitet werden, in denen sich die Gerichte mit konkreten Einzelfällen auseinanderzusetzen hatten. Ein wichtiges Datum dürfte in diesem Zusammenhang in Zukunft der 6. Juli 1993 sein. An diesem Tag hat nämlich das oberste deutsche Zivilgericht, der Bundesgerichtshof (BGH), im Rahmen eines Urteils (Aktenzeichen: XI ZR 12/93) einige grundlegende Aussagen dazu gemacht, wie er sich eine pflichtgemäße Anlageberatung vorstellt. An diesem Maßstab dürften in Zukunft vor allem die Beratungsleistungen der Kreditinstitute gemessen werden.

In dem dem Urteil zugrundeliegenden Fall hatte eine Bank mehreren Anlegern, die eine lukrative sichere Anlageform suchten, zum Kauf von DM-Anleihen eines australischen Konzerns geraten, der kurze Zeit später zahlungsunfähig wurde. Für die Anleger bedeutete dies einen Totalverlust ihres Anlagekapitals. Die Bank hatte die Bonität des Herausgebers der Anleihen nicht selbst geprüft und den Kauf mit dem Hinweis empfohlen, daß die Anlage keine Kursrisiken beinhalte, da es sich um eine DM-Anleihe handele. Ein betroffenes Ehepaar verklagte die Bank daraufhin auf Zahlung von Schadensersatz, weil das Institut seine Beratungspflicht verletzt habe. Der Bundesgerichtshof gab den Klägern recht.

Im Rahmen der Urteilsbegründung haben die obersten Richter als Pflichtenstandard für die Anlageberatung der Kreditinstitute festgelegt, daß eine Bank ihre Kunden sowohl „anlagegerecht" als auch „anlegergerecht" beraten muß. Das bedeutet im Klartext, daß einerseits umfassend über die Eigenschaften und Risiken der angebotenen Anlageformen aufgeklärt werden muß, wobei das Institut sich die entsprechenden Informationen durch eine eigenständige Überprüfung der Angebote zu beschaffen hat. Andererseits muß die Beratung die persönlichen Voraussetzungen, zum Beispiel den Wissensstand und bisherige Anlageerfahrungen des Kunden, sowie dessen Risikobereitschaft berücksichtigen. Verstößt ein Kreditinstitut gegen diese Grundsätze, so liegt eine Verletzung der Beratungspflicht vor. Bereits vor der grundlegenden Entscheidung vom 6. Juli 1993 hat der Bundesgerichtshof in anderen Streitfällen ausgeführt, daß ein Berater seine Kunden sorgfältig, wahrheitsgemäß und vollständig über alle Tatsachen informieren muß, die für die Anlageentscheidung von Bedeutung sind. Dabei muß vor allem auf die bestehenden Anlagerisiken hingewiesen werden.

Im Zusammenhang mit hochspekulativen Börsentermingeschäften muß sogar eine allgemeine schriftliche Risikoerklärung vorgelegt werden, die vom Kunden zu unterschreiben ist. Beinhaltet die konkrete Anlageform über die typischen Risiken solcher Geschäfte hinaus weitere zusätzliche Verlustrisiken, zum Beispiel aufgrund hoher Abschlußgebühren, so hat darüber ebenfalls eine schriftliche Aufklärung zu erfolgen. Erweckt der Berater durch seine Aussagen den Eindruck,

daß die in den Erklärungen geschilderten Risiken in Wirklichkeit wesentlich geringer sind, haftet er selbst dann, wenn er formal richtig aufgeklärt hat.

Nicht haften muß der Anlageberater dagegen für den Fall, daß ein erhoffter Anlageerfolg nicht eintritt. Verspricht zum Beispiel nach der Aussage des Beraters eine bestimmte Aktie zum Anlagezeitpunkt aller Voraussicht nach hohe Kursgewinne und treten diese, nachdem Sie solche Papiere gekauft haben, nicht ein, so haftet der Berater nicht, wenn er Sie vorher grundlegend über die allgemeinen Kursrisiken einer Aktienanlage aufgeklärt hat. Sinkt nicht nur der Kurs, sondern geht die als aussichtsreiche Unternehmensbeteiligung angepriesene Aktiengesellschaft pleite, wäre dagegen wiederum zu klären, ob Ihr Anlageberater seine Empfehlung auch wirklich sorgfältig genug überprüft hat oder ein Verstoß gegen die im BGH-Urteil vom 6. Juli 1993 festgelegten Grundsätze vorliegt.

Keine Verpflichtung besteht für Anlageberater, Ihnen immer die günstigste Anlageform anzubieten. Schadensersatzansprüche können hier allenfalls geltend gemacht werden, wenn das verkaufte Produkt fälschlicherweise als das beste Marktangebot dargestellt wird.

Klärt ein Anlageberater einen Kunden nicht vollständig, sorgfältig und wahrheitsgemäß über alle für die Anlageentscheidung wichtigen Punkte auf, macht er sich schadensersatzpflichtig. Bei den Anlageberatern von Kreditinstituten tritt in diesem Fall in der Regel der Arbeitgeber für das Verschulden seines Angestellten ein. Nach den neuen Allgemeinen Geschäftsbedingungen haften die Banken und Sparkassen in diesem Rahmen bereits für eine leicht fahrlässig erfolgte Fehlberatung ihrer Mitarbeiter. Nebenberufliche Berater gehen dagegen das Risiko ein, bei Fehlern persönlich zur Kasse gebeten zu werden, was wohl vielen der selbsternannten „Finanzkaufleute", „Vermögens-" oder „Wirtschaftsberater" nicht klar sein dürfte.

4 Beweislast

Sind Sie das Opfer eines Beratungsverschuldens geworden, stellt sich natürlich die Frage, wie Sie Ihre Schadensersatzansprüche geltend machen können. Bestreitet der Berater seinen Fehltritt, bleibt in aller Regel nur die Beschreitung des Rechtsweges. Vor Gericht sind dann grundsätzlich der Berater oder die Bank verpflichtet, nachzuweisen, daß die bestehenden Schutzpflichten erfüllt wurden und somit kein Verschulden vorliegt. Da ein solcher Nachweis häufig geführt wird, indem der Berater selbst als Zeuge für den verklagten Arbeitgeber auftritt, bleibt es letztlich doch beim Kunden, die Aussagen zu widerlegen und das Beratungsverschulden zu beweisen. Aus diesem Grund empfiehlt es sich, bei wichtigen Anlageberatungsgesprächen immer mit einer zweiten Person aufzutreten, die „im Falle eines Falles" für Sie als Zeuge auftreten kann. Noch besser wäre es, Sie würden den Ablauf und das Ergebnis des Beratungsgespräches in einer Art „Anlageberatungsprotokoll" schriftlich festhalten. Einen Vorschlag, wie ein solches Protokoll aussehen kann, finden Sie im nächsten Kapitel.

wichtige Gespräche nur unter Zeugen

5 Schadensermittlung

Müsseneine Anlagegesellschaft oder ein Anlageberater Schadensersatz leisten, bedeutet das nicht nur, daß er Ihnen das eingesetzte Kapital zurückzahlen muß. Sie haben ebenfalls einen Anspruch auf die Zinsen, die Sie während der Anlagedauer im Rahmen einer Anlageform mit allgemein üblicher Verzinsung hätten erzielen können. Die tatsächliche Zahlung der oftmals beim Verkauf in Aussicht gestellten unrealistischen Erträge können Sie nicht verlangen.

6 Verjährung

Wie lange Sie Ansprüche gegen eine Anlagegesellschaft oder einen Berater geltend machen können, hängt von der Rechtsgrundlage ab, aus der sich die Ansprüche ableiten lassen. Ist der zur Zulassung an der Börse erforderliche Prospekt fehlerhaft, tritt die Verjährung fünf Jahre nach der Zulassung der Wertpapiere zum Börsenhandel ein. Enthält dagegen der Verkaufprospekt unrichtige oder unvollständige Angaben, beginnt die ebenfalls fünfjährige Verjährungsfrist mit dessen Veröffentlichung. Bei in- oder ausländischen Investmentfonds verjähren dagegen die Ansprüche aus Prospektfehlern bereits sechs Monate nach Kenntnis des Mangels, spätestens jedoch drei Jahre nach dem Kauf der Papiere. Sind Sie einem Kapitalanlagebetrüger aufgesessen, können Sie diesen innerhalb eines Zeitraums von bis zu drei Jahren nach dem Zeitpunkt, zu dem Sie Kenntnis vom Schaden sowie der Person des Schadensersatzpflichtigen erhalten, zur Kasse bitten.

unterschiedliche Fristen

Wesentlich länger können Sie sich Zeit lassen, wenn eine Verletzung von Beratungspflichten vorliegt. Hier beträgt die Verjährungsfrist 30 Jahre. Eine Ausnahme davon besteht lediglich dann, wenn bestimmte Berufsgruppen wie zum Beispiel Steuerberater, Wirtschaftsprüfer oder Rechtsanwälte im Rahmen ihrer Tätigkeit falsch beraten. In solchen Fällen gelten die kürzeren berufsspezifischen Fristen. Allerdings empfiehlt es sich auch bei Gültigkeit der 30-Jahres-Frist, bestehende Ansprüche so schnell wie möglich geltend zu machen. Dies zum einen, weil unseriöse Anlagefirmen häufig sehr schnell von der Bildfläche verschwinden, und zum anderen, weil etwa die Beweisführung für eine Verletzung von Beratungspflichten vor Gericht erfahrungsgemäß um so schwieriger wird, je länger die Sache zurückliegt.

G Anlageberatungsprotokoll

Wie Sie bereits im vorhergehenden Kapitel erfahren haben, ist es oftmals nicht einfach, einem Berater eine Verletzung seiner Aufklärungspflichten nachzuweisen. Das Hauptproblem besteht in vielen Fällen darin, daß weder schriftliche Beratungsunterlagen und -aussagen noch die Aussage eines Zeugen vor Gericht herangezogen werden können. Um dieser Zwickmühle im Falle eines Falles von vornherein zu entgehen, empfiehlt es sich, grundsätzlich Beratungsgespräche nur zu zweit zu führen und außerdem die wichtigsten Aussagen und Informationen des Beraters kurz schriftlich festzuhalten. Weil insbesondere die Protokollierung eines Gespräches häufig nicht ganz einfach ist und ein Laie oft nicht weiß, welche entscheidenden Punkte er festhalten muß, haben wir zu Ihrer Hilfe ein Musterprotokoll entwickelt, das Sie auf den Seiten 215 bis 218 finden.

Bevor Sie in eine Beratung gehen, sollten Sie sich Gedanken dazu machen, welche Anlageformen für Sie grundsätzlich in Frage kommen. Auch als Hilfe für den Berater sollten Sie zunächst einmal Ihre Anlageziele möglichst genau festlegen. Dies kann durch ein Ausfüllen bzw. Ankreuzen der unter Punkt 2 des Protokolls aufgeführten Positionen geschehen. Hierbei sollten Sie sich allerdings wieder in Erinnerung rufen, daß es Zielkonflikte gibt und eine Anlage nicht gleichzeitig alle Vorteile wie Sicherheit, Verfügbarkeit und hohe Rendite bieten kann.

Im Rahmen des Beratungsgespräches kann der Berater dann ein Ihren Vorgaben entsprechendes Angebot entwickeln und dies unter Punkt 3 als Anlageempfehlung mit einer kurzen Begründung festhalten. Um dem Ganzen einen verbindlichen Charakter zu geben, sollte das Protokoll anschließend sowohl von Ihnen als auch vom Berater unterzeichnet und beiden Parteien ein Exemplar ausgehändigt werden. Falls Sie bei Beratern auf Widerstand stoßen, ein solches Protokoll anzufertigen und zu unterzeichnen, sollten Sie daraus Ihre Schlüsse ziehen. Ein qualifizierter und seriöser Berater dürfte keine Probleme damit haben, daß seine Arbeit dokumentiert wird.

Die Seiten 215 bis 218 können Sie leicht heraustrennen und kopieren.

Sie erleichtern sich das Ausfüllen, wenn Sie die Seiten beim Kopieren vergrößern.

Anlageberatungsprotokoll

Ort u. Datum der Beratung ______________________

1 Personalien

Name und Anschrift des Kunden ______________________

Name und Anschrift des Kreditinstitutes / der Vertriebsorganisation ______________________

Name des Beraters (und bei freien Beratern auch Privatanschrift) ______________________

2 Anlagebedarf

Anlagezweck

- ☐ Regelmäßige Ansparung von gleichbleibenden/veränderlichen* Geldbeträgen …
  - ☐ zur Anlage vermögenswirksamer Leistungen
  - ☐ zur Finanzierung größerer Anschaffungen (Art der geplanten Anschaffung):
    ____
  - ☐ zur Bildung finanzieller Rücklagen
  - ☐ zum Erwerb von Wohneigentum

* *Nichtzutreffendes bitte streichen*

- ☐ zur Sicherung der Altersversorgung
- ☐ ____________________

☐ Einmalanlage eines bestimmten Geldbetrages

Höhe des Anlagebetrages bzw. Sparbetrages

☐ einmaliger Anlagebetrag: DM ....

☐ Sparbetrag: DM ....

- ☐ monatlich
- ☐ vierteljährlich
- ☐ halbjährlich
- ☐ jährlich
- ☐ ____________________

Geplante Anlagedauer bzw. geplanter Ansparzeitraum

____

Verfügbarkeit des Anlagebetrages bzw. Ansparguthabens

☐ Der Anlagebetrag soll jederzeit ohne Nachteile verfügbar sein.

☐ Der Anlagebetrag soll mit einer Kündigungsfrist von .... Monaten verfügbar sein.

☐ Der Anlagebetrag soll nach .... Monaten/Jahren* ohne Kündigung verfügbar sein.

☐ Der Anlagebetrag muß während des Anlage- bzw. Anspar-zeitraumes nicht vorzeitig verfügbar sein.

Gewünschte Art der Verzinsung bzw. Ausschüttung

☐ Die Erträge sollen regelmäßig ausgezahlt werden.

☐ Die Erträge sollen automatisch wiederangelegt und zum Ende der Anlagedauer in einer Summe ausgezahlt werden.

* *Nichtzutreffendes bitte streichen*

Sicherheit des Anlagebetrages bzw. Ansparguthabens

- ☐ Die Rückzahlung des vollen Anlagebetrages bzw. Ansparguthabens muß in jeder Phase gesichert sein.
- ☐ Die Rückzahlung des vollen Anlagebetrages bzw. Ansparguthabens muß zum Laufzeitende gesichert sein, bei einer vorzeitigen Verfügung wird dagegen die Möglichkeit von Kursverlusten in Kauf genommen.
- ☐ Im Hinblick auf bessere Ertragsmöglichkeiten durch risikoreiche Anlageformen wird auch die Möglichkeit von Kapitalverlusten in Kauf genommen.

Sicherheit der Anlageerträge

- ☐ Die Erträge sollen über die gesamte Laufzeit fest sein.
- ☐ Die Erträge können teils fest und teils variabel sein.
- ☐ Die Erträge können in ihrer Höhe variabel sein; es sollen aber in jeder Phase Erträge gezahlt werden.
- ☐ Im Hinblick auf bessere Ertragsmöglichkeiten durch risikoreiche Anlageformen wird auch die Möglichkeit in Kauf genommen, daß in ungünstigen Phasen keinerlei Erträge gezahlt werden.

Gewichtung der Anlageziele

Die Anlage soll in erster Linie:

- ☐ ein hohes Maß an Sicherheit bieten
- ☐ sehr gut verfügbar sein
- ☐ sehr gute Ertragsmöglichkeiten bieten
- ☐ Steuerersparnisse bieten
- ☐ ethische Gesichtspunkte berücksichtigen

3 Anlageempfehlung

Empfehlung des Anlageberaters:

(Produktbezeichnung, Konditionen)

Begründung für die Empfehlung:

Weitere Anmerkungen:

Bestätigung der Protokollangaben:

Datum, Unterschrift des Beraters	*Datum, Unterschrift des Kunden*

ABC der Geldanlage

Ablaufleistung

Geldbetrag, der dem Versicherungsnehmer zum Vertragsende – entweder dem Tod des Versicherten oder dem Laufzeitende – aus einer Kapitallebensversicherung ausgezahlt wird. Die Ablaufleistung setzt sich aus der garantierten Versicherungssumme und der Überschußbeteiligung zusammen. Im Verhältnis zu den eingezahlten Prämien betrachtet, gibt die Ablaufleistung Auskunft über die → Rentabilität einer Kapitallebensversicherung.

Aktien

Wertpapiere, die Teilhaberrechte an einer Aktiengesellschaft verbriefen. Der Eigentümer einer Aktie ist in Höhe des Nennwertes der Aktie am Grundkapital der Aktiengesellschaft beteiligt.

Aktienfonds

→ Investmentfonds, die die eingezahlten Anlegergelder überwiegend oder ausschließlich in → Aktien investieren. Je nach dem Anlageschwerpunkt unterscheidet man zwischen deutschen und internationalen Aktienfonds.

Aktienindex

Meßzahl, die die Kursentwicklung der → Aktien von ausgewählten Aktiengesellschaften wiedergibt und, ausgehend von einem bestimmten Zeitpunkt, durch ihre Veränderung die allgemeine Börsenentwicklung zeigt. Die bekanntesten deutschen Aktienindizes sind der Deutsche Aktienindex (DAX) und der FAZ-Index der Frankfurter Allgemeinen Zeitung. Bekannte ausländische Indizes sind zum Beispiel der amerikanische Dow-Jones-Index und der japanische Nikkei-Index.

Anleihen

→ Festverzinsliche Wertpapiere – auch als Schuldverschreibungen oder Obligationen bezeichnet –, die Forderungsrechte des Inhabers (Gläubiger) gegenüber dem Aussteller (Schuldner) verbriefen. Als Anleihe wird ebenfalls der Gesamtbetrag des benötigten Kapitals bezeichnet, den sich ein Aussteller durch die Ausgabe von festverzinslichen Wertpapieren mit gleichen Ausgabebedingungen auf dem Kapitalmarkt beschafft.

Arbeitnehmersparzulage

Nach dem Fünften Vermögensbildungsgesetz gewährte staatliche Förderung für Arbeitnehmer, deren → zu versteuerndes Einkommen nicht mehr als 27.000 DM bei Ledigen bzw. 54.000 DM bei Verheirateten beträgt. Die Arbeitnehmersparzulage wird pro Jahr auf maximal 936 DM je Arbeitnehmer gewährt. Sie beträgt im Jahr 1993 bei Bausparverträgen 10 %, bei Produktivkapitalbeteiligungen wie etwa Aktienfonds oder Beteiligungsverträgen 20 % jährlich. Nach den Absichten des Finanzministers soll die Arbeitnehmersparzulage ab 1994 einheitlich für alle Vertragsarten auf 10 % festgesetzt werden.

Ausgabeaufschlag

Aufschlag auf den Anteilswert bei → Investmentfonds, der zur Deckung von Vertriebs- und Ausgabekosten dient und vom Anleger beim Kauf von Fondsanteilen gezahlt werden muß. Der Ausgabeaufschlag variiert bei verschiedenen Fonds, beträgt meist aber bei → Aktienfonds und →offenen Immobilienfonds 5 % und bei Rentenfonds 3 % des Anteilswertes.

Ausgabepreis

Preis, für den Anteile an → Investmentfonds (→ Investmentzertifikate) erworben werden können. Der Ausgabepreis setzt sich aus dem reinen Anteilswert (Inventarwert) und einem Ausgabeaufschlag zusammen. Er wird börsentäglich ermittelt.

Belegschaftsaktien

→ Aktien, die Betriebsangehörigen vom Arbeitgeber zu einem Vorzugspreis angeboten werden. Die Zahlung des Kaufpreises kann auch durch die Verrechnung von → vermögenswirksamen Leistungen erfolgen. Bei Einhaltung der Einkommensgrenzen gewährt der Staat je Arbeitnehmer eine Arbeitnehmersparzulage von 20 % auf einen Höchstbetrag von 936 DM pro Jahr.

Bezugsrecht

Den bisherigen Aktionären eingeräumtes Recht auf den Bezug von „jungen" Aktien, die im Rahmen der Kapitalerhöhung einer Aktiengesellschaft neu ausgegeben werden. Durch die Gewährung eines Bezugsrechtes je Altaktie soll verhindert werden, daß der Aktienanteil der Altaktionäre durch die Kapitalerhöhung im Verhältnis zum Grundkapital der Gesellschaft geringer wird. Es wird ein Bezugsverhältnis festgelegt, das bestimmt, wie viele Bezugsrechte zum Bezug einer neuen Aktie notwendig sind. Bezugsrechte können während eines zeitlich begrenzten Zeitraums – der Bezugsfrist – an der Börse ge- und verkauft werden.

blue chips

Auch als „Erste Adressen" oder „Standardwerte" bezeichnete → Aktien der besten und sichersten Unternehmen auf dem Aktienmarkt. Dazu gehören zum Beispiel die Aktien von Unternehmen wie Siemens oder Daimler Benz.

Bonität

Die Bonität gibt die Fähigkeit eines Schuldners zur Zinszahlung und zur Tilgung der Schulden an. Sie spielt insbesondere beim Kauf von Anleihen eine Rolle. Dabei gilt grundsätzlich: Je schlechter die Bonität des Schuldners ist, desto höher fällt die angebotene Verzinsung der Wertpapiere aus.

Bundesschuldenverwaltung

Staatliche Stelle, die das Bundesschuldenbuch des Bundes und seiner Sondervermögen (Bundesbahn, Bundespost) führt. Für jede neu aufgelegte Anleihe, bei Bundesobligationen und Bundesschatzbriefen für jede neue Ausgabe, wird ein eigenes Schuldbuch angelegt. In den Schuldbüchern werden die Forderungen der einzelnen Anleger gegenüber Bund, Bahn und Post festgehalten. Wertpapierurkunden darüber werden nicht ausgestellt. Man spricht deshalb in diesem Zusammenhang auch von „Schuldbuchforderungen" oder → „Wertrechten". Anleger können bei der Bundesschuldenverwaltung kostenlos ein Schuldbuchkonto unterhalten, auf dem alle erworbenen öffentlichen Wertpapiere verbucht werden.

Courtage

Maklergebühr, die bei Börsengeschäften von den Börsenmaklern berechnet wird. Die Höhe der Courtage ist an den einzelnen Wertpapierbörsen für die verschiedenen Börsengeschäfte jeweils einheitlich geregelt. An der Rheinisch-Westfälischen Börse Düsseldorf wird für Aktiengeschäfte beispielsweise eine Gebühr von 0,6 ‰ vom Kurswert der ge- oder verkauften Aktien berechnet.

Dividende

Der auf die einzelne Aktie entfallende Anteil des ausgeschütteten Gewinns einer Aktiengesellschaft. Der Aktionär besitzt zwar grundsätzlich ein Anrecht auf eine Beteiligung am Gewinn, erwirtschaftet die Aktiengesellschaft jedoch keinen Bilanzgewinn oder erfolgt aus bestimmten Gründen keine Ausschüttung, geht der Aktieninhaber leer aus.

Effekten

Oberbegriff für Kapitalwertpapiere, die neben Forderungs- oder Anteilsrechten einen Anspruch auf dauernde Erträge verbriefen und „vertretbar" oder „fungibel" sind. Das bedeutet, daß Papiere innerhalb der gleichen Gattung gleich beschaffen und deshalb gegenseitig austauschbar sind. Eine Bestimmung findet lediglich nach der Anzahl und der Ausstattung der Papiere statt. Die verbrieften Rechte können somit sehr einfach gehandelt werden, wodurch erst eine effiziente Abwicklung des Börsenhandels möglich wird.

Effektivzins

➜ Rendite

FIBOR

Frankfurt Interbank Offered Rate. Durchschnittlicher Zinssatz, der am Frankfurter Geldmarkt von Kreditinstituten durch die kurzfristige Anlage von Geldern bei anderen Banken erzielt wird. Der FIBOR wird differenziert nach Laufzeiten ausgewiesen, zum Beispiel als 3- oder 6-Monats-FIBOR.

Floating Rate Notes (FRN, Floater)

→ Anleihen, die mit einem variablen Zinssatz versehen sind, der in regelmäßigen Abständen an die Entwicklung bestimmter Geldmarktsätze – wie zum Beispiel den → FIBOR – angepaßt wird.

Freistellungsauftrag

Auftrag des Anlegers an die Kreditinstitute, bei denen er Anlagen unterhält, die daraus fließenden Erträge von der → Zinsabschlagsteuer sowie von Körperschaftsteuer- und Kapitalertragsteuerabzügen bis zur Höhe des im Auftrag angegebenen Betrages freizustellen. Freistellungsaufträge können an mehrere Institute erteilt werden, die Gesamtsumme der freigestellten Beträge darf den Höchstbetrag (→ Sparerfreibetrag + Werbungskostenpauschale) von 6.100/ 12.200 DM pro Jahr für Ledige/Verheiratete aber nicht überschreiten. Die Formulare zur Erteilung eines Freistellungsauftrages sind bei dem jeweiligen Kreditinstitut erhältlich. Kein Freistellungsauftrag kann für Erträge aus → Tafelpapieren erteilt werden.

Gemischte Fonds

→ Investmentfonds, die die Anlegergelder sowohl in Aktien als auch in festverzinsliche Wertpapiere investieren.

Girosammelverwahrung

Verwahrung von Wertpapierurkunden in einem Sammelbestand bei einer Wertpapiersammelbank. Der Anleger behält dabei – im Gegensatz zur → Sonderverwahrung – nicht das Eigentum an den eingelieferten Urkunden, sondern er erhält ein Miteigentum an einem Sammelbestand von → Effekten. Er hat einen Anspruch auf die Auslieferung von gleichartigen Wertpapieren in der Höhe des hinterlegten Nennbetrages oder der hinterlegten Stückzahl. Da die Girosammelverwahrung kostengünstiger als die Sonderverwahrung ist und eine schnellere Abwicklung von Wertpapiergeschäften ermöglicht, kommt ihr in der Praxis die weitaus größte Bedeutung zu. Damit Wertpapiere im Rahmen der Girosammelverwahrung hinterlegt werden können, muß der Anleger eine ausdrückliche schriftliche Ermächtigung dazu erteilen.

Grenzsteuersatz

Der Grenzsteuersatz gibt an, welcher prozentualen Steuerbelastung zusätzliche Einkünfte in der Einkommensspitze unterliegen. Zur Ermittlung des Grenzsteuersatzes ist zu klären, mit welchem Steuersatz zusätzliche Zinseinnahmen von zum Beispiel 1.000 DM zu versteuern sind. Die Höhe des persönlichen Grenzsteuersatzes können Steuerberater und sonstige Steuerfachleute ermitteln.

Investmentfonds

➜ Sondervermögen, die sich je nach Fondstyp aus Wertpapieren oder Immobilien zusammensetzen und von einer Kapitalanlagegesellschaft (Investmentgesellschaft) für die Anleger verwaltet werden. Die Anleger erwerben durch den Kauf von ➜ Investmentzertifikaten einen Miteigentumsanteil am Sondervermögen des Fonds. Die Aufsicht über die Investmentfonds übt in Deutschland das Bundesaufsichtsamt für das Kreditwesen nach den Regelungen des Gesetzes über Kapitalanlagegesellschaften (KAGG) aus.

Investmentzertifikate

Wertpapier, das ein Miteigentum in Bruchteilen an einem ➜ Investmentfonds verbrieft. Investmentzertifikate werden deshalb nicht über einen Nennwert ausgestellt, sondern über einen oder mehrere Anteile.

Kumulierungsverbot

Das Verbot dient dazu, eine Doppelförderung im Zusammenhang mit der staatlichen Sparförderung auszuschließen. Es gilt auf zwei Ebenen. Zum einen kann für nach dem Vermögensbildungsgesetz auf Bausparverträge eingezahlte vermögenswirksame Leistungen neben der Arbeitnehmersparzulage nicht gleichzeitig eine Wohnungsbauprämie beantragt werden. Zum anderen können bei einer Förderung nach dem Wohnungsbauprämiengesetz für eingezahlte Beträge nur entweder eine Wohnungsbauprämie beantragt oder die Einzahlungen im Rahmen des Sonderausgabenabzuges steuerlich abgesetzt werden.

Kupons

Bezeichnung für Zins- oder Gewinnanteilscheine von Wertpapieren.

Maklergebühren

➜ Courtage

Null-Kupon-Anleihen

➜ Zero-Bonds

NV-Bescheinigung (Nichtveranlagungsbescheinigung)

Bescheinigung des zuständigen Finanzamtes darüber, daß ein Steuerpflichtiger nicht zur Einkommensteuer veranlagt wird. Bei Vorlage einer NV-Bescheinigung zahlen die Kreditinstitute sämtliche Zins- und Dividendenerträge ohne Steuerabzüge aus. Eine NV-Bescheinigung erhalten Ledige bzw. Verheiratete, deren zu versteuerndes Einkommen 27.000 DM bzw. 54.000 DM pro Jahr nicht übersteigt und deren Nebeneinkünfte nicht über 800 DM jährlich liegen. Ebenfalls eine solche Bescheinigung erhalten Personen, die keinerlei Einkommensteuer zahlen müssen, weil ihr zu versteuerndes Einkommen innerhalb der steuerfreien Grundfreibeträge liegt. Die Bescheinigung gilt jeweils für drei Jahre, eine Änderung der Einkommensverhältnisse muß allerdings dem Finanzamt angezeigt werden.

Obligationen

➜ Anleihen

Pfandbriefe

Festverzinsliche Wertpapiere, die von Hypothekenbanken ausgegeben werden und der Finanzierung von Baudarlehen dienen, die durch Hypotheken oder Grundschulden abgesichert werden.

Rendite

In Prozent pro Jahr angegebener Zinssatz, der den jährlichen Reinertrag einer Anlage, bezogen auf das eingesetzte Kapital, ausdrückt. Die auch als Effektivverzinsung bezeichnete Rendite bildet den wichtigsten Vergleichsmaßstab für Kapitalanlagen. Ein aussagekräftiger Renditevergleich ist allerdings nur dann möglich, wenn die sonstigen Anlagebedingungen wie Laufzeit, Sicherheit und

Verfügbarkeit der Anlage weitgehend identisch sind. Leider sind die Anbieter bisher nicht gesetzlich dazu verpflichtet, im Zusammenhang mit ihren Angeboten die jeweilige Rendite auszuweisen.

Rentenfonds

→ Investmentfonds, die die eingezahlten Anlegergelder überwiegend oder ausschließlich in festverzinsliche Wertpapiere investieren. Je nach dem Anlageschwerpunkt des Fonds unterscheidet man zwischen Fonds mit Anlageschwerpunkt Deutschland und Fonds mit Anlageschwerpunkt Ausland.

Rentenmarkt

Der Teil des Kapitalmarktes, auf dem festverzinsliche Wertpapiere gehandelt werden.

Rücknahmepreis

Preis, zu dem Kapitalanlagegesellschaften Fondsanteile von Anlegern zurückkaufen. Der Rücknahmepreis entspricht dem Anteils- oder Inventarwert und wird börsentäglich ermittelt.

Schuldbuchkonto

Kostenlos geführtes Depotkonto bei der → Bundesschuldenverwaltung, auf dem die Bestände an öffentlichen Wertpapieren, zum Beispiel öffentlichen Anleihen, Bundesobligationen und Bundesschatzbriefen, verbucht werden. Die Kontoführung und -verfügung erfolgt auf schriftlichem Wege.

Schuldverschreibungen

→ Anleihen

Sonderausgabenabzug

Ausgaben der privaten Lebensführung sind steuerlich grundsätzlich nicht abzugsfähig. Eine Ausnahme bilden die in § 10 Einkommensteuergesetz aufgeführten „Sonderausgaben", wenn es sich dabei weder um Betriebsausgaben noch um Werbungskosten handelt. Als Sonderausgaben absetzbar sind vor allem „Vorsorgeaufwendungen", zum Beispiel Beiträge zu Kranken-, Unfall-, Haftpflicht- oder Lebensversicherungen, sowie die Hälfte der auf Bausparverträge geleisteten Zahlungen – soweit es sich nicht um vermögenswirksame Leistungen handelt. Vorsorgeaufwendungen sind allerdings nur bis zu einem bestimmten Höchstbetrag abzugsfähig, der vor allem bei Angestellten und Arbeitern oftmals bereits durch die Arbeitnehmeranteile zur Sozialversicherung komplett ausgeschöpft wird. Für den normalen Arbeitnehmer ist eine steuerliche Geltendmachung von privaten Versicherungsbeiträgen nur dann möglich, wenn das sozialversicherungspflichtige Bruttoeinkommen bei Ledigen bzw. Verheirateten nicht mehr als 31.920 DM bzw. 63.840 DM pro Jahr beträgt. Beamten und Selbstständigen bieten sich dagegen weitergehende Absetzungsmöglichkeiten, da diese Personengruppen nicht sozialversicherungspflichtig sind und somit innerhalb der absetzbaren Höchstbeträge über einen größeren Spielraum verfügen.

Sondervermögen

Vermögen eines → Investmentfonds, das je nach Art des Fonds vor allem aus Wertpapieren oder Immobilien besteht. Eine Investmentgesellschaft kann mehrere Sondervermögen unterhalten. Aus Gründen der Anlagesicherheit ist das Sondervermögen strikt getrennt vom Gesellschaftsvermögen der Kapitalanlagegesellschaft zu halten. Es haftet somit auch nicht für die Verbindlichkeiten der Gesellschaft. Die Verwahrung des Sondervermögens erfolgt bei einer Depotbank, die darüber wacht, daß das Vermögen nicht für eigene Zwecke der Gesellschaft mißbraucht wird.

Sonderverwahrung

Verwahrungsart von Wertpapieren, bei der der Anleger – im Gegensatz zur →Girosammelverwahrung – das Eigentum an den hinterlegten Urkunden behält. Er hat einen Anspruch darauf, das konkret eingelieferte Wertpapier wieder zurückzubekommen. Um eine Trennung der von verschiedenen Hinterlegern eingelieferten Papiere vorzunehmen, werden diese von den Kreditinstituten in Streifbändern verwahrt, auf denen unter anderem Name und Anschrift des Hinterlegers sowie Daten wie die Wertpapierart und die Kenn-Nummer vermerkt werden. Man spricht deshalb auch von der „Streifbandverwahrung". In der Praxis hat diese Verwahrungsart allerdings so gut wie keine Bedeutung mehr, da sie zu umständlich und kostenaufwendig ist.

Spareckzins

Zinssatz, den Kreditinstitute in der Vergangenheit für Spareinlagen mit gesetzlicher (dreimonatiger) Kündigungsfrist zahlten. Nach der Reform der Sparverkehrsvorschriften dürfte in Zukunft der Zins für Spareinlagen mit dreimonatiger Kündigungsfrist im Sprachgebrauch als Spareckzins bezeichnet werden.

Sparerfreibetrag

Freibetrag, bis zu dem Einkünfte aus Kapitalvermögen (vor allem Zinsen und →Dividenden) steuerfrei bleiben. Seit dem 1. Januar 1993 beträgt der Sparerfreibetrag für Ledige bzw. Verheiratete 6.000 DM bzw. 12.000 DM. Darüber hinaus bleiben Beträge in Höhe der Werbungskostenpauschale von 100 bzw. 200 DM für Ledige bzw. Verheiratete ebenfalls steuerfrei. Der Sparerfreibetrag kann durch die Erteilung von → Freistellungsaufträgen an die Kreditinstitute, bei denen ein Anleger Geldanlagen unterhält, bereits vor der Auszahlung der Erträge eingesetzt werden. Dadurch wird der pauschale Abzug der → Zinsabschlagsteuer vermieden.

Stückzinsen

Beim Kauf oder Verkauf von festverzinslichen Wertpapieren zwischen zwei Zinsterminen erhält in der Regel der Käufer des Papiers den nächstfälligen Zinsschein, der einen Zinsanspruch für den gesamten zurückliegenden Zinszeitraum (meist sechs Monate oder ein Jahr) verbrieft. Der dem Verkäufer zustehende Anteil der Zinserträge wird in diesem Zusammenhang in Form von Stückzinsen verrechnet und auf den Kurswert der Wertpapiere aufgeschlagen. So erhalten unter dem Strich sowohl Käufer als auch Verkäufer den ihnen zustehenden Zinsanteil.

Tafelgeschäft

Bei einem Tafelgeschäft verkaufen oder kaufen Kreditinstitute Wertpapiere an bzw. von Kunden Zug um Zug über den Schalter. Hierbei wird der Name des Kunden nicht erfaßt. Der Anleger muß bei solchen Tafelpapieren selbst für die Verwahrung der Wertpapierurkunden sorgen und trägt somit das volle Verlustrisiko. Außerdem muß er sich selbst um die Einlösung der fälligen Zins- oder Dividendenscheine kümmern, wobei ihm die Erträge bar ausgezahlt werden. Seit dem 1. Januar 1993 werden für die Erträge aus Tafelpapieren vom einlösenden Kreditinstitut automatisch 35 % Zinsabschlagsteuer einbehalten, über die der Anleger eine Bescheinigung erhält, die er im Rahmen seiner Einkommensteuererklärung dem Finanzamt zur Verrechnung mit der tatsächlichen Steuerschuld vorlegen kann. Ein → Freistellungsauftrag kann bei Erträgen aus Tafelpapieren nicht erteilt werden.

Tafelpapiere

→ Tafelgeschäft

Thesaurierende Fonds

Investmentfonds, bei denen die erzielten Erträge nicht ausgeschüttet, sondern zum sofortigen Erwerb weiterer Fondsanteile verwendet werden. Die jeweils zum Kauf neuer Anteile genutzten Erträge müssen allerdings im Jahr ihres Zuflusses in der Einkommensteuererklärung angegeben werden. Der Anleger erhält hierzu eine Steuerbescheinigung über deren Höhe.

Vermögenswirksame Leistungen

Leistungen des Arbeitgebers, die dieser für den Arbeitnehmer in Anlageformen einzahlt, die den Bestimmungen des Vermögensbildungsgesetzes entsprechen. Vermögenswirksame Leistungen können entweder aus tariflich vereinbarten oder freiwilligen Leistungen des Arbeitgebers oder aus Lohn- und Gehaltsanteilen des Arbeitnehmers bzw. einer Kombination beider Möglichkeiten erbracht werden. In jedem Fall müssen die Zahlungen jedoch unmittelbar vom Arbeitgeber auf den Anlagevertrag überwiesen werden.

Wertrechte

Wertpapiere, bei denen keine Wertpapierurkunden (effektive Stücke) herausgegeben werden. Alle öffentlichen Anleihen sowie Bundeswertpapiere werden als Wertrechte ausgegeben. Die Forderung des Anlegers wird dabei durch eine Eintragung im Bundesschuldbuch oder einem Landesschuldbuch (bei Anleihen der Bundesländer) abgesichert.

Zero-Bonds

→ Anleihen, bei denen die Zinserträge während der Laufzeit nicht regelmäßig ausgezahlt, sondern angesammelt und bei Fälligkeit der Anleihe gemeinsam mit dem Anlagebetrag auf einen Schlag ausgezahlt werden. Durch die Mitverzinsung aufgelaufener Zinsbeträge ergibt sich ein Zinseszinseffekt. Da die gesamten aufgelaufenen Zinserträge im Jahr der Auszahlung vom Anleger zu versteuern sind und dadurch schnell der jährliche → Sparerfreibetrag überschritten werden kann, ist es aus steuerlichen Gründen meist sinnvoller, eine normalverzinsliche Anleihe zu wählen und die laufenden Erträge durch die Ausnutzung der jährlichen Freibeträge vor Steuerabzügen zu bewahren.

Zinsabschlagsteuer

Seit dem 1. Januar 1993 müssen Kreditinstitute von allen an ihre Kunden fließenden steuerpflichtigen Zins- und Dividendenerträgen einen pauschalen Zinsabschlag von 30 % einbehalten und an das Finanzamt überweisen, es sei denn, der Kunde hat dem Institut einen → Freistellungsauftrag erteilt. Bei → Tafelpapieren beträgt die Zinsabschlagsteuer sogar 35 %. Die Erteilung eines Freistellungsauftrages ist hier nicht möglich. Wird der Zinsabschlag einbehalten, erhält der Kunde darüber eine Steuerbescheinigung, die im Rahmen seiner Einkommensteuererklärung als Vorauszahlung auf die persönliche Einkommensteuer angerechnet wird.

Zu versteuerndes Einkommen

Die auch als „steuerpflichtiges Einkommen" bezeichnete Bemessungsgrundlage für die Einkommensteuer. Das zu versteuernde Einkommen wird jährlich nach den Regelungen des § 2 Abs. 2 bis 5 Einkommensteuergesetz vom Finanzamt ermittelt. In diesem Zusammenhang wird zunächst die Summe der Einkünfte aus den einzelnen Einkunftsarten (zum Beispiel Einkünfte aus nichtselbständiger Arbeit, aus Kapitalvermögen, aus Vermietung und Verpachtung) berechnet. Vom Bruttolohn können hierbei Werbungskosten (Fahrtkosten, Arbeitsmittel usw.) mindestens in Höhe des Arbeitnehmerpauschbetrages von 2.000 DM abgezogen werden. Die Summe der Einkünfte ergibt dann, vermindert um einen Altersentlastungsbetrag, den Steuerpflichtige geltend machen können, die im Kalenderjahr der Besteuerung bereits ihr 64. Lebensjahr vollendet haben, den „Gesamtbetrag der Einkünfte". Zieht man hiervon → Sonderausgaben, außergewöhnliche Belastungen sowie je nach Familienstand den Kinderfreibetrag und den Haushaltsfreibetrag für Alleinstehende mit Kindern ab, ergibt sich das zu versteuernde Einkommen.

Stichwortverzeichnis

C

D

E

F

G

H

K

L

M

N

O

P

R

S

Z

Haben Sie noch mehr Verbraucherfragen ?

Keine Frage, wer im Verbraucheralltag fit sein will, wer nicht aus Fehlern lernen, sondern schon vorher die richtigen Entscheidungen treffen will, der braucht die Broschüren der Verbraucher-Zentralen.

Von Fachleuten verständlich geschrieben zu wichtigen Problemen des Verbraucheralltags. Umwelt, Verbraucherrecht, Ernährung, Wohnen, Energie, Geld, Kredit sowie Versicherungen, ... Broschüren und Taschenbücher der Verbraucherverbände sind ihr Geld wert.

Eine Postkarte an die Herausgeber dieser Broschüre genügt (siehe Impressum), und Sie erhalten kostenlos die Liste der gegenwärtig lieferbaren Publikationen. Oder Sie bestellen gleich eine oder mehrere der hier vorgestellten Broschüren zu Rechts- und Finanzfragen. Wir liefern gegen Rechnung (inklusive Porto- und Versandkosten).

Welche Grundbegriffe Sie kennen und was Sie bereits vor dem Kauf beachten sollten, wie Ihre Rechte und Pflichten als Wohnungseigentümer aussehen und was Sie bei auftretenden Problemen tun können, zeigt Ihnen diese Broschüre umfassend und leicht verständlich.

86 Seiten 7,50 DM

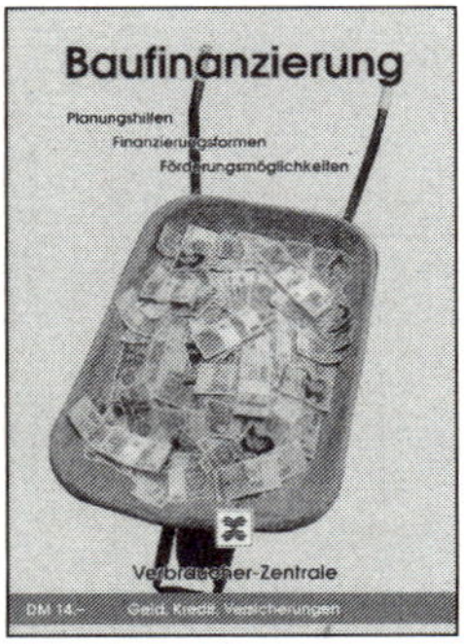

Ein unentbehrliches Handbuch für alle, die bauen oder ein Haus bzw. eine Wohnung kaufen wollen. Mit Checklisten für Finanzierungsbedarf und finanzielle Belastung und dem ABC der Baufinanzierung zum Nachschlagen.

187 Seiten 14,00 DM

Viele Kunden der Partnervermittler haben bereits nach kürzester Zeit „ausgeträumt". Unzufrieden mit den Leistungen der Institute suchen Sie vor allen Dingen nach Möglichkeiten, aus dem Vertrag auszusteigen und ihr Geld wiederzusehen. Wie das geht, zeigen wir Ihnen ganz genau.

92 Seiten 8,00 DM

Nicht immer wird der Urlaub zu den schönsten Wochen des Jahres. Getrübte Urlaubsfreude gibt es nicht nur während, sondern auch vor und nach der Reise. Verbraucherrechte werden erläutert, Richtwerte genannt und Lesehilfen für Kataloge gegeben.

112 Seiten 6,00 DM

Ein Ratgeber für Erben und Erblasser. Wir sagen Ihnen, was bei der Erbfolge zu beachten ist, was der Gesetzgeber vorschreibt und wie ein wirksames Testament erstellt wird. Wir zeigen auch, wie man auf legalem Wege möglichst viel Erbschaftssteuer spart.

56 Seiten 6,00 DM

Werden Möbel gar nicht, zu spät oder unvollständig geliefert, können Sie möglicherweise Schadenersatzansprüche geltend machen. Zeigt das neue Mobiliar Macken, haben Sie Gewährleistungsrechte. Wie Sie Ihre Ansprüche durchsetzen können und welche Fristen gelten, zeigt diese Broschüre.

80 Seiten 7,50 DM

Verbraucher-
Zentrale Hessen
Ffm 60311
Berliner Str. 27